普通高等院校创新创业教育系列教材

大学生创新创业训练与实践指导

主　编　许文刚

副主编　古力铭　祁伟亮　徐亚永　许彩红

北京理工大学出版社
BEIJING INSTITUTE OF TECHNOLOGY PRESS

内 容 简 介

本书根据教育部关于大学生创新创业教育的指导精神，吸纳当代创新创业教育的最新成果，以前瞻性的视角对这种新的教育理念进行科学定位和准确把握；立足我国实际，借鉴国外成功经验，对大学生创新创业的基本知识、基本理论、实务操作进行了较为系统的分析和比较全面的讲解。本书在《创业基础》教学大纲的基本内容、教学要求和实施意见的主旨精神的基础上，增加了创新意识、创新思维、创新精神、创新方法、创新能力、创新创业训练项目和新创企业的管理和成长等内容，实现了从大学生因为一个创新点子到成为创新创业训练项目再到培育和孵化最后开办、成长发展壮大的全过程"覆盖"，解决了学生对创新创业的好奇到了解创业到实施创办企业再到企业创新发展和茁壮成长的全面学习需求，也符合人对事物发展的认识特征，章节之间形成层层递进、环环相扣的逻辑关系，易于大学生接受和掌握。

图书在版编目（CIP）数据

大学生创新创业训练与实践指导 / 许文刚主编. —北京：北京理工大学出版社，2020.8（2021.7 重印）

ISBN 978-7-5682-8836-1

Ⅰ. ①大…　Ⅱ. ①许…　Ⅲ. ①大学生-创业　Ⅳ. ①G647.38

中国版本图书馆 CIP 数据核字（2020）第 142933 号

出版发行 / 北京理工大学出版社有限责任公司
社　　址 / 北京市海淀区中关村南大街 5 号
邮　　编 / 100081
电　　话 / （010）68914775（总编室）
（010）82562903（教材售后服务热线）
（010）68948351（其他图书服务热线）
网　　址 / http：//www.bitpress.com.cn
经　　销 / 全国各地新华书店
印　　刷 / 涿州市新华印刷有限公司
开　　本 / 787 毫米×1092 毫米　1/16
印　　张 / 15.25
字　　数 / 358 千字
版　　次 / 2020 年 8 月第 1 版　2021 年 7 月第 2 次印刷
定　　价 / 39.60 元

责任编辑 / 王晓莉
文案编辑 / 王晓莉
责任校对 / 刘亚男
责任印制 / 李志强

图书出现印装质量问题，请拨打售后服务热线，本社负责调换

前言

创新是当今时代的主旋律，是促进社会发展的主要驱动力。当前，全球新一轮科技革命和产业变革蓄势待发，各国的竞争都聚焦于创新与创业的水平，同时，我国经济正进入快速变化、结构转型和动力转换的关键时期，创新创业已成为我国经济持续发展的动力和提高国家竞争力的源泉。

21 世纪的竞争归根结底是人才的竞争。党中央、国务院从社会主义现代化建设和中华民族伟大复兴的高度，以及关心大学生成长成才的角度出发，高度重视大学生的创新创业教育工作。

党的十七大报告提出“实施扩大就业的发展战略，促进以创业带动就业”“提高自主创新能力、建设创新型国家”，将创新创业纳入国家发展战略，党的十八大和十九大将“创新驱动”提升为国家战略，党的十九大明确提出“创新是引领发展的第一动力”“大学生是将来创新创业的主力军”。

创业的土壤已逐步形成，一系列激励创业的措施和政策也逐渐出台，创业教育的开展，大学生学识的增长、技能的提高、理性思维的养成、团队协作精神的培养，都为其创业创造了条件、提供了契机。因此，自主创业将成为大学毕业生一种全新的就业方式。

目前，创新创业教育已成为世界教育发展与改革的新趋势。从清华大学在 1998 年 5 月发起首届“清华大学创业计划大赛”开始，我国大学生中形成了一股创业潮，创业教育也成为高校的热门专业。目前，全国高等院校普遍十分重视创业教育，不仅把创业教育作为创新教育与素质教育的重要方式，还将其提升到转变传统教育观念、改革传统人才培养模式的高度，将培育大学生的创业精神和创业技能、提倡和鼓励大学生自主创业，视为缓解社会就业压力、解决社会矛盾和保障经济社会稳定发展的重大战略举措。创业教育也成为各高校转变学生就业观念、为毕业生创造新的就业机会和就业岗位、提高毕业生就业率和学校竞争力的重要手段之一。

本教材共分十章，从创新创业人才培养角度出发，通过加强大学生创新思维训练，提升创新思维能力，引导大学生进行创新创业训练项目实践，在不断训练和实践中树立创业意识、提升创业素养，并尝试组建创新服务意识强、效率高、执行力出色的创业团队，在实践中识别创业机会和风险，发现和整合创业资源，编制创业计划书，准备新企业开办并加强新企业管理和促进新企业的成长。本教材阐释了创新思维训练到新企业产生的过程，即商业创意—商业机会—新创企业的逻辑关系，将创新创业过程“全链条”式展开，逻辑清晰，满足广大青年大学生对创新创业的全流程、多方位的需求。

本教材的编写突出了以下三个特点。

一是理论新颖。关注当今创业领域的热点问题，全面反映中外最新创业理论的研究成果，聚焦我国政府有关创业政策的最新信息。

二是注重实践。努力搭建起理论通向实践的桥梁，多角度强化与培养大学生的创业意识和创业能力。理论与实践相结合，突出应用性和实践性，同时结合大学生创业的实际案例进行分析，可以较好地满足应用型人才培养的需要。

三是系统、通俗。突出以创新训练、创业过程为主线，以培养创新创业精神为基点的体系特色。

本教材的编者是长期在高校从事创新创业工作管理、研究、指导、培训和教学的教师，是大学生创新创业教育的研究者、热爱者、参与者和体验者。本教材由主编许文刚审订，具体编写安排为：第一章——许文刚、第二章——许文刚、第三章——许文刚、第四章——祁伟亮、第五章——许文刚、第六章——徐亚永、第七章——许文刚、第八章——古力铭、第九章——古力铭、第十章——古力铭。在本书的编写过程中，丽水学院创业导师、SIYB 创业讲师许彩红老师提出了大量极具价值的意见和建议。这是他们倾心倾力为广大青年朋友打造的“诚意”之作。

在本教材的编写过程中，我们得到了中国青年政治学院前副院长李家华教授、广东金融学院创业教育学院院长吴晓义教授和武汉青年创业培训中心张福宏主任的帮助和指导。同时我们广泛参考、借鉴和吸收了国内外相关教材与书籍的内容及研究成果，在此一并致谢！尽管编写组已经竭尽全力，但由于水平及时间有限，疏漏之处在所难免，恳请专家和读者批评指正。

编　者

2020 年 4 月

目 录

第一章

创新引领未来

学习目标

1. 掌握创新、创新意识、创新精神、创新能力、创新方法、创新思维等相关概念。
2. 理解创新型人才的内涵和特征。
3. 熟悉创新思维的训练方法。

在人类社会的发展过程中，创新始终是人类进步的灵魂，是一个国家兴旺发达的不竭动力，它推动着人类不断地去探寻解决问题的好创意、新方法。回顾人类历史就会发现，最近二三百年，尤其是最近的几十年，人类社会得以迅猛发展，并在极短的时间内创造出令人惊叹的成就，归根结底，就是创新推动了科学技术和社会经济的进步和繁荣。

创新引发了科学技术的高速发展，科技革命最终导致产业变革，推动社会进步。因此，从某种意义上说，人类社会的发展史就是一部不断创新的历史。同样，创新也是中华民族寻求伟大复兴、赢得未来、引领未来的关键。

第一节　创新的概念

创新（Innovatin）一词起源于拉丁语。它原有三层含义：一是更新；二是创造新东西；三是改变。

一、创新的含义

创新是指人们根据一定目的，针对所研究的对象，运用新的知识与方法或引入新事物，产生某种新颖的、有社会或个人价值成果的活动。这里的“成果”，是指以某种形式存在的创新成果。它既可以是一种新概念、新设想、新理论，又可以是一项新技术、新工艺、新产品，还可以是一个新制度、新市场、新组织。

这一定义是根据成果来判别创新性的。判别标准有两个：一是成果是否新颖，二是是否有社会或个人价值。“新颖”主要是指对现有的东西进行变革，使其更新，成为新的东西，即除旧布新，不墨守成规。“有社会价值”，是指对人类、国家和社会的进步具有重要意义，如重大的知识创新、技术创新和产品创新等。“有个人价值”则强调了对个体发展的意义。

二、创新的特性

创新具有目的性、新颖性、价值性、先进性、变革性、发展性、再创造和层次性等特性。

1. 目的性

创新是有目的的，其目的就是不断地满足人类自身生存发展的需要。具体来讲，创新总是围绕着解决一定的问题而进行的，它总是与完成某个任务相联系的。所以，创新是一种有目的的认识世界和改造世界的实践活动。

2. 新颖性

就创新的特性来看，创新是把新的或重新组合和再次发现的知识引入所研究对象系统的过程，是引入新概念、新东西和革新的过程。因而其成果必然是新颖的，与过去相比，具有新的因素或成分。唯其“新”，才能具有优势，才能战胜旧事物。原有事物的内容和形式正是由于增加了新的因素而得以更新、发展和突破。“求新”是其灵魂，没有“求新”的变革，称不上创新。

3. 价值性

从创新成果的效果来看，创新具有明显、具体的价值，也就是具有一定的社会和经济效益。创新是各种社会事物进步与发展的共同因素，它能够满足人们的某种需要，促使企业获得成功，国家经济活力得到增强，社会取得进步。若没有价值，创新也就失去了意义。创新成果的价值可以分为社会价值、经济价值和学术价值。

4. 先进性

先进性是指与旧事物相比具有相对优势。创新在多大程度上优于已有的和现存的事物，是人们是否愿意采纳创新成果的关键。如一个创新产品的先进性主要体现在结构更合理、功能更齐全、效率进一步提高等；一个创新的管理方法的相对优势表现在提高了经济利润、降低了成本、调动了人的积极性、提高了管理效率等。如果不具有先进性，新事物就不可能替代旧事物，创新就失去了意义。另外，创新的先进性还体现在代表了事物的发展规律和趋势。

5. 变革性

就创新的实质来看，创新都是变革旧事物，使其更新，成为新的东西。“穷则变，变则通，通则久”。当遇到难以解决的问题时，就应该采用“变”的方式，如改变思考角度、方式、方法、结构、功能等；“变”了，问题就解决了，即“通”了。这个由“变”到“通”的过程，就是创新的过程。故步自封、安于现状、不想变革，就没有创新。

6. 发展性

创新是一个不断发展的过程。创新发展是创造新知识、应用新知识的过程。知识是创新之源，通过知识创新推动科技创新、文化创新、管理创新及其他各方面的创新。创新使知识生生不息，没有知识的不断更新，创新就会干涸。对知识的创造、应用、再创造、再应用，这种形式循环往复，以至无穷，而每一循环创造和应用的内容，都会进入高一级的程度。这是人类创新永无止境、无限发展的客观规律。

7. *再创造*

再创造就是对原有事物、现有知识和已有创新成果的再次发现和重新组合，既包括使知识达到新的深度和广度，又包括修正错误和更新知识；既包括从研究新情况、新问题中获得新知识和新成果，又包括从研究老情况、老问题中获得新知识和新成果。

8. *层次性*

根据人们解决问题的新颖性和独特程度，可以将创新划分为三个层次。第一层次为高级创新，是指经过长期的研究和探索所产生的科学发现。它是一项从无到有、填补空白的创新活动，有可能为国家、社会和人类做出巨大贡献，甚至形成某一领域划时代的局面，如爱因斯坦的“相对论”。第二层次为中级创新，主要是指经过改革或发明，在原有知识和经验的基础上重组材料，研制出有一定社会价值的产品，这一层次创新已成为社会文化、科学和生产力发展的巨大力量。第三层次为初级创新，主要是指在别人率先创新的基础上，通过引进技术和购买专利等方式，消化、吸收而进行的一种创新，是以跟踪当前国际先进水平并加以模仿为主的创新思路。以跟踪和模仿为主的创新也是工业后进国家缩短同发达国家之间的差距的一条捷径，是实现跨越式发展和后发优势，尽快步入自主创新的必由之路。

三、创新的类型

创新虽有大小、层次之分，但无领域、范围之限。根据创新的性质可将其划分为三种类型：原始创新、跟随创新和集成创新。

1. *原始创新*

原始创新是指重大科学发现、技术发明、原理性主导技术等原始性创新活动。原始性创新成果通常具备以下三大特征。

（1）首创性，研究开发成果前所未有。只有具备首创性的原始创新才有可能发展成为核心竞争优势。首创性的最高层次是文化和标准的首创性：文化的首创性最终沉淀为经典；科技的首创性最终转化为标准和法规。

（2）突破性，在原理、技术、方法等某个或多个方面实现重大变革。创新既是在前人成果基础上的思维，又是打破前人成果的思维。对于经过多年实践考验的前人成果，必须学习和继承；而对于未成定论的、有争议的、新兴的、边缘的学科或产业领域，应积极开展原始创新。

（3）带动性，原始创新在对科技自身发展产生重大牵引作用的同时，也给经济结构和产业形态带来重大变革。例如，晶体管、集成电路的发明，以及半导体和存储器、互联网和移动通信等原始创新成果的出现，对解放生产力起到了革命性的推动作用，对于提高人们的生产、生活质量提供了必要的物质基础。

2. *跟随创新*

跟随创新是指在已有成熟技术的基础之上，沿着已经明确的技术道路进行技术创新，如在原有技术之上使技术更加完善，开发出新的功能，等等。当年微软公司正是采取在学习网景浏览器的基础上进行创新的方式打败了网景。这种创新方式被形容为“等竞争对手出现，马上复制，然后赶超”。从理论上讲，技术的所有独特用途都是可以复制的。随着技术复制周期越来越短，对新技术的早期投资能真正得到回报的可能性越来越低，因而，巨大的研发投资，也就是所谓的领先创新，并不一定会为自己带来优势。“只有当风险比较低时，创新才可以获得回报”。这种看法已获得多数人的认同。

3. 集成创新

集成创新是利用各种信息技术、管理技术与工具等，对各个创新要素和创新内容进行选择、集成和优化，形成优势互补的有机整体的动态创新过程。“苹果”就是集成创新的典范，一部苹果手机=手机+电脑 +DV + MP3 +PSP+……

第二节　创新意识

创新意识是创新型人才必须具备的条件之一。创新意识的培养和开发是培养创新型人才的起点。

一、创新意识的含义

创新意识是指人们根据社会和个体生活发展的需要，引起创造新事物的观念和动机，并在创造活动中表现出的意向、愿望和设想。它是人类意识活动中的一种积极的、富有成果性的表现形式，是人们进行创造活动的出发点和内在动力，是具有创造性思维和创造力的前提。

创新意识包括创造动机、创造兴趣、创造情感和创造意志。创造动机是创造活动的动力因素，能推动和激励人们发动和维持创造性活动。创造兴趣能促进创造活动的成功，是促使人们积极探索新奇事物的一种心理倾向。创造情感是引起、推进乃至完成创造的心理因素，只有具备正确的创造情感才能使创造成功。创造意志是在创造过程中克服困难、冲破阻碍的心理因素，具有目的性、顽强性和自制性。

二、创新意识的价值

创新意识的价值集中体现在以下三个方面。

（1）创新意识是决定一个国家、民族创新能力最直接的精神力量。科学的本质就是创新，科学技术的每一次进步都是通过创新实现的。科学技术的迅猛发展对人类社会各个方面都产生了深刻而广泛的影响。创新更新了人们的生产工具和生产技术，提高了劳动者的素质，推动了社会生产力的发展。

（2）创新意识促成社会多种因素的变化，推动社会的全面进步。创新意识根源于社会生产方式，它的形成和发展必然进一步推动社会生产方式的进步，从而带动经济的飞速发展，促进上层建筑的进步；创新意识进一步推动人的思想解放，有利于人们形成开拓意识、领先意识等先进观念；创新意识会促进社会政治向更加民主、宽容的方向发展，这是创新发展需要的基本社会条件，这些条件反过来又促进创新意识的扩展，更有利于创新活动的进行。

（3）创新意识能促成人才素质结构的变化，提升人的本质力量。创新实质上确定了一种新的人才标准，代表着人才素质变化的性质和方向，输出了一种重要的信息：社会需要充满生机和活力的人、有开拓精神的人、有思想道德素质和现代科学文化素质的人。它客观上引导人们朝着这个目标提高自己，使人的本质力量在更高的层次上得以确证。它激发人的主体性、能动性、创造性进一步发挥，从而使人自身的内涵获得极大丰富和扩展。

三、创新意识的类型

创新意识通常包括以下几种类型。

1. 综合创新意识

综合是指将研究对象的各个方面、各个部分和各种因素联系起来考虑，从整体上把握事物的本质和规律。综合创新是运用综合法则和创新功能去寻求新的创造，其基本模式如图 1-1 所示。

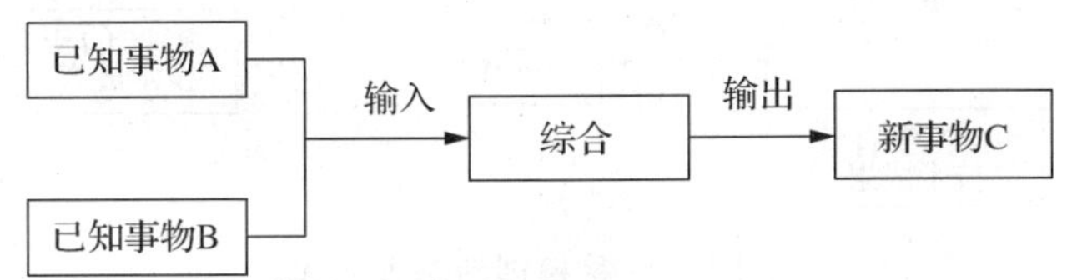

图 1-1　综合创新基本模式

综合不是将对象的各个构成要素进行简单的叠加，而是按其内在联系合理组合起来，使综合后的整体作用产生创造性的新发现。例如，牛顿综合开普勒的天体运行定理和伽利略运动定律，创建了经典力学体系；门捷列夫综合已知元素的原子属性与原子量、原子价之间关系的事实和特点，发现了元素周期律。信息科学、生物科学、材料科学和能源科学等都属于综合性学科。

综合创新一般有两个主要途径：非切割式综合与切割式综合。非切割式综合即将两种或两种以上的事物保持各自完整直接组合的综合创新模式；切割式综合即截取两种或两种以上事物的某些要素，再将其有机组合成新事物的综合创新模式。双万向联轴器就是将两个单万向联轴器进行非切割式综合，使其传动性能大大改善。而集火箭技术、宇航技术和飞机技术于一体的“航天飞机”的问世，则是切割式综合创新的一个典范。

2. 逆向创新意识

所谓“逆”，可以是空间上的“逆”、时间上的“逆”，也可以是形状、特征、功能上的“逆”，还可以是思路、方法上的“逆”。逆向创新是将思路反转过来，从构成要素中对立的另一面来思考，以寻找解决问题的新途径、新方法。逆向创新法亦称为反向探求法。反向探求法一般有三个主要途径：功能性反求、结构性反求和因果关系反求。

18 世纪初，人们发现了通电导体可使磁针转动的磁效应。法拉第运用思维反向探求，思考：“能不能用磁产生电呢？”在经过 9 年的探索之后，法拉第终于在 1831 年成功发现了电磁感应现象，制造出了世界上第一台电磁感应发电机。再比如，一般认为“精确”是数学的特点，对客观规律的数学描述不能模棱两可，需要严格的精确性。但美国数学家查德（Lotfi Asker Zadeh）却专门研究与精确性相反的模糊性，创立了一门新的学科——模糊数学，在精确方法无能为力的领域，模糊数学大显神通。

3. 还原创新意识

还原法即回到根本、回到事物起点的方法。简单地说，就是暂时放下所研究的问题，回到驱使人们创新的基本出发点。

比如，打火机的发明应用了还原创新原理，它突破火柴摩擦发火原理的束缚，把最本质的功能——发火功能抽提出来，变为以气体或液体作燃料。再比如，无扇叶电风扇的设计是基于使空气快速流动的原理创造出来的，从而设计出用压电陶瓷夹持金属板，通电后金属板震荡，导致空气加速流动的新型电扇。与传统的旋转叶片式电风扇相比，无扇叶电风扇具有体积小、重量轻、耗电少、噪声小等优点。

4. 移植创新意识

移植创新指吸收、借用其他学科领域的技术成果来开发新产品，其基本模式如图 1-2 所示。

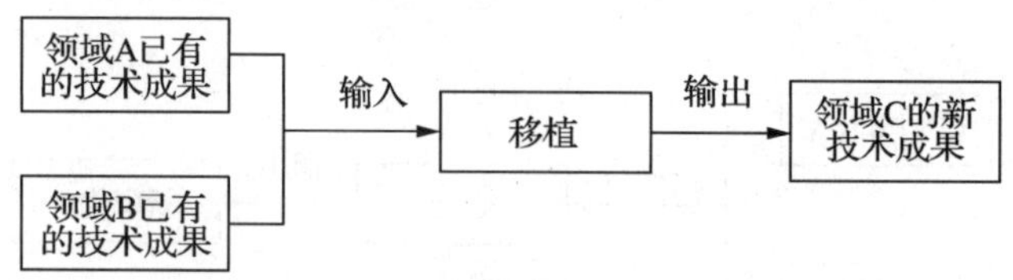

图 1-2 移植创新基本模式

在机械创新设计方面，应用移植创新原理取得成功的例子很多。如人们在设计汽车发动机的化油器时，移植了香水喷雾器的原理；组合机床移植了积木玩具的结构方式。又如，将磁学原理移植到带传动中，人们发明了磁性带传动，大大增加了带传动的传动能力。再如，对陶瓷发动机进行材料移植，以高温陶瓷材料代替金属材料制成燃气涡轮的叶片、燃烧室等部件，或以陶瓷部件取代传统发动机中的汽缸内衬、活塞帽、预燃室、增压器等。陶瓷发动机具有耐腐蚀、耐高温的性能，这样就可以使用廉价燃料，省去传统的水冷系统，减轻了发动机的重量，大幅度地节省能耗、降低成本、增大功效，是动力机械和汽车工业的重大突破。

5. 分离创新意识

分离创新是指把某个创造对象分解或离散成多个要素，然后抓住关键要素进行设计创新。分离创新的基本途径一般有两条：一是结构分离，结构分离是指对已有产品结构进行分解，并寻找创新的模式；二是市场细分，市场细分是按消费者的需求、动机及购买行为的多元性和差异性，将整体市场划分为若干子市场，即将消费者分为若干类型的消费群。机械创新设计的目的，是为市场提供某种机械类商品，因此，也可以根据市场细分理论进行创新思考。通常，以职业、年龄、性别、地域、环境、经济条件等市场变量作为细分标准，然后按照形成差异的原则进行创新设计。

例如，在机械传动中的普通 V 带传动，只能用于中心距不能调整的场合。为了扩大 V 带传动的适应性，人们对其进行结构分离创新，发明了接头 V 带传动。再如，保险柜本是单位收藏现金、机密文件等贵重物品的办公设备，家用保险柜的设计，体现了发明者对保险柜市场进行细分的思路。

6. 价值优化创新意识

第二次世界大战以后，美国开始进行关于价值分析（Value Analysis，VA）和价值工程

(Value Engineering，VE）的研究。在设计、研制产品（或采用某种技术方案）时，设计研制所需成本为 C，取得的功能（即使用价值）为 F，则产品的价值 V 为：

$$V = F/C$$

显然，产品的价值与其功能成正比，而与其成本成反比。

价值工程用来揭示产品（或技术方案）的价值、成本、功能之间的内在联系。它以提高产品的价值为目的，提高技术经济效果。它研究的不是产品（或技术方案），而是产品（或技术方案）的功能，研究功能与成本的内在联系。

设计创造具有高价值的产品，是人们追求的重要目标。价值优化或提高价值的指导思想，是创新活动应遵循的理念。研究功能与成本的内在联系的指导思想，也是创新活动应遵循的理念。

优化设计的途径为：保持产品功能不变，同时降低成本，达到提高价值的目的；在不增加成本的前提下，提高产品的功能质量，以实现价值的提高；虽成本有所增加，却使功能大幅度增加，使价值提高；虽功能有所减少，但成本却能大幅度下降，使价值提高；不但使功能增加，同时也使成本下降，从而使价值大幅度提高，这是最理想的途径，也是价值优化的最高目标。

例如，英国的设计人员曾开发出一种新型百叶窗，要求产品既能防止漏水，又可使室内空气流通。设计者通过价值分析，改变了用料多、造价高的传统设计，而采用了让水透过百叶窗，再在窗叶后用凹槽收集，然后通过细管将雨水排出室外的新设计。新设计的百叶窗，不仅成本降低了，而且便于操作，寿命更长，新产品在市场上很有竞争力。

第三节　创新精神

一、创新精神的含义

创新精神的主体是每一个人，无关国籍、年龄、性别，任何人都可以具有创新精神。大学生作为备受社会关注的群体，拥有区别于其他群体的鲜明特点。对大学生的创新精神的界定必然以这一群体的特点为依据。

所谓“大学生”，一般情况下是年满 18 岁，接受过国家义务教育，通过高考严格选拔，最终进入大学继续学习的青年群体。大学生整体受教育程度较高，心理发展较为成熟，思维的发展已经由青年初期的形式向青年中期过渡，对社会发展、生活变化、个人发展等问题能够产生较为明确的认知。同时，处于大学时期的学生，尚未走入社会，对未来充满希望，具有强烈的理想主义色彩，对自己社会角色的定位十分重视，拥有强烈的社会责任感。

因此，根据大学生的特点，在对其进行创新精神培养时更应该把握好创新意识、创新思维和创新品格之间的关系，有针对性地对这三方面进行重点培养。首先，大学生的意识观念仍处于成长发展的阶段，并没有形成完全固有的模式，因此，其更容易受到外界的刺激，从而产生一些天马行空的想法，这一特点对创新意识的产生有很大的影响。其次，大学生自身成长阶段所独有的思维特点（即思维更加全面灵活，思维活动倾向于把假设和理论观念相结合等），使其在形成创新思维上具有得天独厚的优势。最后，从心理发展程度来看，大学生处在从青春期后期向成年期早期转变的过渡阶段，非常容易受到外界的影响。对此阶段的大学生而言，价值观念、人格特征、人生态度都处于不稳定的过程中，这个阶段也是大学生孕育创新品格的最好时期。

二、创新精神培养的特殊性

在培养大学生创新精神的过程中应做到特殊情况特殊对待。

（1）培养大学生创新精神要注重大学生个体思想意识的发展。创新精神的培养是一个综合性的过程，是否具有创新意识是培养创新精神的关键。绝大多数的大学生，他们的人生观、世界观都尚处在发展确立阶段，容易接受新鲜的思想观念。因此，培养大学生的创新意识应采取有效引导的方法，避免强制灌输，避免学生产生逆反情绪。

（2）培养大学生创新精神要把握大学生整体心理发展阶段。埃里克森（Erik Erikson）将每个人从出生到老去的整个人生过程划分为八个阶段，大学时期的学生处于成年早期。处在这一时期的学生最为显著的特点就是有了明确的自我观念和自我追寻的方向。在自我意识中，独立意识的生成使他们意识到自己是一个独立的个体，拥有强烈的自尊心与自我肯定。但是社会外界等现实因素在一定程度上会冲击这种自尊心与自我肯定，最后往往造成大学生产生挫败感。因此，在培养大学生创新精神的过程中，要正视这种心态，凸显大学生主体地位，帮助其建立良好的创新品质。

（3）培养大学生创新精神要正视大学生自身能力的局限性。大学生的能力，除了包含获取知识储备的能力，还应该体现在头脑思维能力和动手实践能力。虽然大学生是拥有较高教育程度的群体，但其知识结构过于单一化，这导致其无法有效获得更加多样化的理论支撑，产生创新意识的概率降低。并且，由于我国的传统教育模式，学生在学习过程中一味地被动接受知识，而不善于发散思维，最终导致思维趋向模式化。再者，由于过分强调考试成绩，学生动手实践能力也在被不断地弱化。这也是当前教育环境下频频出现高分低能现象的原因之一。

三、大学生创新精神培养的主要路径

培养大学生勇于探索的科学精神。科学精神是推进社会发展的力量源泉，国家越是向前发展，就越需要重视对科学精神的培养。就大学生而言，科学精神主要包括不断探索的求真精神、尊重事实的求实精神、敢于变革的创新精神，以及团结合作的协作精神。

（1）培养大学生不断探索的求真精神。求真精神的内涵就是对真理的不断追求。在科学认识过程中，体现为不断找寻客观存在的规律性，从而得到真理。找出真理的过程，本身就蕴含了勇于探索的精神。只有对真理保持绝对的执着，不怕困难，艰苦奋斗，坚持探索，顽强拼搏，最终才会到达真理的彼岸，获得真理。

（2）培养大学生尊重事实的求实精神。求实精神认为任何科学研究都是基于客观事实的，无论进行何种的科学创新研究，都要尊重事实依据。可以说，科学精神的内核就是实事求是，不尊重事实依据、不服务于事实的科学研究都是妄谈，是不应该存在的。同时，求实过程还应体现一种乐于求证的精神。任何理论的发现都是需要在实践中检验的，否则就是一种虚化空谈。只有在实践中反复求证，才能不断完善理论的科学性。

（3）培养大学生敢于变革的创新精神。科学精神要求在科学研究中以客观事实为依据，做到实事求是。但是客观存在却是随着时间推移不断运动、变化、发展的，如果想准确捕捉客观真理，就必须不断地提出新方法、新技术，拥有新的思维意识。在面对新的问题时，充分发挥自身的主观能动性，敢于变革、敢于批判、敢于创新，始终保持基于客观事实的理论研究，做到与时俱进。

（4）培养大学生团结合作的协作精神。在科学创新的研究过程中，往往不能只依靠单个人去实现，所以是否具有团结互助的协作精神对于大学生创新创业能否成功起着至关重要的作用。一方面，创新研究的过程经常是一个十分复杂的过程，包含很多的数据分析，还有大量的实验操作，一个人去完成，不仅会消耗很多时间，同时也无法保证最后结果的正确性。另一方面，随着现代科学的发展，进行研究创新的领域更为深入，而且不同领域间的交叉融合也更强，这就要求有一个涉及多领域、多专业、多类型的创新人才团队，大家一起进行研究、共同创造。拥有良好的协作精神可以使个人的才能在团队中得到更好的发挥，也可以发挥团队的真正力量，更有机会获得成功，最终充分实现 1+1>2 的效果。

培养大学生的科学精神，首先应注重大学生对科学哲学的学习，这是培养科学精神的基础。在学习科学哲学的过程中，认识科学本质，领略科学真理，追求真理精神，把握事物发展的客观规律，形成正确的世界观、人生观和价值观。其次要注重对大学生自身观察力、注意力、记忆力和思维力的提高培养。只有通过对事物的细致观察，从而达到对事物本质的认识，继而才能实现创新创造；创新不是一蹴而就的，需要思维始终处在活跃的状态，这就需要用意志保持注意力的持久；培养良好的记忆品质，尊重记忆规律，在科学创新过程中采用科学正确的记忆方法，保证记忆内容的准确性；始终遵循思维发展的规律性，明确思维从感知到具体再到抽象的发展过程，使思维在发展中逐渐具有灵活性、批判性和创造性。

大学生要积极投身到实践活动中去。实践出真知，要想树立科学精神，实践是根本途径。在校期间应积极参加各种校园社团、协会，或是科技实践活动，或科学研究和科学实验等活动，从这些实践活动中培养自身的协作精神和创新精神。

第四节　创新思维

创新思维是创新能力的核心和基础。创新人才的发展，主要是创新思维的发展。要培养创新意识，应当着重培养和树立创新思维方式，因为创新思维是实现创新的内在机制和深层动力。

一、创新思维的概念

创新思维是指发现、发明前人和同时代人不曾创立的理论、知识、技术、方法、实物、模型等的思维活动和思维结果。创新思维是综合运用多种思维方式于思维过程的一种思维活动。这些思维方式包括直觉、灵感、类比、想象、联想、形象思维、逻辑思维和模糊思维等。而且，许多非理性因素和心理过程也参与到创新思维的活动中。

创新活动通常被认为是揭示客观事物之间的关系，因而发现这些关系的活动要求创造新的概念和新的分析工具及新的实验技术。人们通常把发现新的科学事实、新的科学理论，技术发明创新及新的文学艺术作品创作的思维活动称为创新思维。它主要是指对客观事物之间的关系所进行的新颖独特的探索，并能创造前所未有的思维成果（如新概念、新假设、新原理和理论等）来概括、反映这些关系的思维过程。

创造性思维是与常规性思维相对而言的。常规性思维是从已有的知识和经验中引申出解决问题的方案，或者运用已有的知识和经验去重复地解决前人已经解决的问题。而创造性思维不是照搬书本知识和过去的经验去解决问题，而是根据实际情况，突破理论权威及现成的规律、方法和思维定式的束缚，以新颖的方式和多维的角度独立思考、首创性地解决问题。创造性思维与常规性思维的划分主要有两个标准：一是从思维过程来看，是否有现成的规律、方法可以遵循，凡有现成的规律、方法可以遵循的思维都是常规性思维，没有现成规律、方法可以遵循的思维才是创造性思维；二是从思维成果来看，是否是前所未有的，凡思维成果不是前所未有的，都不是创造性思维，只有思维成果是前所未有的，才是创造性思维。

综上所述，创新思维是人们在创新活动过程中所具有的思维方式。它是相对于以固定、惰性的思路为特征的常规性思维而提出的，是一种高度灵活、新颖独特的思维方式。它通常是在创新动机和外在启示的激发下，充分利用人脑意识和潜意识活动能力，借助于各种具体的思维方式（包括直觉和灵感），以渐进式或突发式的形式，对已有的知识经验进行不同方向、不同程序的再组合、再创造，从而获得新颖、独特、有价值的新观念、新知识、新方法、新产品等创造性成果。

二、创新思维的特征

创新思维主要有以下几个特征。

1. 敏感性

敏感性是指创新思维者能吸收被常人忽略的信息的能力，在空间和时间里捕捉有价值的、新颖的信息。这种特性意味着，具有创新思维的人一般很快就会注意到某一件事情中存在的问题。例如，一个人察觉到某种设备有做出一些改进的需要，有能力看出这种需要，然后去发明一种装置来改进这种设备。敏感性不仅表现在会对需要和困难特别关注，还表现在对所遇到的奇特的、不寻常的或令人困惑的事情的察觉上。

敏感性是创新思维的重要特征。这种敏感性不是因为人的视觉锐利或是视网膜的构造特殊，而是思维的决定性作用。正如爱因斯坦所说：“你能不能观察到眼前的现象，取决于你运用什么样的理论。理论决定着你到底能够观察到什么。”创新思维的目的性、专注性是敏感性的条件。

敏感性要求关注客观事物的差异性与特殊性，关注现象与本质、形式与内容的不一致性。人们往往对司空见惯的现象和已有的权威结论怀有盲从和迷信的心理，这种态度使人不能有所发现、有所创造。因此，敏感性是创新思维不拘泥于常规、不轻信权威，以怀疑和批判的态度对待一切事物和现象的结果。

2. 流畅性

常规思维往往是单向一维的思维，它的目的常常在于寻找一个正确答案。而创新思维是多向、多维的，往往没有固定的思维方向。它总是先从各个角度去思考事物的功能及其产生的后果，然后预测所有可能导致的结果。这样就能在做出最终决策前，有更多的选择机会，以便做出理智的选择。因此，在进行创新思维时，并不是必须在时间的压力下工作，并必须迅速产生结果，而是在其他条件相等的情况下，在每一单位时间内能够形成大量观念，更能产生有重要意义的观念。人们常用“思潮如涌”来形容思路的敏捷性，用“一气呵成”来描述在短时间内迅速反应的能力，这实际上就是指创新思维的流畅性。流畅性能产生大量的观念，从而为创新准备条件。

检验人们思维流畅性的实验通常要求被测试者在规定的时间内尽可能多地说出各种物体的名称，这些物体都具有某种具体的特性，例如，圆的东西、红的东西或可以吃的东西。能说出的东西越多，说明流畅性越强。流畅性主要依赖于记忆中储存的信息，只有信息量大才能保证心智活动流利畅达、反应迅速。

3. **灵活性**

创新思维只有流畅性是不够的，如果只是在同种类型的问题上有反应，就会形成思维定式，如说铅笔的用途，就只能说出写字、写信、写文章之类，这样就变得僵化、呆板，不能变通。灵活性是指一个人改变思维定式的容易性，即信息从一种类型转换到另一种类型的能力。一般来说，反应的类型越多，灵活性越高。灵活性不只反映思维的广度，还反映思维的维度、多样性。单一不能变通，多样才能灵活。

创新思维的灵活性主要表现在两个方面。一是变通力，即能适应变化了的各种情况。变通的类型有性质变通、方向变通、时间变通、空间变通、形状变通、功能变通、蕴含变通等。变通的类型与思维的角度、维度、系统性有关。二是摆脱惯性，表现在思维方向的变化上。意味着不以僵化的方式去看问题。创新思维者能以不同的方式去应用信息。

4. **独特性**

独特性是创新思维的本质特征。有一种观点：要有创新性，就要有独特性。独特性是指创新思维者具有不同寻常的新奇观念，或是从未有过的创造性观念。独特性主要表现为：与他人不同、独具卓识。如在思路探索、思维的方式方法和思维的结论上，能提出新的意见，做出新的发现，实现新的突破，具有开拓性、延展性和突变性。常规性思维往往是再现式，也就是说，以过去遇到的问题为基础，从过去经验和所学的知识中寻找方法。一般人的创新思维大体是流畅性第一，灵活性次之，独特性最低。对大学生的调查表明，独特性得分高者只是少数，独特性是创新思维最重要而又最难具备的特征。

5. **综合性**

创新思维是许多因素结合在一起的综合性思维活动。日本著名创造学家高桥诚说：“创造性思维的过程是一种身心的综合性劳动，因而单是掌握方法是不能解决问题的，这里既需要具备发现问题的自觉性，又不能缺少信息的积累，而更重要的则是身心健康且斗志旺盛。”在进行创新思维时，有许多因素参与，包括知识信息因素、实际能力因素、个性因素以及身体因素等。

许多创新思维要求把事物各个侧面、部分和属性的认识综合为一个整体来认识。有这样一种观点：研究一个东西的各个组成部分，结果很难理解，只有把它作为一个整体来研究才容易理解。通过知识、技术和设备结构等的重新组合，可以发现在某些方面存在某些重要的关系，从而做出重大的创造发明。许多发明创造都具有转化的性质，即把一个现存的客体，通过重新组合，转换成一种具有不同因素、功能或用法的新客体。因此，有人说，综合就是创造。高度综合是现代科学发展的重要趋势，并在现代科学技术中发挥日益重要的作用。

创新思维者在思考问题时，常常必须记住一系列变量、条件或关系。只有综合这些因素，弄清它们之间的关系，才不会混淆。同时，要综合运用多种思维方法和逻辑模式。创新思维的过程包含直觉的洞察与灵感的迸发、想象的发挥与模型的构想、类比的跨接与思路的外推、归纳的概括与假设的试探、演绎的联结与溯因、沟通分析的还原与综合的归纳、反馈的利用与控制的运筹及不断的顿悟和重组，形成新的概念框架和理论体系。

三、创新思维模式

任何创新思维总是指向某一具体问题的，问题是思维的起点。创新思维与问题解决有密不可分的联系，所有的创新思维无疑都包含了问题解决。

创新思维模式如图 1–3 所示。

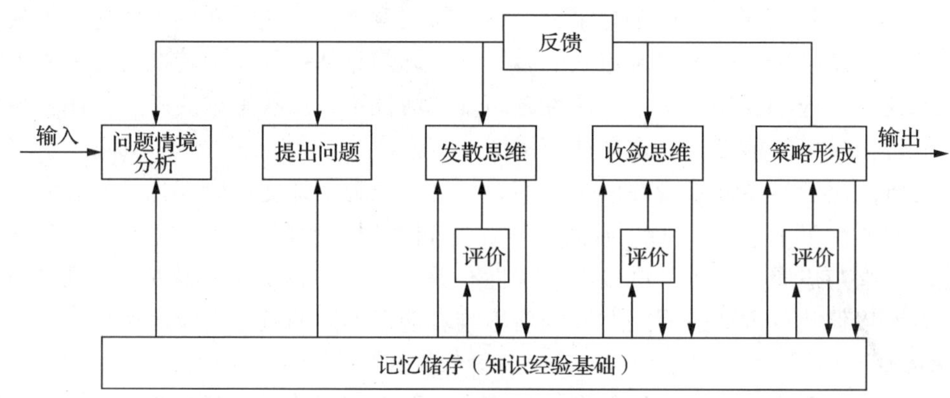

图 1–3　创新思维模式

1. *问题情境分析*

问题情境是创新思维的起始因素，它唤起人的认识需求。问题情境意味着人在活动中遇到了某种不理解的、未知的、令人烦忧和诧异的东西。它是在这样的情况下产生的，即当人处在解决问题（任务）的情境中时，无法用已有的知识解释新的事实，或者无法用以前熟悉的方法完成已知行动，而应找到新的行动方法。创新思维过程从对问题情境的分析开始。对情境的各结构因素从思维的不同方面进行探究，弄清它们之间的联系和关系。问题情境的分析结果可划分为已知因素、未知因素和应求因素。

2. *提出问题*

提出问题是创新思维的主要步骤。在问题情境的分析中，须确定情境中引起困难的因素是什么，被看作困难因素的就是问题。通过一系列不同层次的“为什么”的发问，由浅到深，看出问题所在即识破问题的实质，并继而用语言概述出问题。在这个阶段不仅要确定问题的存在，还要定义这个问题到底是什么。

3. *发散思维*

发散思维是指利用多角度、不同的思维方向，不受限于现有知识范围，不遵循传统的固定方法，从已知信息中产生大量的、变化的、独特的新信息的思维方式。

发散思维表现为视野开阔，思维呈现出多维发散状。如“一题多解”“一事多写”“一物多用”等，都是发散思维的表现形式。不少心理学家认为，发散思维是创造性思维最主要的特点，是创造力的主要标志之一。

4. 收敛思维

收敛思维又称辐集思维方法或会聚思维方法，是使四面八方的相关思维指向某个思维中心的思维方法，或者说是将无数分散的思维信息收敛或会聚于某一个思维信息中心的思维方法。收敛思维方法广泛应用于经济计划、决策管理、建筑施工、调查研究、民意测验、问卷调查、地矿普查、气象预测、科学研究等众多的领域之中，也是人类进步和社会发展中常用的思维工具之一。

5. 策略形成

绝大多数的创新方案，都可以用以下五种策略来制定。

（1）迁移策略：把别人的好创意、好方法借用过来，和自己原有的资源相结合，形成一种新的创意。

（2）加法策略：将目前已有的两个或多个单一的产品元素组合起来，形成新的产品。

（3）减法策略：把产品中的某一个元素去掉，让剩下的元素成为一个新的产品。不过请注意，删掉的部分应当是产品中必不可少的部分，但又不是最核心和最无关紧要的功能，才能让减法策略发挥最大的威力。

（4）乘法策略：对产品的某一部分进行复制，再重新整合到产品当中。

（5）除法策略：将产品的某个部分分解成多个部件，再用新的方式将它们重新组合。

第五节　创新思维训练

创新思维是多种思维方式的综合运用，既有逻辑思维也有非逻辑思维，既有抽象思维也有形象思维，既有发散思维也有收敛思维。其中，发散思维和收敛思维对于创新思维十分重要。尤其是发散思维，是开展创新活动所不可缺少的思维方式。可以说，没有发散思维就没有创新，这是心理学家、思维专家长期研究得出的结论。

发散思维也叫扩散思维、辐射思维，其特点是考虑问题时思路开阔，向四面八方扩展，是一种从不同方位、不同角度、不同层次、不同途径去联想、想象、设想，以求创造性地解决问题的思考方法。实践证明，发散程度越高，创新思维的成效越大。

发散思维的训练方法多种多样，如逆向思维训练、横向思维训练、换位思维训练等。下面介绍几种发散思维的训练方法。

一、逆向思维训练

逆向思维也叫反向思维、反转思维，其特点是改变惯常思维方向，从相反方面来认识事物、思考问题。由于这种思维突破了人们考虑问题的思维定式，因而往往能够获得惯常思维所不能获得的成效。

春秋战国时，田忌与齐威王赛马，按照惯例思维应是良马对良马，次马比次马。田忌却运用逆向思维方法，以次马与齐威王的良马比赛，以良马对中马，以中马对次马。结果，田忌取得两胜一负的战绩。

司马光砸缸救人的故事也说明了逆向思维的作用。通常从大水缸取物、救人，只可由缸口打捞，或者将水缸放倒，不损坏水缸。当时司马光年纪小，不可能采取以上两种常用办法，他便急中生智，运用逆向思维想出了砸缸救出小伙伴的办法。

青岛啤酒在进入美国市场时主要做了两件事情：一是出资请美国广告商通过报纸、电视、电台等新闻媒体进行广告宣传；二是让美国大饭店接受这种啤酒，以扩大影响。但后一件事做起来并不容易，美国大饭店不会轻易购进这种啤酒。啤酒推销商看到了这一点，因此不上门推销，而是采取相反的做法，变卖为买。他们出资在纽约多家大饭店举办宴会，宴请社会名流。每到一家大饭店，便指名要青岛啤酒，如果没有，就以“缺少这种酒，宴会不够档次”为由，取消宴会。这样，青岛啤酒不仅受到纽约许多大饭店的重视，登上了高档宴席，而且逐渐在美国啤酒市场站稳了脚跟。这种以买促卖的做法，无疑是逆向思维的创新成果。

★训练题

（1）在一次评选“香港小姐”的决赛中，主持人提出一个测试参赛小姐思维能力的难题：“假如你必须在肖邦和希特勒两个人中间选择一个作为终身伴侣，你会选择哪一个呢？”

请思考：该小姐如何选择并对其选择做出解释。

（2）洪长兴是上海著名的羊肉店，为了保证肉的质量，该店有专门的供肉基地，整羊运来，由店里的职工操刀拆卸、开料。因为店堂面积小，拆羊劳动强度大，每天供肉量有限。到了冬天羊肉销售旺季，来买肉的人排成长队，供不应求，许多顾客失望而返。这不但满足不了顾客的需求，营业额也受到很大影响。店堂小、供肉不足，成为该店发展的瓶颈。

请思考：你能否用逆向思维为该店想出一个办法，增加供肉量，满足顾客的需求。

参考思路

（1）该小姐选择了希特勒。她运用逆向思维解释道：“如果嫁给希特勒，我相信我能够感化他，那么第二次世界大战就不会发生了，也不会有那么多人家破人亡。”

（2）办法是颠倒羊肉的加工程序。由洪长兴羊肉店派人到羊肉供应基地，指导基地的员工按肉店的要求将整羊拆卸，精选出肉块，再运到该店切片上市，或者将切肉机运到供应基地，按要求切成羊肉片，再运到洪长兴出售，这样就解决了肉店面积小、肉片加工量不足的问题。

二、横向思维训练

横向思维也叫“侧向思维”，是指向思考的事物及问题的侧面延伸思维触角，以求获得新的思维成果，是发散思维中最常使用的一种方法。

例如，中国传统的节日食品——粽子，从外形来看，大致有长方（扁方）形和四角（六棱）形两种，是否能再变换几种形状？从米料来看，主要有糯米、黄米两种，是否可以改用别的米料？从馅料来看，常见的有红枣、豆沙（甜馅）和肉（咸馅），能否增加馅料的品种？解决这些问题便离不开横向思维。

★训练题

(1) 某市郊区一个著名旅游景点的附近有几个果树村（以种植果树为主的山村），山坡上、山沟里分布有很多果林，有苹果树林、桃树林、杏树林、栗子树林。这几个果树村打算借旅游景点之利，开展一些能够吸引游客的活动，以增加收入。你能否运用横向思维为他们想些办法？

(2) 一男子篮球队到某城参加比赛，该市有一家皮鞋厂，产品品质不错，但由于广告费用昂贵，该厂一直未能通过媒体宣传其产品。请考虑，他们能否趁男篮比赛之机，策划一次花钱少的宣传活动？

(3) 我国首次参加洛杉矶奥运会那年，广州市场汗衫积压严重。经营汗衫的公司能否从我国首次参加奥运会这一信息中受到启发，想出销售汗衫的办法？

参考思路

(1) 可以开展两项活动：一是采摘鲜果，游客给一定数额的活动费，可以到果林里采摘鲜果；二是把游客请进山村农家小院，一方面可以休息，另一方面可以品尝农家饭菜和了解山村习俗。如果有纯净泉水，可用山泉沏茶招待游客。

(2) 一种办法是，事先了解男篮队员们鞋的尺码，特制一批优质皮鞋，待男篮来比赛时，举行一次向男篮队员赠鞋的活动，请新闻记者采访、报道这一活动。另一种办法是，选择男篮队员最大的两个脚码，特制两双特大号皮鞋，在媒体上开展“皮鞋擂台赛”，欢迎试穿，试穿合适可免费获得皮鞋。期间通过一定渠道特邀男篮队员前来参加“擂台赛”，当皮鞋被男篮队员穿走，请记者追踪采访，了解他们对皮鞋质量、样式的评价，并进行报道。

(3) 广州一家公司获得我国运动健儿将首次在奥运会亮相的信息之后，意识到一旦我们的运动员获得奖牌，将大大激发人民的爱国热情，如果将汗衫、背心等印上奥运会标志，投放市场，会大受欢迎。果然，当奥运会捷报频频传来，他们投放市场的“奥运衫”也成为抢手货。

三、换位思维训练

人们在考虑问题、处理事情时，常常受所处地位、所持立场的影响，想不出解决问题的办法。但如果变换一下立场，转变一下地位，就可能产生新思路，想出有效的方法。

换位思维就是指“设身处地”地思考问题。有些矛盾和问题，只要当事人能够站在对方的角度进行思考，便不难解决。这种换位思考方法现在已被广泛使用，如医院急患者所急，为患者提供方便；商店从顾客的需要出发，变换商品种类；厂家按照用户的要求进行产品改造。这种换位思维有益于开阔思路，发现一些原先体悟不到、认识不清、理解不适的问题，产生新的思维成果。

★实例一

对创业的认识

A：我想要创业。

B：你有钱吗？

A：创业不一定要有钱，可以用知识去创业，用自己在某些方面的独到见解去创业。

B：市场是创业的基础，虽然有独到见解是一种创业途径，但可能性太小了。有市场基础，创业才相对容易些。

A：创业不一定要以市场为基础，可以以技术创业。

B：现在的技术不是个问题，技术创新没有多大优势。

这段话体现了A没有对一般性与特殊性进行分析，技术创业的确是一条创业的路径，但技术的特殊性没有到一定的程度是无法因起步早而获得相应优势的。

★实例二

对管理规范的认识

A：管理方面的文档写得怎么样？

B：年底才能写完。

A：能否先拿出不完全规范的文档试用一下？这样可以逐步过渡到规范管理，让员工更能适应规范化管理。

B：这样做是徒劳。

这段话体现了B在实现管理中缺乏对员工的认识，总以为大家都具有与自己同等的认识水平。就算大家都在一个环境下工作，但每个人的认识是不同的，对事物的接受能力也不同，不能一概而论。

★实例三

了解员工的心态

A（老板）：员工加班后没有加班费，这些费用跟年终奖金一起算。

B（员工）：年底有没有奖金还不一定呢，这不就等于给老板白干吗？

A：你可以让员工加点班呀！

C.（项目经理）：我让员工加班，我该怎么提呀？谁愿意加班呀？

B：让我加班，谁给我钱呀？你能给我吗？

这段话可能在有些小公司出现，老板往往认为自己是老板就可以管理自己的员工，到头来谁也不想干了。员工不干活，自然就没有效益，老板就没了收入，给员工的奖金或福利随之减少，如此形成恶性循环。

★训练题

（1）1999年6月和7月，北京气温居高不下，时值高考复习的紧张阶段，天气给家庭住房紧张、环境不够安静的学生带来许多困扰。当时，北京一些高档宾馆上客率不高，空房挺多。如果你是宾馆经理，站在高考学生的角度进行思考（换位思维），在宾馆经营方面能不能想出新的办法？

（2）北京有一路公交汽车的起点站经常出现一种现象：旅客坐上一辆汽车，到了开车的时间，司机突然高喊“这辆车不开，去后面那辆”。于是乘客急忙下车往后一辆车上挤，一些老年乘客动作迟缓，很难坐到座位，乘客对此很有意见。请运用换位思维，站在乘客的角度想想，应该如何提高该路公交汽车的服务质量？

参考思路

(1) 北京有一家高档宾馆，为了解决高考学生的困难，专门腾出环境安静的客房，用较低的价格出租给高考学生，并且安排了价廉可口的饭菜，还为家长陪读提供方便。该宾馆的这一举措，不仅获得了经济效益，而且赢得了社会广泛的赞誉。

(2) 制作一个发车的标志牌，立在即将开出的汽车旁边，让乘客一目了然。

四、求同思维训练

求同是指在两个以上的事物中找到它们的共同之处。运用这种思维，有助于在不同事物之间找到结合点，使新结合的事物在性质、形态、功能等方面有所变化，以获得创新的效益。

例如，最初，茶杯和暖水瓶各有其功用，是两种不同的用具。现在普遍使用的不锈钢保温杯，便是将两者结合的产物，既有暖水瓶的保温功用，又是携带方便的喝水的杯子。又如，用求同思维找到暖瓶与饭盒的结合点，把暖水瓶改成广口状，成为携带饭菜的保温提桶。再如，把磁疗垫放在鞋里，做出磁疗皮鞋；把录音机和电话机相结合，制造出录音电话；把滚动带和计时器组合起来，做成跑步健身器。这些给人们工作、生活带来方便的用品，在研制过程中，求同思维的作用不能忽视。尤其在仿生学研究中，求同思维具有不可代替的地位。如仿照蛋壳、乌龟壳发明了建筑的薄壳结构；通过模拟生物酶的催化作用创造了高级催化剂。

★训练题

(1) 找出与自行车有结合点的其他事物，使自行车的构造和功用发生新的变化。

(2) 某汽车轮胎厂生产一种轮胎，出于公关需要，该厂准备制作一种精美、实用又能反映该厂特点的小礼品。请根据下面提供的要素，运用求同思维，选出其中两种素材，设计出一个小礼品。素材：茶杯、烟灰缸、钢笔、工厂的厂牌、轮胎模型、工厂办公楼模型、小相框。

参考思路

(1) 自行车与船结合——水上自行车，自行车与健身器材结合——自行车健身器，自行车旁安装挎斗——挎斗自行车，自行车上安装货架——载货自行车，自行车装到索道上——登高自行车（用于娱乐或体育比赛），自行车与飞行器结合——飞行自行车，自行车与太阳能结合——太阳能助动自行车（尚无产品），自行车与风扇结合——自来风自行车（夏天用）。

(2) 该厂制作的小礼品是用一个橡胶仿真小轮胎套在特制的小烟灰缸上。也可用橡胶仿真小轮胎当底座，插上特制钢笔，或者在两个并立的小轮胎中间插上一个小相框。

五、求异思维训练

求异指在相同或相似的两个以上的事物中找出不同之处，这是在科研、产品研制、经营管理、广告宣传、文学创作等工作中能够获得新成效的一种思维方法。有些企业，为了使产品能够在竞争激烈的市场上占有一席之地，便采用“你无我有，你有我廉，你廉我精，你精我专”等生产经营策略，制定和实施这些策略，自然离不开同中求异的创新思维。

★训练题

(1) 近年来，社会上出现很多中介服务行业，如婚姻介绍服务、房屋租赁服务、海外留学服务、职业介绍服务、大型会议服务、旅馆介绍服务、人才交流服务、技术中介服务等，请考虑还可以根据社会需要成立哪些与这些服务内容不同的中介性质的公司。

(2) 有家专门生产皮包的企业，想扩大皮包的品种。你能否运用求异思维，从功能方面提出些设想？

参考思路

(1) 可以成立医药咨询服务机构。外地人到北京、上海等大城市求医购药的很多，由于人生地不熟遇到很多麻烦，这种服务机构可以给他们解决许多困难。还可以成立办公用品中介服务公司，购买电脑、打印机、传真机、复印机、碎纸机等办公用品，如果不是内行，有可能花钱多还买不到优质、放心的产品，现在有城市已成立了这种中介服务公司，开展为客户介绍或代购大型办公用品的业务。

(2) 育儿包——便于携带婴儿用品；钓鱼专用包；运动员包；医生急救包；集邮包——装邮票册；化妆包；旅行便携包；写生包——装外出写生的用具；海员急救包——防水，备有救生用品；自行车挂包——供骑自行车锻炼用；经理包——高档提包；中小学生书包——背包；公务包——公务员及商人用的男士、女士挎包及提包，或挎提两用包；采访包——供摄影记者用；电脑包；文具包——装办公常用的笔、本、刀、日历、计算器等。

六、迂回思维训练

迂回思维是指在思考问题遇到障碍时，避开障碍，绕个弯子，间接求得解决问题的思维方法。20 世纪 30 年代，我国老百姓习惯用食油灯和蜡油灯，外商想在中国推销煤油，遇到阻力。于是他们发动了一场“将光明送往千家万户”的活动，让每家每户无偿得到一盏煤油灯和两玻璃瓶煤油。老百姓体验到煤油灯确实比食油灯强，便开始买煤油点灯，于是煤油占领了中国市场。这种推销煤油的方法便是迂回思维的成果。

★训练题

(1) 有一所美容美发职业学校开办了一家理发店，由于店址偏僻，顾客较少。他们想扩大客源，又不愿花太多钱刊登广告，请运用迂回思维给该店想些办法。

(2) 某市一家民办英语培训学校，师资力量较强，培养的学生有较高的英语听、读、说、写的能力。他们想扩大学校在全市的影响力，以增加生源，请运用迂回思维为他们出些主意。

参考思路

(1) 办法之一，与该市劳动局、电视台合作，为下岗职工开办美容美发电视讲座，由该校教师授课，并定期在理发店开展辅导、咨询活动。这样，该职业学校及理发店的影响力会迅速扩大。

办法之二，征得市区有关职能部门的同意，在步行街和居民区设立周末义务理发服务点。每到服务日，将书写着“美容美发学校理发店义务理发点”的招牌立起（并标上理发店的地点和联系电话），组织理发师为行人、居民理发，同时分发介绍理发店服务项目的名片。坚持一段时间，该理发店的顾客将大量增加。

(2) 以学校的名义，或者联合共青团市委等有关单位，选择合适的公共场所，定期举办“英语会友日”等活动，向社会开放，为英语爱好者提供练习英语的环境。让该校师生在活动中尽量展示英语能力，提高学校的声誉，以扩大生源。

七、头脑风暴式思维训练

头脑风暴就是当人们想到一个新点子时，就在房间里大声说出。使用这种方法时要告诉人们任何观点都不会被评判，消除他们的顾虑，这样他们就能自由地大声说出任何观点，而不会感到任何不舒适。人们的观点应该建立在其他参与者的观点之上，这样做的目的是为后面的分析得到尽可能多的观点。在提出的众多观点中，会有一些非常有价值的观点。在这个自由思考的环境中，头脑风暴会帮助人们产生一些突破普通思考方式的新观点。

4～15 个人组成的小组聚集在一个房间里，找一个中心人物介绍头脑风暴会议的目的和规则。这个人应该确保规则被遵循，并积极地鼓励参加者。

比较理想的情况是，就一个无关的比较有趣的主题进行简短的热身。这会使参与者的创造热情高涨，不受拘束。当建立起适当的心情的时候，就应该开始进入正题。目的和主题建立起来后，小组中的每个人大声说出自己的观点。这些观点全部被记录下来，以便以后进行分析。记录观点最常用的方法是写在大的便签纸上，也可使用黑板、幻灯片、计算机或零散纸张，最好有一位秘书或专门的记录人。对于较大的小组，可能需要 2～3 位秘书，以确保所有的观点被记录下来。

★训练实例

组长：我们的任务是砸核桃，要求多、快、好，大家有什么办法？

甲：平常在家里用牙磕，用手或榔头砸，用钳子夹，用门夹。

组长：几个核桃用这种方法行，但核桃多了怎么办？

乙：应该把核桃按大小分类，各类核桃分别放在压力机上砸。

丙：可以把核桃沾上粉末一类的东西，使它们成为一样大的圆球，在压力机上砸，用不着分类（发展了乙的观念）。

丁：沾上的粉末可能带磁性，在压力机上砸压后，或者在粉碎机上粉碎后，由于磁场作用，核桃壳可能脱掉，只剩下核桃仁（发展了丙的观念，并应用了物理效应）。

组长：很好！大家再想一想用什么样的力才能把核桃砸开，用什么办法才能得到这些力。

甲：应该加一个集中的挤压力。用某种东西冲击核桃，就能产生这种力，或者相反，用核桃冲击某种东西。

乙：可以用气枪往墙壁上射核桃，比如说，可以用射软木塞的儿童气枪射。

丙：当核桃落地时，可以利用地球引力产生力。

丁：核桃壳很硬，应该先用溶剂加工，使它软化、溶解，或者使它们变得很脆。经过冷冻就可以变脆。

组长：动物是怎么解决这一问题的，比如乌鸦。

甲：鸟儿用嘴啄，或者飞得高高的，把核桃扔在硬地上。我们应该把核桃装在容器里，从高处往硬的地方扔，比如说，在气球上、直升机上、电梯上往水泥板上扔，然后把摔碎的核桃拾起来（类比）。

乙：可以把核桃放在液体容器里，借助水力冲击把核桃破开（物理效应）。

组长：是否可用发现法（如认同）反向解决问题呢？

丙：应该从里面把核桃破开，把核桃钻个小孔，往里面打气加压（反向）。

丁：可以把核桃放在空气室里，往里打气加压，然后使空气室里压力锐减，内部压力就会使核桃破裂，因为内部压力不可能很快减少（发展了丙的观念）。或者可以急剧增加或减少空气室压力，这时核桃壳会承受交变负荷。

戊：假如我是核桃仁。我用手脚从核桃壳内部对它施加压力，外壳就会破裂（认同）。应该不让外壳长，只让核桃仁长，用核桃仁把外壳顶破（理想结果）。为此，可以照射外壳。

乙：我也是核桃。我用手抓住树枝，成熟时就撒手掉在硬地上摔破。应该把核桃种在悬崖峭壁上，或种在陡坡上，它们掉下来就破掉。

甲：应该掘口深井，井底放一块钢板，在核桃与深井之间开几道沟槽。核桃从树上掉下来，顺着沟槽滚到井里，摔在钢板上就会摔破。

八、分析列举式思维训练

分析列举式思维训练可进一步划分为系统设问法、形态分析法和列举法。

1. 系统设问法

如果提问中带有“假如”“如果”“是否”这类词，就会启发思维，促使想象。系统设问法正是根据这样的思路提出的思维方法。

系统设问法针对事物的九个方面，系统地列举出问题，然后逐一研究、讨论，多方面进行扩展，从而使人们萌生出许多新的设想。这九个方面分别如下。

（1）转化。有无其他用途？有无新的使用方式？如何改进已有的使用方式？

（2）借用。能否借用别的经验？有无与过去相似的东西？能否模仿些什么？

（3）改变。能否做出某些改变？可否通过旋转、弯曲、扭转、回转的办法改变轮廓？有无其他可能的改变方法？功能、颜色、运行、味道、形式可否改变？有无其他可能的改变？

（4）放大。能否增加什么？时间、频率、强度、质量、尺寸、附加价值、材料能否增加？

（5）缩小。能否减少什么？再小点？浓缩？微型化？再低些？再短些？再轻些？省略？精简？能否分割化小？

（6）代替。能否取而代之？比如，其他材料、其他成分、其他配置、其他方法、其他制造工艺、其他能源、其他过程、其他场所、其他颜色。

（7）调整。可否调整顺序、排列、速度、条件、模式、配置？可否调整为其他的型号、其他设计方案、其他程序、其他工作状态？可否调换原因与效果？

（8）颠倒。可否变换正负、颠倒方位？可否调换相对元件位置？可否前后颠倒？可否上下颠倒？反向有何作用？

（9）组合。可否在这件物品上加别的东西？可否推出混合物、合金新品种、新配套？可否把零件、部件、联接件重新组合？目的能否组合？重要特征能否组合？创造设想能否组合？

2. 形态分析法

形态分析法是一种系统搜索和程式化求解的创新方法。因素和形态是形态分析中的两个基本概念。形态分析是对创造对象进行因素分解和形态综合的过程。在这一过程中，发散思维和收敛思维起着重要作用。形态分析法的操作程序为：因素分析—形态分析—方案综合—方案评选。

（1）因素分析。因素分析就是确定研究对象的最基本构成因素。分析时，要使各因素满足三个要求：一是在逻辑上彼此独立；二是在本质上是重要的；三是在数量上是全面的。

（2）形态分析。形态分析即按照研究对象对因素所要求的功能属性，列出多因素可能的全部形态（或技术手段），用矩阵的形式列出全部形态是通用的方式。

（3）方案综合。列出每一要素包括的所有可能的形态（方法、技术手段或工具）。这需要分析者工作认真仔细，具有丰富的行业经验以及较强的发散思维能力。要尽可能列出每一要素在自然界或各行业中所具有的形态，列出的形态越多、范围越广越好。按照创造对象的总体功能要求，对各要素的各种组成形态，进行排列组合，获得所有可能的方案。

（4）方案评选。由于系统综合所得的可行方案数量很大，所以要进行评选，找出最佳的可行方案。

3. 列举法

列举法主要包括属性列举法、缺点列举法和希望点列举法。

（1）属性列举法。属性列举法也称特征列举法。概括地说，属性列举法是一种通过列举来分析特征，应用类比、移植、替代、抽象的方法变换特征以获得发明目标的方法。属性列举法的操作程序为：确定对象—列出特征—分析特征—提出设想。

1）列出特征。列出特征就是应用分析、分解及分类的方法，将研究对象的特征逐项列出。特征包括名词性特征（包括结构、材料、整体及部分组成、制造工艺的名称）、动词性特征（包括产品的主要功能及辅助、附属性功能）、形容词性特征（包括大小、颜色、形状、图案、明亮程度、冷热、软硬、虚实等）。

2）分析特征。分析特征就是从需要出发，对列出的特征进行分析、抽象，并与其他物品进行对比，寻求功能与特征的替代，用替代的方法对原特征进行改造。在分析时尤其应抓住动词性特征提出设想，就是应用综合原理将原特征与新特征进行综合，提出新设想。

3）确定对象。在使用时应注意所确定的研究对象应十分具体。若研究的是产品，应是具体的某一型号的产品；若研究的是问题，应是具体的某一个问题。抽象的研究得不到应有的效果。所研究的题目宜小不宜大，对于较为庞大、复杂的物体应先将它拆为若干小的部分，分别应用属性列举法进行研究，然后再综合考虑。列举属性时越细越好。

（2）缺点列举法。缺点列举法就是直接从人们的需要出发，去“挑毛病”。工厂的产品、市场的商品，一般都不可能是十全十美的，总会有这样那样的缺点，强调缺点就是强调问题，这样会激励人们去革新和创造。

(3) 希望点列举法。希望点列举法是通过列举研究对象被希望的特征，从而发现发明目标的方法。所谓希望，就是现实中所没有的，必须由想象产生。这些想象，有些是由人们的需要引起的，还有些是由人们在与其他物品的类比中产生的，但它都反映了人们对新事物及新产品的向往与追求。

由于列举的希望点与人们的需要相符，所以更能适应市场。列举希望时尤其要打破定式，对于用希望点列举法得到的一些“荒唐”意见，应该用创造学的观点进行评价，不要轻易放弃。

★训练题

笔的新产品设想

(1) 课题：笔。

(2) 应用属性列举法列举笔的特征。

名词性特征：钢笔、铅笔、圆珠笔、毛笔、画笔、眉笔、眼线笔、蜡笔、粉笔、红笔、蓝笔、笔杆、笔尖、笔芯等。

动词性特征：拿、写、画、涂、描、扒、滚、拧、挤、刻、握、吸水等。

形容词性特征：红的、蓝的、绿的、黄的、金的、轻便的、精致的等。

应用希望点列举法与缺点列举法对以上特征进行分析。

1）可将钢笔与铅笔、钢笔与圆珠笔、毛笔与钢笔、画笔与铅笔、铅笔与蜡笔、眉笔与眼线笔、粉笔与蜡笔等进行组合，形成多功能笔。

2）一些笔尖质量不好，容易把纸划破；有的笔摔在地上笔尖易断；有的笔一只笔尖只能写一种字型，粗细不可变；有的笔笔尖歪了不易校正。希望钢笔有不同的尖，能同时满足绘画需要。

3）钢笔需经常灌墨水。笔刚灌墨水后写字浅，使用一段时间后字迹变深；墨水灌多了，钢笔漏水，墨水不易携带。希望有一种不用灌水的钢笔，或者能应用固体墨水的钢笔。

4）钢笔的造型单一，握笔处太硬，经常使用，手易起茧。塑料杆脆，放在桌上易滚动，跌落地上易摔裂。笔帽卡不美观，女同志夏季穿裙子无口袋，钢笔携带不便。

5）希望钢笔能兼有尺子的功能，或者具有照明、报时、收放音等多种功能。

6）希望笔的外观采用各种造型，手镯式笔、戒指笔、项链笔、胸花笔、十二属相笔、情侣笔等。

(3) 提出新产品设想。

1）设计一种软尖笔，不怕摔。

2）设计一种能写各种变色字迹的笔。

3）研制一种不易蒸发的固体墨水，封于笔内，吸入少量自来水后便可书写。

4）设计几种组合笔。如书写笔，可将毛笔、钢笔、圆珠笔、铅笔进行组合；绘画笔，可将毛笔、油画笔、铅笔进行组合；化妆笔，可将眉笔、眼线笔、唇笔进行组合。

5）设计一种能当发卡或胸花、领带夹、钥匙链、项链等装饰品的装饰笔。

6）设计一种具有照明或收录、放音、报时、测量血压、计量等功能的功能笔。

7）改进笔杆的材料与造型，使书写更轻松，笔杆不易跌落。

8）设计一种纪念专用的礼品笔，如纪念某一件事或生日、婚礼、节日，可以赠亲友的礼品笔。

9）设计一种带音乐及能放出清新空气的笔。

10）设计一种带灯、计算器、收录音功能的多功能笔。

（4）提出综合性方案。

设计一种具有清香气味，带有能做领带夹的笔帽卡，异形笔杆并带有小灯、计算器、收录音功能的钢笔。

（5）将上述设想中的关键部件列出。

1）对功能的分析。

①为儿童设计动画片中双尖造型的带香气、带音乐或带计时功能的塑料杆笔。

②为庆祝“六一”，赠送礼品用的软尖、整体式可变型、具有收音功能的塑料笔。

③同时适用于冬、夏两季，出水流畅，不漏水，适用于高低温及高低压情况下的带灯、带尺子的工程用笔。

④能摆于室内，带各种装饰性插座的密封式、一次性使用的结构极简的异形笔。

⑤专供教师改作业、编辑人员改稿件使用的粗型、软尖、带灯与放大镜、可计时的软杆笔。

⑥专供医生及化验、测试人员使用的能测温，能计时，能标日期及当日温度、湿度，带空气清洁剂的软杆笔。

⑦专供运动员使用的一种软型或套尖式小巧的一次性使用、整体式带香味的笔。

2）对包装的分析。

①简易的锡光纸加绸带的各色包装。

②可当作家庭室内小摆设的各种动物、人物。雕塑形塑料或瓷制的带音乐、能存入香料的包装。

③可以当作儿童玩具或摆设的颜色鲜艳、动画人物造型、能自动开关、带音响的塑料包装。

④长方形的具有仿古图案的竹刻包装。

⑤华丽的、带荧光的、带香气的、嵌有珠宝的织锦缎制的软包式包装。

⑥长方形、仿珠宝盒式的带音乐、能自动开闭的高档包装。

（6）进一步完善，并可提出系列产品设想。

1）综合（5）、（6）可得如下设想。

①为儿童设计双尖、笔帽及帽卡为各种动画人物造型、带香气、带音乐、带计时、色泽鲜艳、应用动画人物造型能自动开闭的硬盒包装的软杆笔。

②帽卡牢靠，握持舒适，同时适用于冬、夏两季，出水流畅，不漏水，并适合低温高温、低压高压的带灯、带尺，长方形，能自动开闭的及具有各种显示功能的单色现代金属盒包装的笔。

③供医生使用的带花式领带卡或帽卡、能测温、计时、计湿、能清新空气的异型杆软笔。

2）其他设想不再一一列出，下面以设想儿童笔为例说明。

①如考虑时间因素，则可设想春天用的笔、夏天用的笔、秋天用的笔、生日礼品笔、六一礼品笔、圣诞礼物笔、一次性笔、生辰纪念笔等。

②如考虑人物系列，可设想古代名人系列、现代英雄系列、童话人物系列、少数民族系列等。选择其中任意一项即可展开，如白雪公主和七个小矮人套笔、三国人物套笔、水浒人物套笔等。

3）综合（6）、（7）结合形态分析法，设想如下。

①在（5）提出的初步设想的基础上，应用形态分析中选择要素的方法，选择出设想产品的要素。

②将每一要素作为魔球的中心，做出魔球图。

③由于形态分析中的组合过于机械，可改为从每个魔球上逐一选择信息，进行综合，得到更完善的产品设想。

④将新产品设想系列化。

（7）应用焦点法做第三次展开，可进一步完善设想。

这一步可以接着（7）所得到的结果继续下去，也可以返回（1）或（5）进行，最后将所得结果与（7）所得结果进行综合，提出进一步的设想。具体说明如下。

1）选择焦点：多功能笔。

2）选择参考物：香蕉。

3）列举参考物的特征，并由此进行联想。

①香味：兰花香、茉药香、玫瑰香、苹果香、梨香、桃香。

②味道：甜的、酸的、苦的、辣的、咸的。

③带皮的：皮革、皮毛、果皮、核桃皮。

④形状：长的、短的、方的、圆的、圆锥的、三角的、各种花的造型。

⑤颜色：黄色、红色、蓝色、绿色、五彩的。

4）提出笔的设想。

①玫瑰香型、玫瑰造型、折叠笔或玫瑰香嵌套式可用做头饰与胸饰的笔。

②可套于指尖的指套型软笔。

③糖果与水果外观笔。

④能装急救药的笔型外观药盒。

5）将上述结果与（7）所得综合，可提出如下产品设想。

①花枝笔。供女性使用的可用做头饰、胸饰的折叠式或嵌套式的各种花枝造型并带各种香气的可换杆芯的软杆水笔。包装可采取透明塑料简易包装。

②卡通式动画笔。供儿童使用的双尖、笔帽或笔卡为各种动画人物造型的、带香气的、带音乐的、带计时功能的系列套笔。包装可选用相适应的动画人物造型和能自动开闭的硬盒，或采用透明塑料筒装。

③野外作业笔（工作笔）。适用于在特殊环境中的工作人员，这种笔帽卡牢靠，握持舒适，适用于高低温、高低压工作等特殊情况，是带照明、带刻度（或卷尺）的水笔。它的包装可采用能自动开闭并有各种测量显示功能的单色金属包装。

④医务工作者专用笔。供医生、护士使用的能测温、计时、计温、清新空气并具有一些急救功能的异形杆医务专用笔。

⑤各种不同颜色的、能表示各种不同笔迹的指套笔。

当设想列出后，还应制作出每一类产品的详细设计方案及外观设计图。

第六节　创新方法

据不完全统计，目前已提出的创新方法有300多种。这里主要介绍几种典型的创新方法，如“头脑风暴法”“综摄法”“形态分析法”“信息交合法”“5W2H法”“奥斯本检核表法”“发明问题解决理论（TRIZ）”“六顶思考帽法”。

一、头脑风暴法

所谓头脑风暴（Brain Storming），是以小组的形式进行无限制的自由联想和讨论，产生新观念或激发创新设想。这是由美国创造学家奥斯本（Alex Faickney Osborn）于1939年首次提出的一种激发性思维的方法。其具体的运用流程如图1-4所示。

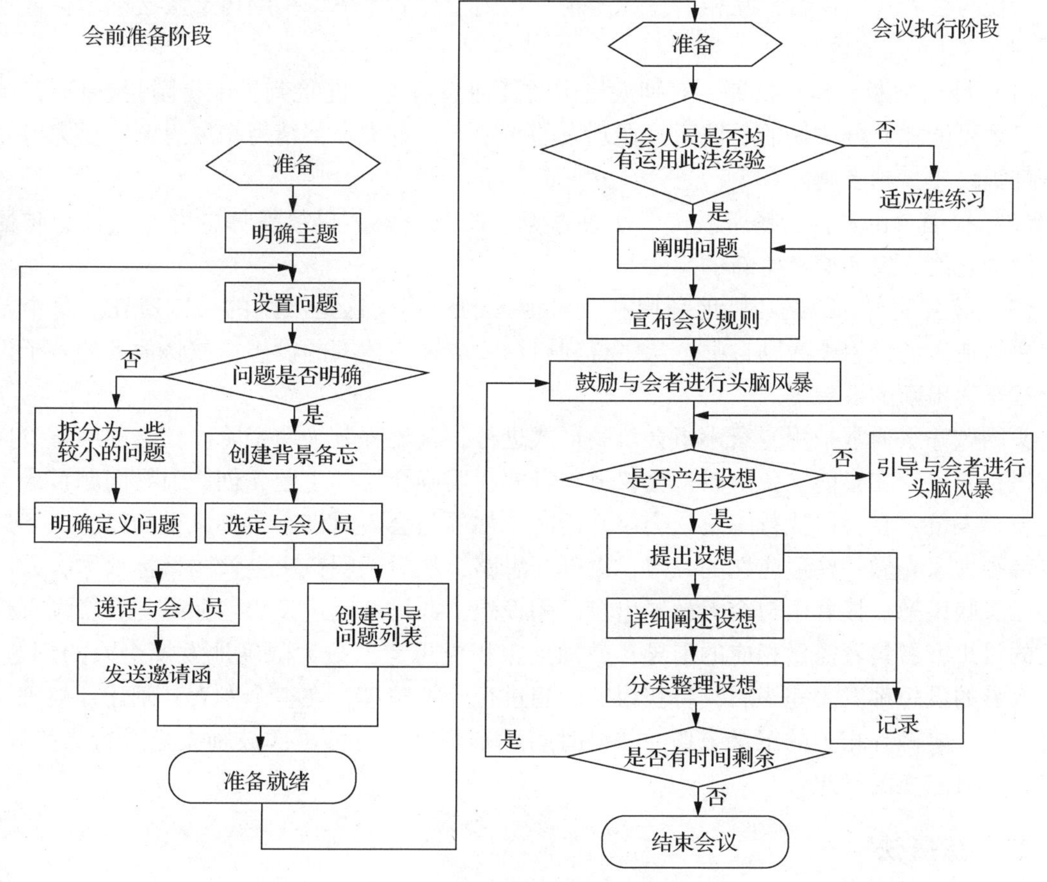

图1-4　头脑风暴法运用流程

1. 头脑风暴法激发创新思维的原因

头脑风暴何以能激发创新思维？根据奥斯本本人及其他研究者的看法，主要有以下几点。

（1）联想反应。联想是产生新观念的基本过程。在集体讨论问题的过程中，每提出一个新的观念，都能引发他人联想，相继产生一连串的新观念，产生连锁反应，形成新观念堆，为创造性地解决问题提供更多可能性。

（2）热情感染。在不受任何限制的情况下，集体讨论问题能激发人的热情。人人自由发言，相互影响、相互感染，能形成热潮，突破固有观念的束缚，最大限度地发挥创造性的思维能力。

（3）竞争意识。在有竞争意识的情况下，人人争先恐后，竞相发言，力求有独到见解和新奇观念。心理学告诉人们，人类有争强好胜的心理，在有竞争意识的情况下，人的心理活动效率可增加50%或更多。

（4）个人欲望。在集体讨论解决问题的过程中，个人的欲望自由，不受任何干扰和控制，这一点是非常重要的。头脑风暴法有一条原则，即不得批评仓促的发言，甚至不许有任何怀疑的表情、动作、神色。这就能使每个人畅所欲言，提出大量的新观念。

2. 头脑风暴法必须遵守的原则

为使与会者畅所欲言，互相启发和激励，达到较高的效率，头脑风暴法必须严格遵守下列原则。

（1）推迟判断，禁止批评。对别人提出的任何想法都不能批判，不得阻拦。只有这样，与会者才可能在充分放松的心境下，在别人的激励下，集中全部精力拓展思路。要力求做到大家都提设想，越多越好。

（2）提倡自由发言、畅所欲言、任意思考、任意想象、尽量发挥，主意越新、越怪越好，因为它能启发人们产生新的想法。

（3）综合改善。鼓励巧妙地利用和改善他人的设想，这是激励的关键所在。每个与会者都要从他人的设想中激励自己，从中得到启示，或补充他人的设想，或将他人的若干设想综合起来提出新的设想等。

头脑风暴法通常采用专家小组会议的形式进行，其流程分为两个阶段：会前准备阶段和会议执行阶段。在会前准备阶段，会议召集者要在明确会议的主题，创建引导问题目录，并选定与会人员。在会议执行阶段，会议开始时，如果与会人员没有头脑风暴的经验，召集者可以带领大家先做一些适应性的练习，以敞开思路，然后阐明该次会议的目标议题，鼓励大家进行头脑风暴。接着由与会人员提出自己的设想，并详细阐述设想。如果与会者没有提出相关的设想，召集者需做相应的引导，鼓励大家积极思考，最大限度地发挥个人的创造力。与会人员的设想都发表完毕后，将获得的设想进行分类整理，在整个发表、阐述、整理设想的过程中，要做好相关的记录工作。如果时间还有剩余，还可再次鼓励大家进行头脑风暴，以获得尽可能多的设想。

二、综摄法

综摄法（Synectics Method）由威廉·戈登（W. J. Gordon）于1944年提出，是指以外部

事物或已有的发明成果为媒介，并将其分成若干要素，对其中的要素进行讨论研究，综合利用激发出来的灵感发明新事物或解决问题的方法。其运用流程如图 1–5 所示。

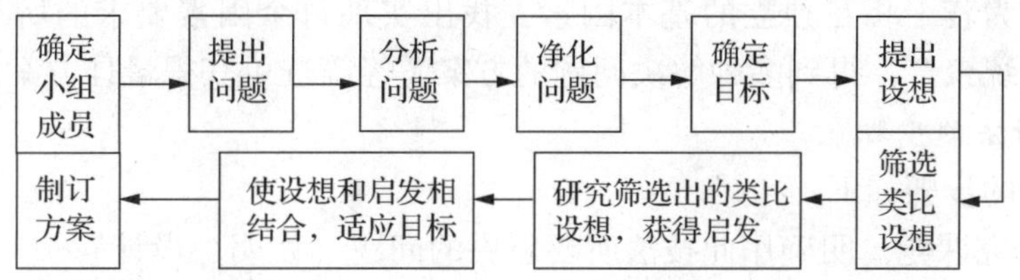

图 1–5 综摄法运用流程

1. 综摄法的基本原则

综摄法有两项基本原则。

(1) 异质同化。新的发明大多是现在没有的东西，人们对它是不熟悉的。但是，人们非常熟悉现有的东西。在创造发明不熟悉的新东西时，可以借用现有的知识来进行分析研究，启发出新的设想，这就叫异质同化。

(2) 同质异化。对现有的各种发明，运用新的知识或从新的角度来加以观察、分析和处理，启迪出新的创造性设想，这就叫同质异化。

2. 综摄法采用的方法

在具体实施上述两项原则时，常采用以下几种类比的方法。

(1) 拟人类比。进行创造活动时，人们常常将创造的对象“拟人化”。在机械设计中，采用这种“拟人化”的设计，可以从人体某一部分的动作中得到启发，常常会收到意想不到的效果。

(2) 直接类比。直接类比是指从自然界或者已有的成果中找寻与创造对象类似的东西，如运用仿生学设计飞机、潜艇等。

(3) 象征类比。象征是一种用具体事物来表示某种抽象概念或思想感情的表现手法。在创造性活动中，人们有时也可以赋予创造对象一定的象征性，使它们具有独特的风格。

与“头脑风暴法”的运用流程相似，综摄法也是采用会议的方式进行，只是对参会人员有所要求，需选取具有不同知识背景的人员组成创新小组，而不是选取同一领域的专家。

三、形态分析法

1. 形态分析法的概念

形态分析法（Mophological Amnysis，MA）由瑞士天文学家弗里茨·兹维基（Fritz Zwicky）于 1942 年提出，是一种系统化构思和程式化解题的创新方法。形态分析法通过将对象分解为若干相互独立的基本要素，找出实现每个要素功能要求的所有可能的技术方式，然后加以排列组合，从中寻求创新性设想来进行创新。其特点是把研究对象或问题分为一些基本组成部分，然后对每一个基本组成部分单独进行处理，分别提供各种解决问题的办法或方案，最后形成解决整个问题的总方案。这时会有若干个总方案，因为不同的组合关系会得到不同的总方案。每一个总方案是否可行，必须采用形态学方法进行分析。

因素和形态是形态分析中的两个基本概念。所谓因素，是指构成某种事物的特性因子。如工业产品，可以用若干反映产品的特定用途或功能作为基本因素。相应地，实现各功能的技术手段，则称为形态。形态分析是对创造对象进行因素分解和形态集合的过程。在这一过程中，发散思维和收敛思维起着重要作用。在创造过程中，应用形态分析法的基本途径是先将创造课题分解为若干相互独立的基本因素，找出实现每个因素要求的所有可能的技术手段，然后加以系统聚合，得到多种解决问题的方案，经筛选可获得最佳方案。

2. 形态分析法的步骤

形态分析法的步骤如下。

（1）确定研究课题。明确用此技法所要解决的问题（发明、设计）。

（2）要素提取。将要解决的问题，按功能分解成基本组成部分，列出有关的独立因素。

（3）形态分析。按照发明对象对各独立要素要求的功能，详细列出各要素全部可能的形态。

（4）编制形态表。将上述的分析结果编入形态表内。要素用 i 表示，要素的形态用 j 表示，每个要素的具体形态只用符号表示。

（5）形态组合。按照对发明对象的总体功能要求，分别将各要素的不同形态进行组合而获得尽可能多的合理设想。

（6）优选。从组合方案中选优，并具体化。

四、信息交合法

信息交合法亦称为“魔球法”，由我国学者许国泰于 1983 年提出。该法认为主体对大脑中储存的信息和新接受的信息进行巧妙的系统综合，必然产生新信息。信息交合法实质上就是利用物体的信息来构造其信息场，通过信息场寻求创新性的设想。信息交合法运用的程序与形态分析法类似，也是用组合的方式来进行创新，具体的运用流程如图 1-6 所示。

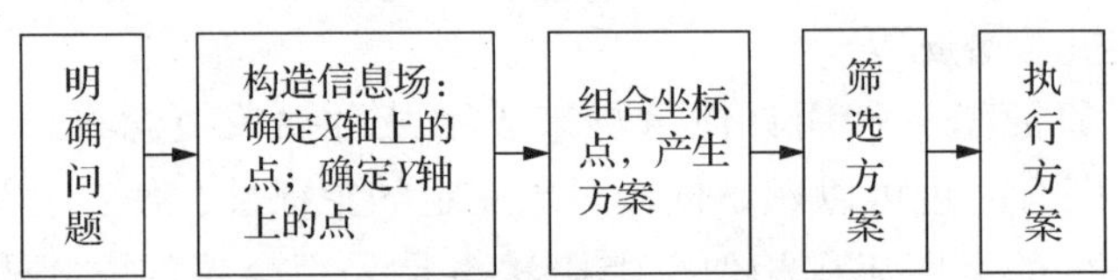

图 1-6 信息交合法运用流程

运用信息交合法的第一步是要确定待解决的问题。

第二步是针对目标问题，构造信息场。在构造信息场时，一方面将该物体的功能进行分解，并将该物体所能实现的每一种功能分别投射到 X 轴上，每一个功能与 X 轴上的一个点相对应；另一方面，选择物体某一属性（如颜色）并对其信息进行分解（将颜色分为红、黄、橙、绿、青、蓝、紫等），将分解出的属性值投射到 Y 轴上，每一个属性值与 Y 轴上的一个点相对应。X 轴和 Y 轴垂直相交便构成了该物体的信息场。

第三步是通过将坐标轴中的各个坐标点进行相互组合，从而获得大量的创新性设想方案。

第四步是在所获得的设想中筛选出适宜的方案。

第五步是执行方案。

五、"5W2H" 法

提出疑问对于发现问题和解决问题是极其重要的。创造力高的人，都具有善于提问题的能力。提出一个好的问题，就意味着问题解决了一半。提的问题好，可以发挥人的想象力；相反，有些问题提出来，反而挫伤了想象力。发明者在设计新产品时，常常提出以下问题。

（1）Why（为什么）。为什么要这么做？理由何在？原因是什么？

（2）What（做什么）。目的是什么？做什么工作？

（3）Where（哪里）。在哪里做？从哪里入手？

（4）Who（谁）。由谁来承担？谁来完成？谁负责？

（5）When（何时）。何时开始？何时完成？

（6）How（怎样做）。如何提高效率？如何实施？方法怎样？

（7）How Much（多少）。做到什么程度？数理如何？质量水平如何？费用产出如何？

创新者用 5 个以 W 开头的英语单词和 2 个以 H 开头的英语单词进行设问，发现解决问题的线索，寻找发明思路，进行设计构思，实现新的发明创造，这就叫"5W2H"法，亦称"七何分析法"。在创新活动中，使用"5W2H"法将问题的主要方面列举出来，减少了思考问题的遗漏和解决问题的盲目性，如图 1-7 所示。

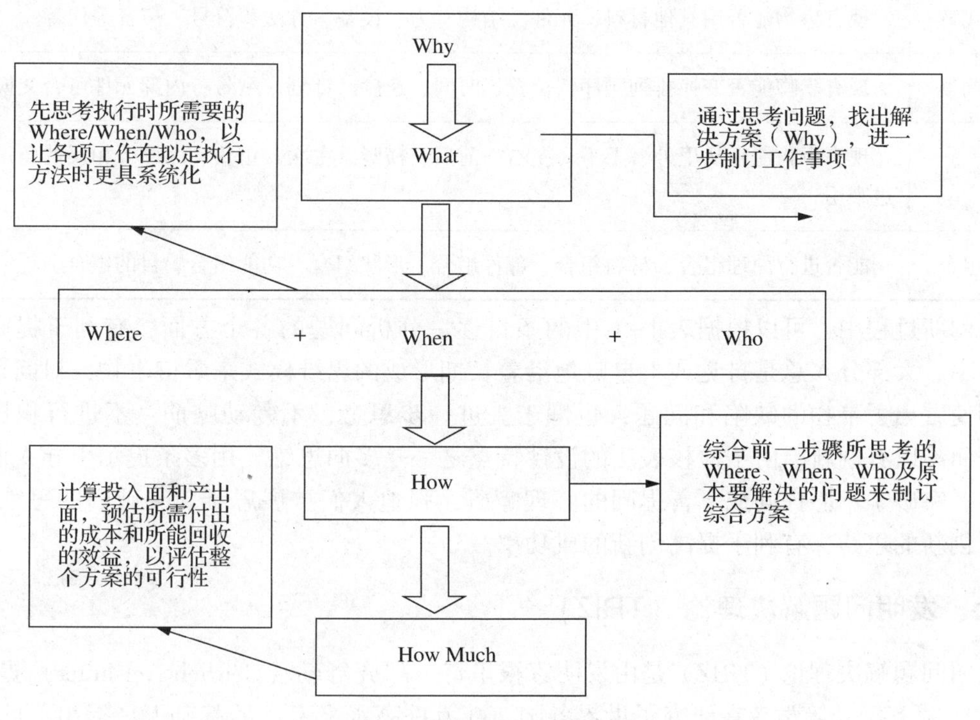

图 1-7　"5W2H" 法分析思路

六、奥斯本检核表法

奥斯本检核表法主要用于新产品的研制开发，是针对某种特定要求的检核表，通过引导主体在创造过程中对照如表 1-1 所示的九个方面的问题进行思考，以便启迪思路、开拓思维想象空间，促进人们产生新设想、新方案的方法。

表 1-1　奥斯本检核表

检核项目	含义
能否他用	现有一事物有无其他用途，保持不变能否扩大用途，稍加改变有无其他用途
能否借用	能否引入其他的创造性设想，能否模仿别的东西，能否从其他领域、产品、方案中引入新的元素、材料、造型、原理、工艺、思路
能否改变	现有事物能否做些改变，如颜色、声音、味道、式样、花色、音响、品种、意义、制造方法，改变后效果如何
能否扩大	现有事物可否扩大使用范围，能否增加使用功能，能否添加零部件以延长它的使用寿命，能否增加长度、厚度、强度、数量、价值等
能否缩小	现有事物能否体积变小、长度变短、重量变轻、厚度变薄，以及拆分或省略某些部分（简单化），能否浓缩化、省力化、方便化、短路化
能否代替	现有事物能否用其他材料、元件、结构、力、设备、方法、符号、声音等代替
能否调整	现有事物能否变换排列顺序、位置、时间、速度、计划、型号，内部元件可否交换
能否颠倒	现有事物能否从里外、上下、左右、前后、横竖、主次、正负、因果等相反的角度颠倒过来用
能否组合	能否进行原理组合、材料组合、部件组合、形状组合、功能组合、目的组合

在创新过程中，可以根据表 1-1 中的条目逐一分析问题的各个方面，有利于提高创新的成功率。大部分人总是自觉或不自觉地沿着长期形成的思维模式来看待事物，对问题不敏感，即使看出了事物的缺陷和问题，也懒于去进一步思考，不爱动脑筋，不进行积极的思维，因而难以有创新。由于检核表法的设计特点之一是多向思维，用多条提示引导人们去发散思维，突破了不愿提问或不善提问的心理障碍，强迫人们扩展思维，突破旧的思维框架，开拓了创新的思路，有利于提高创新的成功率。

七、发明问题解决理论（TRIZ）

发明问题解决理论（TRIZ）是由发明家根里奇·阿齐舒勒（Genrich Actshuler）提出的。1946 年，阿齐舒勒等学者在研究了世界各国 200 万件高水平专利的基础上，提出了此方法。其运用流程如图 1-8 所示。

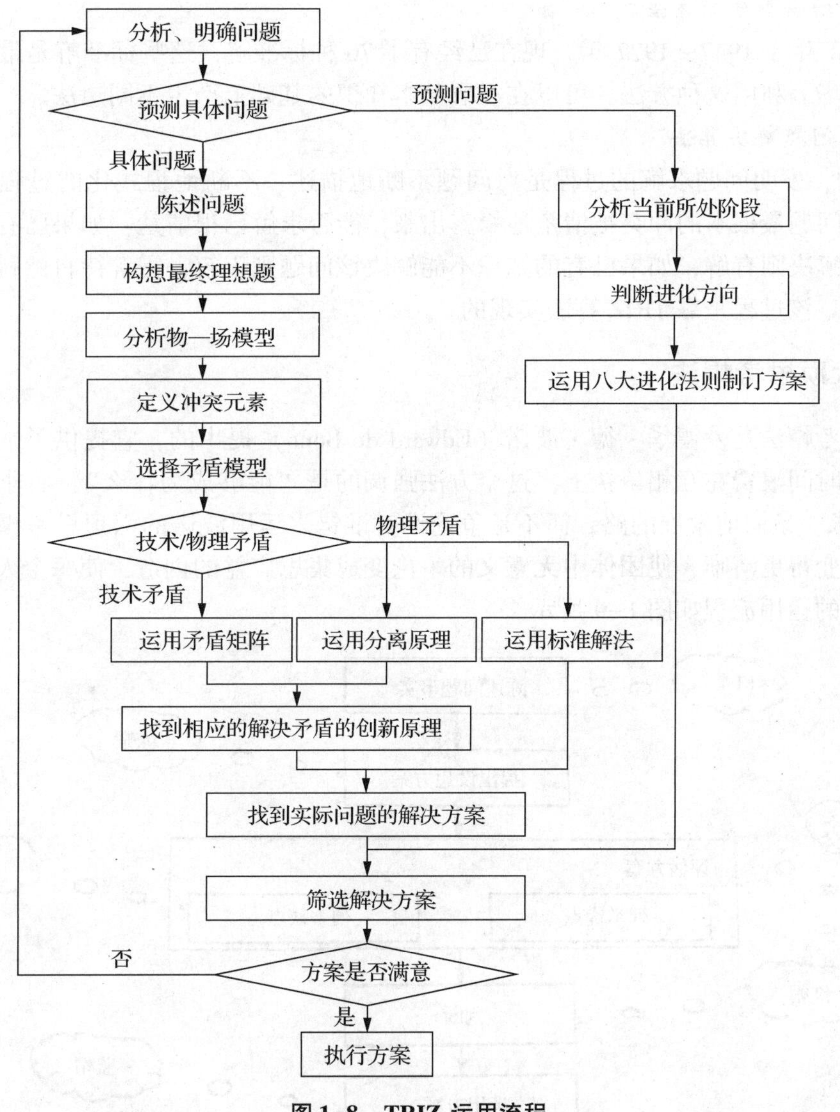

图 1-8 TRIZ 运用流程

发明问题解决理论主要内容有以下几方面。

1. ***产品进化理论***

产品进化理论将产品进化过程分为四个阶段：婴儿期、成长期、成熟期和退出期。对于前两个阶段的产品，企业应加大投入，使其尽快进入成熟期，以便企业获得最大效益；对于成熟期的产品，企业应对其替代技术进行研究，使产品取得新的替代技术，以应对未来的市场竞争；对于退出期的产品，企业利润急剧下降，应尽快淘汰。这些可以为企业产品规划提供具体、科学的支持。

2. ***冲突解决理论***

在冲突矩阵将描述技术冲突的 39 个工程参数和 40 条发明原理建立对应关系，解决设计过程中选择发明原理的难题。提出采用分离原理解决物理冲突的方法，包括在空间分离和时间分离、基于条件的分离、整体与部分的分离。

3. 物—场模型分析方法

此方法产生于1947—1977年，现在已经有了76种标准解，这些标准解是最初解决问题的方案的精华。利用这种方法，可以在汲取基本知识的基础上产生不同想法。

4. 发明问题解决算法

TRIZ中，发明问题求解的过程是对问题不断地描述、不断地程式化的过程。经过这一过程，初始问题最根本的冲突被清楚地暴露出来，能否求解已很清楚：如果已有的知识能用于该问题的解决则有解；如果已有的知识不能解决该问题则无解，需等待自然科学或技术的进一步发展。该过程是靠TRIZ算法实现的。

八、六顶思考帽法

六顶思考帽法是爱德华·德·波诺（Edward de Bono）提出的，它提供了平行思维的工具，避免将时间浪费在互相争执上。这个方法强调的是“能够成为什么”，而非“本身是什么”，是寻求一条向前发展的路，而不是争论谁对谁错。运用波诺的六顶思考帽法，将会使混乱的思考变得更清晰，使团体中无意义的争论变成集思广益的创造，使每个人变得富有创造性。具体的运用流程如图1-9所示。

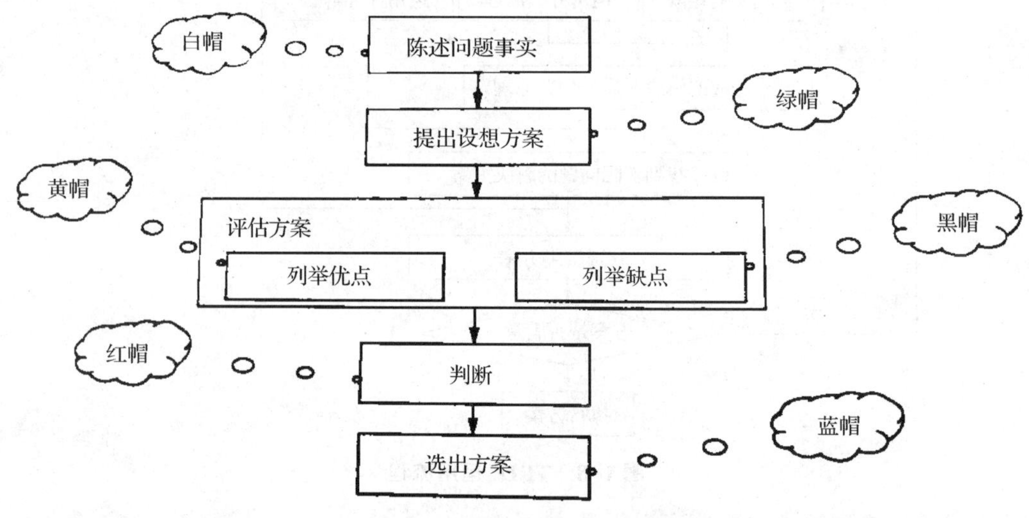

图1-9 六顶思考帽法运用流程

所谓六顶思考帽是指使用六种不同颜色的帽子代表六种不同的思维模式，任何人都有能力使用这六种基本思维模式。白、绿、红、黑、黄、蓝六种颜色的帽子，将思考的过程分为与之相应的六个阶段：①戴白色的中立帽子，在这个阶段，人们从陈述问题的角度出发，将问题现有的信息尽可能详尽地列举出来，全面地描述问题事实；②戴绿色的活力帽子，这个阶段从积极的角度出发，充分发挥主观的创造性，尽可能多地提出解决问题的设想方案；③戴黄色的正面帽子，这个阶段从乐观的角度出发，将目标事物的优点列举出来；④戴黑色的负面帽子，这个阶段从批判的角度出发，将目标事物的缺点列举出来；⑤戴红色的评判帽子，这个阶段从评价的角度出发，对所提出的设想进行评价和判断；⑥戴蓝色的指挥帽子，这个阶段从整体的角度出发，对所提出的设想进行筛选，选择最适宜的方案。

第七节　创新能力

创新能力作为一个系统、综合的概念，是指各种基本能力的组合方式，这种组合方式是随不同领域的创新活动的不同而不同的。创新能力通常包含发现问题的能力、流畅的思维能力、变通的能力、独立创新的能力、制订方案的能力和评价的能力等基本能力。

一、发现问题的能力

发现问题的能力，是一种发现那些让人难以觉察的、隐藏在习以为常的现象背后的问题的能力。这种能力具体表现为意识到存在于周围环境中的矛盾、冲突、需求，意识到某种现象的隐蔽未解之处，意识到寻常现象中的不寻常之处。例如，人们时常看到，两块从悬崖上落下的石头尽管大小悬殊，却同时落到了深谷的底部，可是没有人因此对亚里士多德关于物质下落的速度和它的质量成正比的理论提出疑问，只有伽利略能意识并发现这一问题。这一意识促使他进行了比萨斜塔上的试验，证明了铁球和铅弹的下落速度同它们的质量无关，从而纠正了影响人们两千多年的错误理论。正是由于独具慧眼，看出了破绽，他才能够对亚里士多德“自由落体定理”做出科学的修正与创新。就像时常有人坐在苹果树下，看到苹果从树上落下，却没有人像牛顿那样发现并提出问题：为什么苹果从树上向下落，而不是飞上天？正是对这一问题的发现，才激发牛顿思考、探索，从而发现了万有引力。

发现问题能力的前提是有好奇心和怀疑精神。好奇心会促使人们对外界信息具有敏感性，发现问题，并追根溯源，提出一连串问题；怀疑就是对权威的理论、既有的学说和传统的观念等，不是简单的接受与信奉，而是持怀疑和批判的态度。

发现问题在创新活动中通常是由认知风格和工作风格来体现的。认知风格指个人所具有的打破心理定式和理解复杂问题过程中表现出来的气度、能力和心理特点；工作风格是指能长时间集中努力和聚焦问题的工作态度和工作能力。

二、流畅的思维能力

流畅的思维能力是指就某一问题情境顺利产生多种不同的反应，给出多种解决办法和方案的能力。我们常用“思潮如涌”“下笔如行云流水”“口若悬河”“滔滔不绝”等来形容思维流畅的人。思维流畅对创新有重要意义，因为形成了大量设想，就有更多的机会产生有创新意义的想法。提出的设想不一定每一个都正确，有创见性的设想也不是一下子就能在头脑中形成的。但是，提出的设想越多，出现有创新性想法的机会也就越多。牛顿在《光学》的最后部分提出了 30 多个设想。这些设想瑕瑜互见，既有熠熠闪光的真知灼见，也夹杂着一些今天看来显而易见的谬误。不过，这些“设想”迸发出的思想的火花，至今耀眼。

思维流畅是以丰富的知识和较强的记忆力为基础的，并能够根据当前情况所得到的印象和所观察到的事物激活知识，调出大脑中储存的信息，并进行创造性思维，从而提出大量新观点。

三、变通的能力

变通的能力，是指思维迅速、轻易地从一类对象转变到另一类对象的能力。它能够从一种思想转换到另一种思想，或多角度思考问题，能用不同分类或不同方式研究问题。具有变通能力的人，一般都能根据客观情况的变化机智地解决问题，在思维中灵活应变，不囿于条条框框，敢于提出新观点，思想活跃。而缺乏变通能力的人，往往机械呆板，墨守成规，没有创新精神，思想陈旧，观点保守。

创新实践表明，凡是在创新上大有作为的人，大都思路开阔，妙思泉涌。因为创新需要找到不同的应用范畴或许多新观念。越是能带来重大突破的创新，越是需要借助于其他领域的知识，吸取外来的思想。例如，英国化学家道尔顿（Dalton John）提出了“化学原子论”，恩格斯称他为“近代化学之父”。当时，他是一位气象学家，研究的是吸收气体和大气吸收水等物理问题。他认为，气体发生混合同水吸收气体一样，都是一种没有亲和力作用的过程。正是由于道尔顿头脑里没有当时化学家用来解释混合物和化合物的区别的亲和力理论，而是从大气物理的角度来进行考察，他才从当时使化学家感到迷惑的溶液均匀性问题中揭示出关于元素化合物的倍比定律，进一步提出了“化学原子论”。

变通性不仅反映思维的广度，还反映思维的维度及其多样化。单一不能变通，多样才能灵活。变通的类型有性质变通、方向变通、时间变通、形状变通、功能变通、蕴含变通等。变通的能力，必须以广博的学识为基础。要提高灵活变通的能力，就必须克服思维定式，打破传统的思维习惯。

四、独立创新的能力

独立创新的能力是一种寻求不同寻常的思想和新奇、独特地解决问题的能力。能想出别人想不出来的观念，看出别人看不到的问题，它是一种求新求异的能力。具有独创能力的人往往与他人不同，独具卓识，能提出新的创见，做出新的发现，实现新的突破，具有开拓性。而缺乏独创能力的人，只会一味地模仿和盲从，只知道遵从传统习惯。独创能力是创新能力最本质、最重要的核心要素，它反映了一个人创新能力的高低。同时，独创能力是人们在创新活动的各个阶段或各个领域都需要具备的最基本的能力。无论是在技术产品开发上，还是在生产、管理和市场开拓上，甚至在日常学习和生活中，都需要运用独创能力。例如，失眠是一种疾病，人们都认为只有吃药才能治愈。可是瑞士一家公司与众不同，他们想到了吃药以外的方法。这家公司开发出一种录音磁带，上面录的都是“废话”，人们都讨厌听“废话”，听着听着便睡着了，这是一个具有独创性的创新产品。

一般人的创新能力，大体是流畅性第一，变通性次之，独创性最低。独创能力是最重要也是最难的。它主要体现在两个方面：一是打破常规，追求与众不同；二是求新求异的有机结合。打破常规就要求思维具有批判性，所谓批判性思维，就是对要解决的问题所依据的条件进行反复推敲，对计划、方法和方案等反复考察，不盲从，不迷信，不拘泥于现成结论，大胆推翻原有结论，提出新思想。富有独创能力的人，常常用一种挑剔的眼光看问题，并总是能提出与众不同的、罕见的、非常规的想法。求新就是从新的角度看问题，以新的思路、新的方式提出新设想。求异就是要独特，超前的设想与常规的设想相比要有很大的不同，是一般人不易想到的。

五、制订方案的能力

创新的设想的实现取决于方案的制订和实施。所谓制订方案的能力，是指把一个创新的想法变成一个具体的实施方案。方案是为了解决特定问题、达到预期目标采用的方法和手段。制订方案时，首先要明确创新目标，方案是围绕着实现创新目标而制订的。其次，分析实现这个创新设想存在的问题和困难，了解其有利因素和不利因素。再次，针对需要解决的问题，选择采用的主要方法和途径，并确定需要解决的重点和方向，主要运用的创新方法，包括类比、想象、直觉、灵感等多种形式。最后，制订方案的实施步骤。

从设想、构思、证明到具体的设计、修改、完善，需要做大量的创造性工作。创新是一项探索性工作，没有现成的方法和模式可以照搬，它不是对人类已有认识和实践的重复，而是在此基础上进行的新的创造。因此，创新过程不可能一帆风顺，其中必然会遇到许多挫折和失败。为此，就需要拟定多套方案以备选择。解决同一问题可以用多种方法，这些方法之间并不是互相排斥的关系，而是互相补充、互相融合、取其所长、去其所短的关系。如果只找到一种方案，就难以相互比较好坏、区别优劣，就没有选择的余地。因此，应拟定多种方案，以备挑选，从中择优。同时，由于每个备选方案都有其合理性和局限性，因此，在优选的基础上，还可以吸收其他方案的长处，补充所选方案，使之更加完善。

六、评价的能力

评价的能力是指通过评审从许多方案中选择一种方案的能力。在创新活动中，需要打破约束，解放思想，提出大量的设想、构思和方案。在多种方案中，除了个别可能是“闪光”的设想之外，还不可避免地伴随着大量的在技术、经济上暂不可行的设想。因而需要通过评价，选出在技术、经济上可行的、有希望获得成功的方案，避免造成人力、物力和财力的浪费。评价还可以促进创新过程中方案的优化。没有正确的评价，没有正确的筛选，就无法保证得到最优或较优的创新方案。不仅在创新初期阶段要进行方案的评价，以寻求最佳方案，也要在创新完成时对创新结果进行评价，以确定创新的价值和水平，在创新过程中也要多次对活动进行评价，这样可以帮助我们寻找最佳创新方法和指明创新前进的方向。正如象棋高手在下棋时，每走一步都需要评价一样，评价对创新活动同样具有极为重要的作用。

据统计，在所有的创新方案中，一般只有10%～20%最终会成功，可见创新的风险很大。因此，最终的方案不可能通过一次评价就能确定下来。在创新的初期，无论是设想还是方案，都有许多不确定因素，例如方案的成本、设想实现的可靠程度等。在未被选取的方案中也有可能发展为成功的方案。在创新过程中常有这样的事发生：某公司提出的创新方案未被公司采用，或本公司评价后认为不可行，后来却被其他公司采用了，并且获得了很大的成功。因此，对方案的评价和筛选是一件值得慎重考虑的事情。

对方案主要从科学性、逻辑性、美学、技术、经济和社会等方面进行综合评价。其中，科学性主要是看是否正确反映了事物的本质及规律。例如，伽利略用实验去评判亚里士多德的物理学理论，发现他关于自由落体速度的学说与事实不符。逻辑性主要是看是否存在矛盾，是不是具有一致性。例如，现代数学常常利用数理逻辑的“公理化形式系统”来判明一个数学理论的一致性。美学标准主要是看是否“优美”和是否具有“简单性”。德国物理学家海森堡曾经给科学理论的“优美”做过这样的解释：“‘优美’是各部分相互之间以及整体之间真正的协调一致。”爱因斯坦指出：“自然规律的‘简单性’也是一种客观事实，而且正确的概念体系必须使这种‘简单性’的主观方面和客观方面保持平衡。”对应用研究方案主要从技术评价、经济评价、社会评价以及这三者的综合评价进行分析。其中，技术评价主要是围绕功能进行；经济评价主要是围绕效益进行；社会评价主要是围绕方案的实施可能给社会心理或其他方面带来的影响进行。

创新能力是由上述基本能力组成的一个有机整体，只有在这几个基本能力协调一致时，创新能力才能得到充分发挥。具有创新能力的人，不仅要具备这些能力，而且要懂得思考什么时候、以何种方式来有效地使用这些能力。

第八节 创新型人才培养

创新的关键在于人才，创新型人才将主导社会经济发展的方向。不论是新产品的研发、新行业的崛起还是新的管理理念的产生，都离不开人的创造力。从人才战略的角度来看，21世纪的竞争将更加集中于创新型人才的竞争。

一、由“中国制造”到“中国创造”

经过20多年的高速发展，今天的中国享有“世界工厂”的美誉。据统计，在工业制成品中，中国已有超过130种产品的产量位居世界第一。但实际上，中国只是国际产业链分工里利润最薄的一环。长期以来，靠廉价劳动力支撑的“中国制造”，付出的代价和成本是很高的，但是在价值链上所分配的利益却很少。比如一双耐克鞋，在国际市场上卖200美元，其中90美元被设计商拿走，100美元被渠道商拿走，留给中国加工制造者的只有10美元左右。

建立在廉价劳动力、资源消耗、土地占用和政策优惠等优势之上的“中国制造”，不但出口的产品在国际产业链分工中一直处于低端位置，而且日益面临国际贸易摩擦、能源原料短缺、环境恶化等诸多方面的压力。毫无疑问，“中国制造”正在遭遇前所未有的发展瓶颈。要改变这种状况，关键就是要转变发展方式，使“中国制造”走向“中国创造”。

那么，怎样才能使“中国制造”走向“中国创造”？这就要使产业从低端走向高端，要通过研发、设计来提高产品的附加值，同时打造自己的品牌，在价值链分配上从低端走向高端。

二、创新型人才的内涵与特征

所谓创新型人才，就是具有创新意识、创新精神、创新思维、创新能力并能取得创新成果的人才。创新型人才需要具备四个重要品质，即强烈的创新意识，扎实广泛的基础科学知识，勤于思考、善于实践的能力，不怕艰难与失败的顽强精神。

1. 创新型人才的内涵

对于创新型人才的内涵，可以从以下几点归结。

（1）创新型人才是全面发展的人才。创新型人才首先应具有寻求真、善、美的宽广胸怀，并做到德、智、体协调发展。创新型人才的基础是全面发展，创新意识、创新精神、创新思维和创新能力并不是凭空产生的，也不是完全独立发展的，它们与人才的其他素质有密切的联系。

（2）创新型人才是个性自由、独立发展的人。创新型人才应该是一个真正自由的人、具有个体独立性的人，而不是作为工具的人、模式化的人、被套以种种条条框框的人。虽然不能说个性自由的人就有创造性，就能成为创新型人才，但没有个性的自由发展，创新型人才就不可能诞生。

（3）创新型人才是立足现实而又面向未来的人才，应该具备“博、专”结合的充分知识准备；以创新能力为特征的高度发达的智力和能力；以创新精神和创新意识为中心的自由发展的个性；积极的人生价值取向和崇高的献身精神，以及强健的体魄。

★拓展阅读

有利于产生创新的个性特征表现非常复杂，研究发现，具有创新能力的人表现出来的人格特征有200多种。下面介绍4位学者的观点。

1. 贝弗里奇（Williama Lan Beardmore Beveridge）的观点

贝弗里奇分析研究了19世纪和20世纪一些杰出科学家的个性特征，归纳出创新者的以下个性特征。

（1）他们比常人有更多好奇的本能。

（2）他们对发现抱有真正的兴趣和热情，并具有狂热者的热情。

（3）他们在面对挫折失败的时候不屈不挠，百折不回。

（4）他们具有聪明的资质、内在的干劲、勤奋的工作态度和坚韧不拔的精神。

（5）习惯于对别人的一切提出疑问。

（6）他们具有较少的固定观念，他们的思想更自由、更可变。

（7）他们具有事业心和进取心；具有随时准备以自己的才智迎战并克服困难的精神状态；具有冒险精神；对现有知识和流行观点不满足；有急于试验自己判断力的迫切心情。

2. 鲁杰罗（Ruggiero）的观点

美国心理学家鲁杰罗归纳出富有创造性的人具有的突出特征如下。

（1）富有创造性的人是充满活力的，他们从不让自己的思想处于被动、消极、僵化的状态。

（2）富有创造性的人是敢想敢干的，他们总是站在保守的对立面，对事业进行不断的追求。他们不计较面子的得失。他们习惯于在逆境中不断进行探索，并从中吸取教训。

（3）富有创造性的人是机智的。

（4）富有创造性的人是勤奋的，他们愿意为了科学研究事业做出一切牺牲。

（5）富有创造性的人是不依赖于别人的，他们不怕遭到别人的反对，他们有自己独到的见解，不会为了和别人求同而放弃自己的观点，也不会因可能失去支持而感到苦恼。

3. 弗兰克·巴伦（Frank Barron）的观点

弗兰克·巴伦总结出创造性人才的基本特征如下。

（1）他们更善于观察。

（2）他们仅仅表达了部分真理。

（3）除了看到别人已经看到的事物，还看到别人没有看到的事物。

（4）他们具有独立的认识能力，并对此给予很高的评价。

（5）他们受自身才能和自身评价的激励。

(6) 他们能够很快把握住许多思想，并且对更多的思想加以对照比较，从而形成丰富的综合。

(7) 从体格上看，他们具有更多的性驱力，更健壮，并更敏感。

(8) 他们有着更为复杂的生活，能看到更复杂的普遍性。

(9) 他们更加能够意识到无意识的动机与幻想。

(10) 他们有着更强的自我。

(11) 他们能在一定时间使主客观的差别消失，就像处在恋爱状态与神秘的状态中。

(12) 他们的机体处于最大限度的客观自由状态。

4. 吉尔福特 (J. P. Guilford) 的观点

吉尔福特全面地提供了一张引人注目的创造者特征表。

(1) 有高度的自主性和独立性，不愿雷同。

(2) 有旺盛的求知欲及刻苦钻研的精神。

(3) 有强烈的好奇心，对事物运转的原理与原因勤于探索。

(4) 知识面广，善于观察，一般有较强的记忆力，唯独对日常琐事不经心。

(5) 工作中讲求条理、准确性、严格性。

(6) 有丰富的想象力，喜好抽象思维，对智力活动游戏有广泛兴趣。

(7) 富有幽默感，多数爱好文艺。

2. 创新型人才的特征

创新型人才在个人气质、动机、情绪、习惯、态度、观念及才能诸方面具有一系列特质，一名大学生是否具有创新力可以通过下面一些具体特征来简单衡量。

(1) 主动、好奇。创新力强的人，兴趣总是十分广泛，对任何事物总是有一种好奇心理。他们并不是只对新鲜事物有强烈的好奇心，而是对那些在平常人看来非常正常的事也会产生好奇心。

(2) 敏感。创新力强的人对自己周围发生的一切都十分敏感。他能从平凡的事例中找出问题，找出现实和理想模式间的差距，常常从别人未注意到的枝节中捕捉到十分有用的信息，并巧妙地利用这种信息推动事业的发展。

(3) 变通性。创新型人才思维十分活跃，善于举一反三，也善于提出怪异的想法，别人通常不理解这些想法，但时间一长就会发现其高明之处。

(4) 自信。创新型人才通常具有较强的自信心。没有自信，他们就不敢提出自己的创意，也就自然不可能成为创新型人才。他们有良好的直觉，而且屡屡的成功使他们相信这种直觉。

(5) 耐力。一个创新活动的完成需要百折不挠、持久不懈的毅力和意志。他们在抓住目标后锲而不舍，不达目的决不罢休。特别是在主客观环境特别复杂而问题又百思不得其解、寝食不安之时，耐力对创新型人才的重要性就凸显出来了。

(6) 想象力。思想中的新观点、新形象来自合理的联想，有时会来自幻想或偶然的机遇。想象力丰富的人，联想多、幻想奇，有利于揭开创新的序幕。

(7) 勇气与胆略。有创新思维的人常常胆识过人，他们有足够的勇气提出自己的观点与想法。

创新力不是天生的，至少创新思维不是天生的，每个人想要拥有它，都必须留心加强这方面的锻炼，上述的特征都是可以通过锻炼来加强的。

三、大学生是创新的中坚力量

钱学森提出：“现在中国没有完全发展起来，一个重要原因是没有一所大学能够按照培养科学技术发明人才的模式去办学，没有自己独特的创新东西，老是冒不出杰出人才，这是很大的问题。”

大学生创造力的高低，从某种意义上讲，是决定我国能否从“中国制造”走向“中国创造”的重要因素。从产业链的构成来看，除了加工制造环节外，还有六大环节：产品设计、原料采购、物流运输、订单处理、批发经营和终端零售。我国大学培养出的大学生的创造力不足以支持以六大环节为主的产业结构，这是大学生就业难的根源。因此，谁拥有创新型人才，谁就掌控了创新的主动权，谁就能站在全球化产业链的顶点，这也是解决我国大学生创业困难的方法。

在创新的世界里，探索的兴趣、创造的勇气、开拓的力量，几乎是青年智慧的特色，是青春时期的“专利”。纵观世界科学发展，可以列出长串创新型杰出人物的名字。许多创新型人才的重要创新发明，都是产生于风华正茂、思维敏捷的青年时期。青年创新行为一向令人叹为观止，影响着世界、改变着世界：300 年前青年瓦特以蒸汽机掀起了工业革命浪潮，世界从此开始了现代化进程；青年哥白尼以“日心说”影响人类宇宙观，从此自然科学便开始从神学中解放出来；青年哥伦布的历史性航程发现“新大陆”，使世界格局发生了重大变革。全球化、信息化和知识经济的到来，为人类的创新思维和创新事业提供了极为难得的机遇和无限广阔的空间。21 世纪是创意的世纪，大学生创新正当时。

四、大学生创新能力的现状及存在的问题

（一）大学生自身存在的问题

（1）大学生崇尚科学，但不善于利用和创造条件。大学生对创新有一定的认识，希望在学习中产生新思想与新理论，但由于不善于利用学校现有的条件，所以创新能力的进一步发展被限制了。

（2）大学生思维活跃，但缺少创新性思维方式。由于大学生的知识面不够宽，只是机械、片面地看待各科知识的结构，所以他们思考问题缺乏灵活性、全面性和深入性，处理问题的方式缺乏新意和突破。

（3）大学生有创新灵感，但缺少必备的创新技能。大学生的创新灵感往往是短暂的，若有较强的创新技能，会使灵感成为现实。

（4）大学生有创新的兴趣和热情，但缺乏创新的毅力，在实际工作中往往是虎头蛇尾，甚至放弃追求。

（二）高校在大学生创新能力培养方面的问题

（1）注重知识传授，轻视能力培养。目前，高校的教学内容大都以传授知识为主，课堂教学仍然是主要教学环节，课内学时多，实践环节少。这种教学方式，在很大程度上影响

了学生创新能力的发展。

（2）一些专业设置不合理，限制了学生创新能力的培养。虽然近几年许多高校增加了选修课，但由于专业课任务繁重，大学生主要精力还是放在专业课上，这限制了大学生的视野，影响了其创新能力的培养。

（3）创新实践活动不够，学生参与率低。学校组织的科技普及性学术活动少，科技创新型社团数目少，大学生在校期间参与教师科研课题研究、撰写科技作品（论文）等更少，导致学生对类似"挑战杯""创青春"等创新创业技活动的实际参与率低，不利于创新能力的提高。

（4）受家庭方面的影响。目前，我国大学生的家庭文化素质普遍不高，受传统习俗影响深厚，对子女在创新思维和创新实践方面持否定和保守态度，不希望孩子遇到挫折和失败，只希望孩子圆满地完成学业即可，这影响了大学生创新能力的培养。

（5）缺乏社会资源的支持。尽管党和政府制定了许多鼓励大学生开展创新实践的政策和措施，但在全社会还没有形成良好的环境，群众对大学生创新能力的认可度还不够，对因创新而失败的宽容精神还没有形成，也很少有较强的社会力量支持大学生开展创新活动，为其提供可以展示自己潜能的平台。

五、大学生创新能力的培养

（一）加强大学生创新能力培养的必要性

创新能力是新时代对人才的基本要求之一。从大学生个人层面来说，它不仅能提高一个人的修养，而且可以改变一个人的思想乃至命运。大学阶段培养创新意识和创新精神、提高创新能力对于大学生的自身学习和未来成长无疑可以起到重要的作用。从社会层面来说，当今市场竞争激烈，创新是关系企业生存和发展的重大问题，不管是理念创新、管理创新、产品创新还是技术创新，归根结底都是人的创造力的集中体现。大学生作为即将走向社会的生力军，是否具有创新能力直接关系着毕业后的发展平台和去向。从国家层面来说，创新是一个国家进步的灵魂，是社会经济发展的强大动力。新时代大学生作为社会主义的建设者和接班人，是否具有创新精神和创新能力直接关系着我们国家现代化建设的成就和未来的发展走向。

（二）大学生创新能力的培养路径

1. 强化大学生的创新意识

创新意识是一种积极且富有成效的意识活动，是人们进行创新活动的出发点和源动力，是指人们根据社会和个体生活发展的需要，产生创造前所未有的观念或事物的动机，并在创造过程中所展现出的意向、愿望和设想。学校可以从三个方面强化学生的创新意识。

（1）激发大学生的好奇心和求知欲。好奇心既是大学生进行自主性和探究性学习的重要推动力量，也是培养和发展他们创造力的前提条件。因为富有好奇心的人通常能够保持旺盛的求知欲，并在获得知识的过程中充分体验乐趣，这种乐趣又会激励他们乐此不疲地去深入探索未知领域，进而不断促进其能力和智力的发展。所以，教师要鼓励大学生在学习和生活中勤于观察和发现问题，不断地学习和积累新知识，拓展自身的视野，在面对疑惑问题、新奇现象和陌生事物时善于独立思考、敢于提出问题，不怕标新立异，并勇于提出自己解决问题的观点和方法。

（2）注重培养学生的问题意识。著名教育家陶行知先生说：“发明千千万，起点是一问。”质疑问难是探求知识、发现问题的开始。“学起于思，思源于疑”。爱因斯坦说：“提出一个问题比解决一个问题更重要。”有疑问才能促使学生去思考、去探索、去创新。因此，要鼓励大学生勤于思考、敢于质疑、大胆猜测。

（3）重视发展学生个性。美国人本主义心理学家马斯洛说：“自我实现的创造能力直接来源于人格。”观念更新、知识丰富固然重要，但都无法取代人格的力量。技术高超、方法纯熟固然重要，可是也不能同人格抗衡。所以，尊重并发展大学生勇敢、坚毅、进取等个性品质，在实现自我价值的过程中，不断强化他们的创新意识。

2. 加大教育教学改革力度

（1）优化课程设置。相关研究表明，创新思维是形成创新能力的主要来源，而创新思维又与合理的知识结构密切相关。因此，培养大学生的创新能力，首先要优化课程体系，使大学生具有合理的知识结构。高校在科学合理地开设基础课和专业课的基础上，要注重文理渗透，通专结合，这样既可拓展大学生的视野，又能促进大学生专业知识由单一型向复合交叉型转变。另外，还可以开设一些与创新创业有关的课程，或者适当增加选修课所占比例，在为学生的自主学习创造宽松环境的同时，不断提高他们的创新素质。

（2）转变理念，改变教法。教师在教学过程中必须树立起全面发展观和能力本位观，摒弃传统的知识本位思想，建立培养创新型人才的教育理念；改变传统的讲授法，多采用启发式、讨论式、问题式和研究式教学方法，培养学生勤思考、善提问的好习惯，调动大学生学习的主动性和积极性；在师生、生生之间的互动中，不断将学生的思考引向深入，逐步提高他们分析问题和解决问题的能力。

（3）提高教师创新能力。教师是否具有创新精神和创新能力，直接决定着其是否能有效培养大学生的创新能力。为此，一方面是教师自身要加强学习，获取新知，不断提高教学设计能力和课堂组织能力；另一方面，学校应采取“请进来、走出去”的方式，为教师业务知识更新和教学能力提升创造条件。

（4）营造创新文化氛围。要把大学生的创新潜能转化为现实的创造力，就必须注重环境和氛围的营造，比如通过组建大学生科技社团，开展各种创新教育专题活动，拓展创新教育载体，举办创新创业大赛等，形成良好的创新文化氛围，为培养大学生创新素质奠定基础。

3. 加强社会实践

社会实践是高校人才培养的一个重要环节。通过参加社会实践，大学生可以深入了解社会，广泛参与人际交往，解决各种具体问题。作为课堂教学的有益补充，社会实践有助于提高大学生的知识运用能力、迁移能力和动手操作能力，激发其内在的科研创新能力。

复习思考题

一、简答题

1. 简述创新的含义、特征及类型。
2. 简述创新意识的类型。
3. 简述创新精神的培养路径。
4. 创新能力通常包括哪些基本能力？
5. 如何使用头脑风暴法？
6. 创新思维有哪些特征？
7. 创新能力的培养路径有哪些？

二、思考题

从创新型人才的内涵与特征出发，谈谈自己作为一名大学生，如何结合自身特点努力成为创新型人才。

第二章

创新创业训练项目

学习目标

1. 掌握大学生创新创业训练计划的要求。
2. 了解大学生创新创业比赛的要求及意义。
3. 正确认识“互联网+”大学生创新创业大赛。
4. 了解“创青春”全国大学生创业大赛的要求。
5. 了解“挑战杯”中国大学生创业计划竞赛的发展历程。
6. 掌握大学生如何在创新创业训练项目中做出一流的创新作品。
7. 了解学科竞赛对大学生创新能力价值培养。

第一节 大学生创新创业训练计划

2014 年 9 月，“大众创业、万众创新”被提出，成为实施创新驱动发展战略的关键策略。此后，“双创”倡议在党和中央政府多个重要决议中被强调，十九大报告中更是明确提出“激发和保护企业家精神，鼓励更多社会主体投身创新创业”。创新创业教育已然成为我国当下高校工作的重点之一，创新创业教育的核心在于培养大学生创新创业精神、创新创业素质及创新创业能力。根据《教育部 财政部关于“十二五”期间实施“高等学校本科教学质量与教学改革工程”的意见》（教高〔2011〕6 号）和《教育部关于批准实施“十二五”期间“高等学校本科教学质量与教学改革工程”2012 年建设项目的通知》（教高函〔2012〕2 号），教育部决定在“十二五”期间实施国家级大学生创新创业训练计划。

★拓展阅读

萨提亚（Virginia Satir）有一个非常形象的比喻：一个人的“自我”就像一座冰山，我们能看到的只是表面很少的一部分，而更大一部分的内在世界却藏在更深层次，不为人所见，恰如冰山。创新创业训练的育人功能就是要揭开冰山的秘密，使学生看到自身内在的渴望、期待、观点、感受，看到真正可以成就的自我，积极投入创新创业实践活动中，锻炼自己、成就自己、服务社会。

一、国家级大学生创新创业训练计划

大学生创新创业训练计划的实施是“为了进一步推动高等教育教学改革，开展以学生为主的创新性实验，使学生在本科阶段得到科学的训练，提高大学生的创新能力和实践能力，培养一批拔尖创新人才”。其目标是“促进高等学校转变教育思想观念，改革人才培养模式，强化创新创业能力训练，增强高校学生的创新能力和在创新基础上的创业能力，培养适应创新型国家建设需要的高水平创新人才”。因此，编者认为，创新训练可以定义为：大学生通过科技创新研究项目，在本科学习阶段参与科学研究，并在此过程中逐步掌握科学研究的方法和规律，培养创新意识、创新思维和创新实践能力，塑造创新人格。

★拓展阅读

人类社会的文明史是一部不断创造或创新的历史，创新特别是科技创新推动着社会经济、政治、文化及社会生态等各领域的快速发展。进入2000年之后，知识经济逐渐成为新世纪的主导经济形态，知识成为最重要的生产要素。科技创新和创新人才也成为知识经济中的核心概念和主要驱动力。为了确保科技创新的持久动力，许多国家均把高层次创新型人才的培养作为国家战略予以推进。例如美国，从基础教育到高等教育全覆盖地推出一系列的教育政策和法案，其目的就是保持美国在人力资源上的先发优势，通过培养高素质、宽视野、国际化的优秀创新人才，保证其在科技、经济、政治、金融、文化等方面的引领作用。

国家级大学生创新创业训练计划，简称“国创计划”，内容包括创新训练项目、创业训练项目和创业实践项目三类，项目周期一般为1~2年。

(1) 创新训练项目是本科生个人或团队，在导师的指导下，自主完成创新性研究项目设计、研究条件准备和项目实施、研究报告撰写、成果（学术）交流等工作。

(2) 创业训练项目是本科生团队，在导师指导下，团队中每个学生在项目实施过程中扮演一个或多个具体的角色，完成商业计划书编制、可行性研究、企业模拟运行、创业报告撰写等工作。

(3) 创业实践项目是学生团队，在学校导师和企业导师的共同指导下，基于前期创新训练项目的成果，开发具有市场前景的创新性产品或者服务，开展创业实践活动。

国家级大学生创新创业训练计划面向中央部委所属高校和地方所属高校。中央部委所属高校直接参加，地方所属高校由地方教育行政部门推荐参加。

国家级大学生创新创业训练计划由中央财政、地方财政共同支持，参与高校按照不低于1∶1的比例，自筹经费配套。中央部委所属高校参与国家级大学生创新创业训练计划，由中央财政按照平均一个项目1万元的资助数额，予以经费支持。地方所属高校参加国家级大学生创新创业训练计划，由地方财政参照中央财政经费支持标准予以支持。各高校可根据申报项目的具体情况适当增减单个项目资助经费。对中央部委所属高校创业实践项目，每个项目经费不少于10万元，其中，中央财政经费应资助5万元。

二、四川省省级大学生创新创业训练计划

根据《教育部高等教育司关于报送2019年国家级大学生创新创业训练计划立项项目的通知》（教高司函〔2019〕8号）和《四川省教育厅办公室关于开展2019年省级大学生创新创业训练计划立项工作的通知》（川教厅办函〔2019〕21号）要求，各高校启动省级大学生创新创业训练计划项目。

各高校按照“兴趣驱动、自主实践、重在过程”的原则，鼓励学生开展创新创业训练与实践。在项目培育的基础上，组织学生团队申报省级大学生创新创业训练计划项目，组织符合条件的团队报名参加中国“互联网+”大学生创新创业大赛等赛事和“青年红色筑梦之旅”活动，提升大学生的创新精神、创业意识和创新创业能力。

省级大学生创新创业训练计划项目包括创新训练项目、创业训练项目和创业实践项目三类。项目周期一般为1～2年。

（1）创新训练项目：本、专科生个人或团队在导师指导下，自主完成创新性研究项目设计、研究项目实施、研究报告撰写、成果（学术）交流等工作。

（2）创业训练项目：本、专科生团队在导师指导下，完成商业计划书编制、可行性研究、企业模拟运行、创业报告撰写等工作。

（3）创业实践项目：学生团队在学校导师和企业导师共同指导下，基于前期创新创业训练项目的成果，开发具有市场前景的创新性产品或者服务，开展创业实践活动。

三、怎样确立创新创业训练项目

课外科技活动的深入研究必然会带来教育工作者观念上的进步和教育理念的创新。哈佛大学第24任校长普西（Nathan Marsh Pusey）深刻指出：“是否具有创造力，是一流人才和三流人才的分水岭。开展课外科技活动是培养学生创新能力和创造力最直接的途径。”英国剑桥大学的第344任校长艾莉森·理查德（Alison Richard）教授认为：“学生能力的培养最重要的是学会提问、探究和创造。”

（1）创业项目层面，确立立足于创新的创业项目，鼓励大学生申报研发项目并在立项上有所倾斜。

1）技术创新是各种创新的基础和源泉。没有技术创新，其他创新都是无源之水、无本之木，只有在研发设计中有创新成果的基础上进行创业，才能构建自主的、不会被“卡脖子”的价值链。高校是知识创新、技术创新的综合载体，是创新创业的重要源泉。

2）高校创新应该是知识、技术含量比较高的创新，高校的创业也应该是知识、技术含量比较高的创业。而且，创新创业教育的提出是为了实现国家崛起、民族复兴和社会不断进步这一目标，高校应该多方位引导大学生所申报的创业实践和创业训练项目，专注于在价值链上游的研发环节，引导大学生立意高远，秉持技术创新的创新创业理念。创新创业若着重于投资少、见效快、科技含量低的价值链下游项目，则难以形成规模经济，生命力弱，市场前景也小，只能在边缘市场的夹缝中寻求生存。

★小案例

“中国天眼”

“中国天眼”是一台500米口径的球面射电望远镜（Five-hundred-meter Aperture Spherical radio Telescope，FAST)，于2016年9月25日在贵州平塘落成。具有中国独立自主知识产权的FAST，是世界上已经建造完成的口径最大、跨度最大、精度最高的索网结构，也是世界上第一个采用变位工作方式的索网体系和最具威力的单天线射电望远镜，其设计综合体现了我国的高技术创新能力。它将在基础研究众多领域，如宇宙大尺度物理学、物质深层次结构和规律等方向提供发现和突破的机遇，也将在日地环境研究、国防建设和国家安全等方面发挥不可替代的作用。

★小案例

“蛟龙号”载人潜水器

“蛟龙号”载人潜水器是一艘由中国自行设计、自主集成研制的载人潜水器。2010年5月至7月，“蛟龙号”载人潜水器在中国南海进行了多次下潜任务，最大下潜深度达到7 020米。2012年6月，在马里亚纳海沟创造了下潜7 062米的中国载人深潜纪录，也创造了世界同类作业型潜水器最大下潜深度纪录。2014年12月18日，“蛟龙号”首次赴印度洋下潜。2016年5月22日，成功完成在雅浦海沟的科学应用下潜，最大下潜深度达6 579米。2016年5月23日，“蛟龙号”完成在世界最深处下潜，潜航员在水下停留近9小时，海底作业时间3小时11分钟，最大下潜深度4 811米。

（2）创新项目层面，确立立足于能转化为创业的创新项目，引导大学生集中于创意领域的申报，以便与“大学生科研基金”和“开放性实验项目”形成各自合理的定位。

从知识、技术的创新到创业，其演进路径通常是“创意→工程化→产品化→产业化”。创意，即具有创造性的思想，是对来自经济与社会生活中的某一领域或某一问题提出的具有创造性、新颖性的解决想法，如关于奥运会开幕式的想法、关于华为折叠手机的想法、关于一款软件新编程的想法等。1912年，美国经济学家熊彼特（Joseph SchumPeter）提出：“现代经济发展的根本动力不是劳动力和资本，而是创意，创意的关键在于知识信息的生产、传播和使用。”这一观点在今天已随着创意经济浪潮的席卷全球而成为普遍共识。可见，创意是高校创新创业的起点、源头，是创业的首要的决定性因素，若从研究类型看，属于应用研究或开发研究。只有让创新项目更多地专注于创意领域，让“大学生科研基金”和“开放性实验项目”集中于基础研究领域，才能形成其各自合理的定位，同时与创业项目形成互补的效应。

★小案例

在非物质文化遗产与文化创意产业，带着乡土气息的、区域性的艺术形式不断涌现，体现地域文化的本土价值正在被引入世界的文化维度范围。同时，地方文化产品表达的文化内涵是我们在极力弘扬和传承的“非遗”，通过“文化创意”与“消费”的方式正在不断被世人接受和青睐。如：作为江苏常州民间瑰宝之一的虎头鞋，在现代人生活方式发生翻天覆地的变化的背景下，对其有效、合理地创新开发显得十分有意义。这不仅可以保护和传承地方“非遗”，更为就业者带来了无限机遇与挑战，从而带动地方经济、文化、科技、就业等领域的协同共存。这就要求设计师和官方（政府）、文化学者和传承者进行有效的沟通与合作，营造良好的人文生态环境链。2010年之后，“非遗”保护和文化创意产业相辅相成、息息相关、互动频繁，构成了由官方（政府）、文化学者和民间主体三者建立的结构谱系。

四、如何在创新训练项目中做出一流的创新作品

创新项目作为大学生创新训练的实施载体，是实现大学生创新训练计划目标和提高大学生创新能力的重要途径。通过对项目实施有效的评价，建立与大学生自身发展特征相适合的评价指标，促使大学生围绕提高创新实践能力的目标开展创新创业活动，有利于激发大学生创新的能动性，为大学生创新活动的开展指明方向；有利于保障计划的顺利实施，提高项目实施质量；有利于推进研究性学习和个性化培养相结合，进一步促进以问题和课题为核心的研究性教学模式改革。

1. 申报立项阶段

创新训练项目申报评价主要评审立项申报材料的撰写规范、内容目标、经费预算和团队组成等情况，评估项目方案的可行性。项目评价采取专家委员会评阅项目申报书与项目答辩相结合的方式。

（1）项目方向具有前沿性和创新性。创新训练项目的方向选择以本学科专业为基础，结合学科发展和现实问题的前沿，创造性地选择项目的研究内容，体现出项目的研究意义和价值。

（2）项目的研究目标明确、研究思路清晰。通过对研究方向的文献综述和现实需求分析，明确研究问题及项目目标，并在项目书中呈现详细的研究逻辑与思路。

（3）项目的研究方法合理可行。项目书中针对研究问题和研究目标的内容与特点，综合多种研究方法获得相关的数据等第一手资料，阐述项目开展研究的可行性。

（4）项目的研究基础扎实。项目选题、研究方法、研究目标都具有一定的基础，项目选题有较好的专业基础，研究目标有一定的前期成果或学习的支撑及教师的指导，研究方法有相关的硬件、软件、资金的支持。

2. 计划执行阶段

虽然随着研究工作的进行，研究计划可以动态调整，但在项目运行初期应制订详细、合理的执行计划，通过对执行计划的评估，并对存在的问题给予建议，以确保计划的可行性。

3. 工作开展阶段

通过不定期抽查工作记录、经费使用情况及与指导教师和项目团队交流研讨等方式，评价项目运行实效，检查项目进度与执行计划的符合度。

4. 中期检查阶段

通过审查季度报告、中期检查报告等，评价项目的工作实施和进展情况。通过评估项目的阶段性成果，确定项目后续研究重点。创新训练项目主要考察以下要素。

（1）项目获得的初步成果。

（2）已完成的工作，与任务书计划进度及要求对比。

（3）是否根据项目的进展情况检查并调整技术路线。

（4）对出现的问题正确分析其原因。

（5）对出现的问题是否有明确的解决方案和措施、办法。

（6）是否需要对项目的难度和进度进行相应的调整。

（7）项目成员自身的能力、素质得到训练的程度。

（8）指导教师对项目组成员的指导是否到位。

（9）已使用经费的比例及其合理性。

（10）是否符合经费预算使用计划进度，不符合则给出下阶段调整方案。

5. 项目完成阶段

创新训练项目完成后，重点评价项目完成情况、工作量大小、团队表现和成果成效等。

五、提高创新创业项目管理水平

大学生创新创业计划与项目管理之间其实存在一定的相通之处，因此，在大学生创新创业计划中实施项目管理具有可行性。

（1）无论是大学生创新创业计划还是项目管理都有明确的起点和终点，并且都拥有几个阶段，如策划、实施、监督等，每个阶段都有独特的地方，并且各阶段都没有完全照搬先例，因此都具备一次性的特点。

（2）大学生创新创业计划实施过程中，会因为参与者不同、地点不同及项目要求不同而在结果上存在较大的差异，因为每个人都有其独特的想法，一个方法并不适用于每一个地方，因此都具备未知因素。

（3）虽然大学生创新创业项目很多，但每个项目的宗旨都在于实现目标。项目管理也一样，无论是对哪个项目进行管理，最终目标都是完成这个项目，因此都具备目标性。

（4）大学生创新创业计划有很多项目，但这些项目是一个整体，会彼此之间相互影响，相互促进。项目管理也一样，都具备整体性。

（5）大学生创新创业项目结束之后，要对其进行总结，收集各方的意见和看法，确保已完成的项目在后期也能发挥出应有的作用，让大学生创新创业计划能一直延续下去。

第二节　“互联网+”大学生创新创业大赛

随着互联网技术的不断发展，人类社会迈入一种全新的社会发展形态——互联网经济时代。近年来，随着“互联网+”的迅速发展和影响范围的不断扩大，“互联网+”和“创新创业”开始了跨界融合。据腾讯研究院《中国“互联网+”数字经济指数（2017）》的统计和分析，“互联网+”数字经济指数每增长一个点，GDP 就能增长 1 406. 02 亿元；2016 年，全国数字济总量占全国 GDP 总量的 30. 61%，数字经济对 GDP 的拉动效应明显。

一、“互联网 +”概念

所谓“互联网 +”，就是互联网 +各个传统行业。2016 年，在教育部、国家语言委在北京发布的《中国语言生活状况报告（2016）》中，“互联网 +”入选 2016 年十大新词与流行语。互联网与各个传统行业并不是简单的相加，而是利用信息通信技术，依托互联网平台，让互联网与之深度融合，从而创造出新的、具有创新意义的发展生态。

二、"互联网+"为大学生创新创业带来新机遇

近年来，"创客"一词频频出现，是指一群具有创新理念、乐于实践的年轻人，其中，自主创业的大学生占据了相当大的比例。"创客"一词在2015年被首次写入政府工作报告。在全社会创新创业浪潮的驱动下，高校以及中央和地方各级政府积极出台各种鼓励和支持大学生创新创业的政策措施，大大激发了创新创业者的热情。作为创新创业的生力军，大学生依托"互联网+"进行创新创业具有广阔的发展前景。

三、中国"互联网+"大学生创新创业大赛

为深入贯彻落实全国教育大会精神，全面落实《国务院办公厅关于深化高等学校创新创业教育改革的实施意见》（国办发〔2015〕36号）等文件要求，教育部与有关部委和有关省级政府共同主办中国"互联网+"大学生创新创业大赛，每年3—10月举行。

大赛以赛促学，培养创新创业生力军。大赛旨在激发学生的创造力，培养造就"大众创业、万众创新"的生力军；鼓励广大青年了解国情民情，在创新创业中增长智慧才干，在艰苦奋斗中锤炼意志品质，把激昂的青春梦融入伟大的中国梦，努力成长为德才兼备的有为人才。

以赛促教，探索素质教育新途径。把大赛作为深化创新创业教育改革的重要抓手，引导各高校主动服务国家战略和区域发展，开展课程体系、教学方法、教师能力、管理制度等方面的综合改革。以大赛为牵引，带动职业教育、基础教育，深化教学改革，全面推进素质教育，切实提高学生的创新精神、创业意识和创新创业能力。

以赛促创，搭建成果转化新平台。推动赛事成果转化和"产学研用"的紧密结合，促进"互联网+"新业态形成，促进经济高质量发展。以创新引领创业，以创业带动就业，努力形成高校毕业生高质量创业就业的新局面。

大赛共分五个赛道，包括高教主赛道、"青年红色筑梦之旅"赛道、职教赛道、国际赛道和萌芽赛道，并力争做到"五个更"。一是更全面。做强高教板块、做优职教板块、做大国际板块、探索萌芽板块，探索形成各学段有机衔接的创新创业教育链条，实现区域、学校、学生类型全覆盖。二是更国际。拓展国际赛道，深化国际交流合作，深度融入全球创新创业浪潮。三是更中国。以大赛为载体，推出创新创业教育的中国经验、中国模式，提升我国高等教育的影响力、感召力、塑造力。四是更教育。促进创新创业教育与思想政治教育、专业教育、体育、美育、劳动教育紧密结合，构建德智体美劳"五育平台"，上好一堂最大的创新创业课；深入开展"青年红色筑梦之旅"活动，上好一堂最大的国情思政课。五是更创新。广泛开展大学生和中学生创新活动，助推科研成果转化应用，服务国家创新发展。

大赛采用校级初赛、省级复赛、全国总决赛三级赛制（不含萌芽板块）。校级初赛由各院校负责组织，省级复赛由各地负责组织，全国总决赛由各地按照大赛组委会确定的配额择优遴选推荐项目。

四、四川省"互联网+"大学生创新创业大赛

四川省"互联网+"大学生创新创业大赛由四川省教育厅等有关单位主办，省内有关高

校承办，每年4—8月举行。

大赛共分三个赛道，包括高教主赛道、“青年红色筑梦之旅”赛道和职教赛道。高教主赛道主要是本科院校级研究生培养单位的师生参加，分为创意组、初创组、成长组和师生共创组。大赛采用校级初赛、省级复赛、省级决赛和推荐参加全国总决赛的赛制。校级初赛（4—8月上旬）的比赛环节、评审方式由学校自行决定，学校组织专家对本校报名的项目进行评审，并按要求推荐参加省赛。省级复赛在8月中旬举行，各高校在国赛报名平台上将拟参加省赛的项目进行推荐，大赛组委会参照全国总决赛评审规则，利用赛事评审专用平台以网络评审方式分组进行省级复赛。省级决赛在8月下旬举行，进行现场赛，争夺金、银奖，现场答辩团队展示时间和答辩时间参照国赛标准。在当年和前一年评选出的省级金奖项目中（前一年已获全国总决赛金奖和银奖的项目除外），由国赛组委会分配名额，通过现场项目展示及答辩、投资人面谈等环节决出参加全国总决赛团队。

符合大赛参赛要求的，可自主选择参加大赛“青年红色筑梦之旅”赛道或其他赛道比赛（只能选择参加一个赛道）。“青年红色筑梦之旅”赛道单列奖项、单独设置评审指标，突出项目的社会贡献和公益价值。

五、大学生“互联网+”创新创业大赛发展变化

1998年，清华大学举办“首届清华大学创业计划大赛”，成为第一所将大学生创业计划竞赛引入亚洲的高校。2002年，高校创业教育在我国正式启动，教育部将清华大学、中国人民大学、北京航空航天大学等九所院校确定为开展创业教育的试点院校。十多年来，创新创业教育逐步引起了各高校的重视，一些高校在国家有关部门和地方政府的积极引导下，进行了有益的探索与实践。

随着“大众创新、万众创业”的不断深入，“互联网+”得到了迅速的发展，各行各业都迎来了巨大的变革，高等教育也不例外。为了深化高等教育综合改革，激活大学生创新创业的潜能，国家举办了各类的创新创业大赛，以培养高校学生的创新、创业能力，提升学生的创业能力，缓解就业压力。创新创业大赛自举办以来，取得了显著成绩。

六、大学生创新创业大赛被赋予新的历史意义

首先，在互联网的视域下“以赛促教”，通过创新创业大赛促进大学生将理论与实践结合，活学活用，学以致用，将知识转化为创新创业能力，提升自身综合素质。

其次，通过这些年的创新创业大赛，为社会培养出了一批又一批的创新型人才。同时，通过举办创新创业大赛，涌现出一批新兴企业，它们为社会的发展注入了新鲜的力量。

七、中国“互联网+”大学生创新创业大赛呈现新特点

中国“互联网+”大学生创新创业大赛自2015年创办以来，涌现出一大批科技含量高、市场潜力大、社会效益好的高质量项目，展现了当代青年大学生奋发有为、昂扬向上的风采，已经成为我国覆盖面最大、影响最广的大学生创新创业盛会，也是我国高等教育的一道亮丽风景线。2019年，第五届中国“互联网+”大学生创新创业大赛在浙江大学举办，大赛

于2019年3月正式启动，经过各高校校级初赛、省级复赛、全国总决赛，历时200多天。总决赛期间，共计581个项目、2 559名师生参与现场比赛，其中包括国际赛道27个国家和地区的111名师生。中央各部委、浙江省、杭州市共218名领导、嘉宾出席大赛，各地各学校共5 500人现场观摩。总决赛现场参与总人数达到11 159人。2019年的中国“互联网+”大学生创新创业大赛呈现出了以下新特点。

1. **实现了五更办赛目标**

2019年的中国“互联网+”大学生创新创业大赛纵向上构建了“高教、职教、国际、萌芽（中学生）”四大板块，实现了基础教育、职业教育、高等教育的全链条参赛；横向上实现了国内到国外五大洲高校全覆盖，共有来自全球五大洲120个国家和地区、1 153所国外高校的6 000多名大学生参赛，堪称一场“百国千校”参与的世界大学生双创奥运会。大赛以赛促教、以赛促学、以赛促创，开始形成了创新创业教育中国模式，不断壮大“大众创业、万众创新”的生力军。2019年上半年新登记注册的市场主体中，大学生创业者达到35万人，同比增长8.2%。23.8万个创新创业项目涉及的100万名大学生踏上“青年红色筑梦之旅”，走进革命老区、贫困山区、城乡社区，对接农户74.8万户、企业24 204家，签订合作协议16 800余项，产生经济效益约64亿元。大赛形式和内容创新，增加了面向高中生的萌芽板块；人才培养模式创新，从就业从业模式向创新创业模式转变；服务国家创新发展，有40多万个先进制造业、信息技术、现代农业的创业项目参赛。

2. **呈现四大精彩看点**

（1）创新中国大支撑。

创新是引领发展的第一动力。党中央国务院的“创新驱动发展战略”高瞻远瞩，“互联网+”大赛成为“创新驱动发展战略”的重要支撑。在大赛中，有越来越多的院士、长江学者、杰出青年，越来越多国家重点实验室与工程中心的研究成果，越来越多的青年学子走出实验室、走向产业，实现科研成果价值最大化。如清华大学的“交叉双旋翼复合推力尾桨无人直升机”团队，提出并研制世界首架交叉双旋翼复合推力尾桨无人直升机，填补国内空白，已完成三轮融资1.2亿元，技术成果转移实现经济价值1.2亿元；浙江大学的“智网云联——无限共算全球力交易平台”团队，针对全球范围内算力服务价格高昂、我国云计算市场全球份额过低的现状，搭建起无限共算全球算力交易平台。

（2）顶级双创大赛。

评审专家表示本届大赛有“两超”“两保”。“两超”是两个超预期：一是科技创新项目数量超预期，很多项目都已经进入行业发展的“无人区”，或者是成为行业领跑者；二是高校对大赛的重视程度超预期，很多高校都是举全校之力，动员了很多院士、教授、杰出青年团队参赛，而且他们都是将其毕生所研制的科技创新成果，进行产业化，引领行业升级。“两保”分别是高保密和高保障。高保密是指保证大赛结果的公平公正，让高质量的项目能够脱颖而出，进一步激励更多好项目参加以后的大赛；高保障是指大赛组委会和承办高校浙江大学为赛事运行提供了保障，让参赛师生、评委的工作和生活有条不紊。

（3）红色青春大情怀。

3年来，全国高校累计170万大学生踏上“青年红色筑梦之旅”，扎根中国大地，了解国情民情，坚定理想信念，锤炼意志品质，助力精准脱贫扶贫和乡村振兴。中国传媒大学的“光明影院”项目在两年时间里制作了170多部无障碍电影，为盲人朋友带去了高雅的艺术享受；北京邮电大学的“夕阳再晨”项目帮扶上百万的老人融入互联网时代；温州医科大学“川藏青光明行”在6年多的时间里帮助几十万边疆地区人民重获光明。一个国家，有什么样的年轻人，就有什么样未来。

（4）投融对接大平台。

行业龙头企业高度关注“互联网+”大赛，积极参加大赛的投融对接会，经过5年的发展，目前大赛已经成为深化产教融合、促进产业转型升级的重要平台。本次大赛投融资对接活动中，共有284个总决赛参赛项目提交融资意向，335名投资人参与对接，线上达成投资意向金额4.8亿元，两场路演现场达成投资意向金额7.9亿元和4.5亿元，累计达成406个投资意向，共计金额超过17亿元。

3. *奉献系列精彩活动*

2019年大赛在主体赛事以外，同期组织了一系列丰富精彩的活动。“大学生创客秀”集中展示了各地各高校创新创业教育成果和入围全国总决赛现场比赛的参赛项目，打造了一场双创科技大秀；“对话2049未来科技”系列活动邀请了前沿科学尖端科学家、战略科学家与大学生创业者对话，探讨未来科技发展方向，激发大学生的创新活力；“走进浙商”文化体验活动让青年创客感悟浙商厚重的文化积淀，激发了创新创业热情；“大赛优秀项目对接巡展”开展了历届大赛优秀项目展示交流和投融资洽谈对接活动，进一步推动了大赛成果转化；“现场融资路演闪电对接会”打造了覆盖国内外的最大双创融资路演平台，赛前，245个进入全国总决赛的项目和335名一线投资人对接，决赛现场，专门设立了投融资路演区和资本闪电对接区，线上线下结合，160余名投资人现场洽谈，两百余家投资机构在线对接；“联合国教科文组织创业教育国际会议”推动了国内外创业教育理论研究与实践创新，让创业教育研究走向世界舞台。

第三节　“挑战杯”全国大学生创新创业大赛

“挑战杯”创业计划竞赛起源于美国，又称商业计划竞赛，是风靡全球高校的重要赛事。它借用风险投资的运作模式，要求参赛者组成优势互补的竞赛小组，提出一项具有市场前景的技术、产品或者服务，并围绕这一技术、产品或服务，以获得风险投资为目的，完成一份完整、具体、深入的创业计划。在中国，创业计划竞赛最早于1998年在清华大学举行。自首届竞赛举办以来，“挑战杯”竞赛始终坚持“崇尚科学、追求真知、勤奋学习、锐意创新、迎接挑战”的宗旨，在促进青年创新人才成长、深化高校素质教育、推动经济社会发展等方面发挥了积极作用，在高校乃至社会上产生了广泛而良好的影响，被誉为当代大学生科技创新的“奥林匹克”盛会。大赛大力实施“科教兴国”战略，努力培养广大青年的创新、创业意识，造就符合未来挑战要求的高素质人才。

一、“挑战杯”竞赛的作用

1. 有助于高校大学生进一步提高自身水平

（1）锻炼创新思维，提高科研能力。“挑战杯”竞赛的难度远远超出一般在校大学生所具有的科研能力和相关知识，为满足比赛的需要，参赛学生需要自学大量知识，并接受相关的科研训练。具体来说，大学生需要在指导教师的指导下查阅相关书籍和资料，对相关领域进行实地调研，在此基础上创新并加工完善。在这一系列过程中，大学生的知识面不断拓宽，实践能力、创新能力和科研水平都得到了大幅提升，这是在课堂教学和一般社会实践中很难达到的效果。

（2）锻炼组织能力，提升团队意识。“挑战杯”竞赛不仅是一项科技创新比赛，更是大学生成长历程中一次难得的洗礼和体验。竞赛项目程序复杂、参与人员众多，没有一定的组织和统筹能力，是很难顺利完成的。同时，项目的进展依赖于每一个成员的积极参与和交流，对于培养团队精神、提升团队意识具有极大的作用。大学生在参与过程中锻炼了自身组织能力，更学会了理解他人、包容他人以及如何更有效地与他人合作，对于走入社会后的生活、学习和工作都具有积极作用。

（3）磨炼自身意志，增加自身阅历。“挑战杯”竞赛以“挑战”冠名，其宗旨是迎接挑战，应对比赛中的重重困难，是对自我的一次超越。竞赛准备时间长，好的项目更需要层层选拔，所面临的困难之大、事务之繁杂是大学生们平时体会不到的。通过解决这些问题、处理这些事务，大学生的意志得到了极大的锻炼，阅历也有了极大的提高。

（4）初步接触社会，增强社会责任。“挑战杯”竞赛有助于推动大学生投身实践，将自身的知识与社会实际结合，用自己的能力服务社会。一些大学生立志于扎根农村，发展现代农业技术；另一些大学生决心投身高精尖领域，提升我国拥有自主知识产权的核心技术水平。这些决定与志向往往与他们在竞赛过程中深入社会所了解到的现状息息相关。可见，经过“挑战杯”竞赛的锤炼，大学生对社会的了解和认识增加了，社会责任感也有了明显的提升。

2. 有助于高校教师能力与水平的提升

在“挑战杯”竞赛中得到锻炼的不仅是学生，也包括团队的指导教师。竞赛对他们来说也是一次提升自身能力与水平的机会，更是深入接触和了解学生的机会。

（1）促进自身再学习，提高科研和执教水平。在校大学生思维活跃，看问题的角度与教师不同，而且“挑战杯”竞赛本身对创新思维就有着极高的要求，大学生们提出的各种问题对教师来说很有可能是此前未曾想到的，需要进一步查阅资料和深入思考才能给出答案，无形中推动了教师自身的再学习。同时，在各级赛事中，评委给出的各种问题也拓宽了教师的视野，深化了相关认识。在参与指导竞赛的过程中，教师自身的科研和执教水平也获得了明显提升。

（2）加深与学生的接触，增加对学生的了解。在对学生进行指导的过程中，教师需要经常和学生就项目有关问题进行探讨。长时间的接触加深了教师对当代大学生思想的认识，教师更懂得如何调动学生们的积极性、如何最大限度地激发学生的潜能，这不仅有利于在竞赛中取得优异成绩，更对学生的成长成才有着不可估量的作用，教师教书育人的天职也得到了最适宜的诠释。

二、“创青春”全国大学生创业大赛

为有效搭建大学生创新创业平台，发现、培育和选拔创新创业人才，进一步推动“大众创业、万众创新”，适应大学生创业发展的形势需要，在原有“挑战杯”竞赛的基础上，共青团中央、教育部、人力资源和社会保障部、中国科学技术协会、中华全国学生联合会自2014年起共同组织开展“创青春”全国大学生创业大赛，每两年举办一次，赛事当年3月启动，7月进行决赛。

大赛以“中国梦，创业梦，我的梦”为主题，以增强大学生创新、创意、创造、创业的意识和能力为重点，以深化大学生创业实践为导向，着力打造权威性高、影响面广、带动力大的全国大学生创业大赛。

将大学生的创业梦与中国梦有机结合，打造能深入持久开展“我的中国梦”主题教育实践活动的有效载体；将激发创业与促进就业有机结合，打造整合资源并服务大学生创业就业的工作体系和特色阵地；将创业引导与立德树人有机结合，打造提升大学生社会责任感、创新精神、实践能力的有形工作平台。

大赛下设三项主体赛事：大学生创业计划竞赛、创业实践挑战赛、公益创业赛。

大学生创业计划竞赛面向高等学校在校学生，以商业计划书评审、现场答辩等作为参赛项目的主要评价内容。

创业实践挑战赛面向高等学校在校学生或毕业未满5年的高校毕业生，且已投入实际创业3个月以上，以经营状况、发展前景等作为参赛项目的主要评价内容。

公益创业赛面向高等学校在校学生，以创办非营利性社会组织的计划和实践等作为参赛项目的主要评价内容。

以上3项主体赛事需通过组织省级预赛或评审后进行选拔报送。

★拓展阅读

2014年，团中央对已成功举办八届的“挑战杯”中国大学生创业计划竞赛进行了全面提档升级，形成了“创青春”全国大学生创业大赛。本次大赛依托北极光创投公司，引入了公益创业赛，更加丰富了创业内涵，以贯彻党的十八届三中全会“激活社会组织活力”有关精神为核心，努力培育和催生能生存、可发展、有影响的非营利性社会组织；依托联想集团创始人柳传志、阿里巴巴集团董事会主席马云等一批创业领域的“大咖”组建了“创青春”大赛指导委员会；依托团广东省委和广州股权交易中心共同设立了国内首个“青年大学生创业板”股权众筹平台，对接大学生创业项目和资本市场；依托武汉东湖新技术开发区等全国重点创业园区，推动大学生创业项目的落地生根。

2016年，“创青春”全国大学生创业大赛在电子科技大学举办。本次大赛继续秉持“众促”的理念，依托各方资源，共同推动大学生创业大赛的改革发展，引入中国航空工业集团作为赛事的冠名赞助商，确保大赛的高质量、高水平和高层次。本次大赛继续保持与北极光创投公司的深度合作，将公益创业赛作为本届大赛的亮点，高调举旗，一方面更加注重在全社会弘扬和传播公益的理念，积极鼓励精准扶贫、助学济困、关注弱势群体等更具公益性的项目参与，在全社会营造关注和支持公益创业的良好氛围；另一方面更加注重成果转化，将充分发挥“种子基金”的作用，吸引更多创投公司投资，扶持项目落地孵化，推动和引领更多有公益梦想的大学生投身公益创业事业。与此同时，借助全国大学生创新创业联盟平台，在每年全国大学生创新创业峰会期间，举办全国大学生公益创业论坛，搭建公益创业沟通交流、互相促进的平台，推动全国大学生公益创业事业发展。本次大赛还首次引入公证制度，对创业计划赛653件参赛作品和创业实践挑战赛351件参赛作品的抽签分组全过程进行了公证，确保公平公正。乘着“大众创业、万众创新”的东风，相信“挑战杯”“创青春”赛事将会更多地吸纳各方资源，更深入地贯彻“众促”的改革发展理念，继续迎接新时代的挑战。

三、“创青春”四川省大学生创业大赛

“创青春”四川省大学生创新创业大赛每两年举办一次，大赛举行时间为比赛当年的4—6月。

大赛下设3项主体赛事：创业计划竞赛、创业实践挑战赛、公益创业赛。另设乡村振兴暨服务民族地区专项赛，具体比赛内容如下。

（1）创业计划竞赛。创业计划竞赛面向四川省高等学校在校学生，以商业计划书评审、现场答辩等作为参赛项目的主要评价内容。该赛事由四川省高校组织推报，且需通过组织校级预赛或评审后选拔报送至省赛。

（2）创业实践挑战赛。创业实践挑战赛面向四川省高等学校在校学生或毕业未满3年的高校毕业生，且已投入实际创业3个月以上，以经营状况、发展前景等作为参赛项目的主要评价内容。该赛事由四川省高校组织推报，高校需通过组织校级预赛或评审后选拔报送至省赛。

（3）公益创业赛。公益创业赛面向四川省高等学校在校学生，以创办非营利性质社会组织的计划和实践等作为参赛项目的主要评价内容。该赛事由四川省高校推报，高校需通过组织校级预赛或评审后选拔报送至省赛。

（4）乡村振兴暨服务民族地区专项赛。①组织形式：由赛事承办方直接面向省内各高校开展。②参赛对象：高校在校学生。③作品要求：作品所属领域与主体赛一致，范围为与四川地区乡村或民族地区发展的相关项目。对符合条件的项目在通过省级评审后，推报参加“创青春”全国赛对应的主体赛。

四、“挑战杯”全国大学生课外学术科技作品竞赛

“挑战杯”全国大学生课外学术科技作品竞赛是一项全国性的竞赛活动，创办于1989年，由教育部、共青团中央、中国科学技术协会、中华全国学生联合会等单位和省级政府主办，承办高校为国内著名大学。

“挑战杯”系列竞赛被誉为中国大学生学术科技“奥林匹克”，是目前国内大学生最关注的全国性竞赛，也是全国最具代表性、权威性、示范性、导向性的大学生竞赛。该竞赛每两年举办一次，旨在鼓励大学生勇于创新、迎接挑战的精神，培养跨世纪创新人才。

竞赛坚持“崇尚科学、追求真知、勤奋学习、迎接挑战”的宗旨，已形成校级、省级、全国的三级赛事，参赛同学首先参加校内及省内的作品选拔赛，优秀作品报送全国组委会

参赛。

由于“挑战杯”竞赛活动在较高层次上展示了我国各高校的育人成果，推动了高校与社会间的交流，已成为高校学生课余科技文化活动的一项主导性活动，成为促进高校科技成果向现实生产力转化的有效方式，成为培养高素质人才的重要途径，也是企业界接触和物色优秀科技英才、引进科技成果、树立企业良好形象的上佳机会，越来越受到广大学生的欢迎和各高校的重视。

参赛总体要求：鼓励参赛同学认真学习理论，深入社会实际，用建设性的态度和改革发展的眼光了解新情况，反映新问题，学习新经验，参加新实践，了解社会，亲近群众，充分调查，独立思考，创新认识，拓宽视野，培养以人为本、实事求是、与时俱进、艰苦奋斗、开拓创新和科学严谨的精神，锻炼运用科学理论来洞见、分析和解决实际问题的能力。

申报参赛的作品分为自然科学类学术论文、哲学社会科学类社会调查报告和学术论文、科技发明制作三类。自然科学类学术论文作者限本、专科生。哲学社会科学类社会调查报告和学术论文限定在哲学、经济、社会、法律、教育、管理学科内。科技发明制作类分为 A、B 两类：A 类指科技含量较高、制作投入较大的作品；B 类指投入较少，且为生产技术或社会生活带来便利的小发明、小制作等。

对于参赛作品，论文类每篇在 8 000 字以内，调查报告类每篇在 15 000 字以内。为党政部门、企事业单位所做的各类发展规划、工作方案和咨询报告，已被采用者亦可申报参赛，同时附上原件和采用单位证明的复印件以及鉴定材料等。

竞赛活动分组织发动阶段（一般是竞赛前一年的 11 月）、省级初评和组织申报阶段（当年 3—6 月）、全国复赛和参赛准备阶段（当年 7—10 月）、全国决赛和表彰阶段（当年 10 月）。

五、“挑战杯”四川省大学生课外学术科技作品竞赛

“挑战杯”四川省大学生课外学术科技作品竞赛由省委组织部、团省委、省科协、教育厅、省社科院、科技厅、人社厅、省学联共同主办，省内高校和有关地方政府承办，每两年举行一次，竞赛时间为前一年的 11 月至当年的 6 月。

竞赛旨在希望更多怀揣梦想的青年学子坚定理想信念、永葆昂扬锐气、投身创新创造、矢志艰苦奋斗，以积极进取的昂扬姿态，不辜负大好时代，不辜负美好青春，用青春之理想、青春之活力、青春之奋斗，为推动治蜀兴川再上新台阶贡献智慧和力量。

竞赛方式：省内高等学校在校学生申报自然科学类学术论文、哲学社会科学类社会调查报告和学术论文、科技发明制作 A 类和 B 类作品参赛。

六、“挑战杯”竞赛的发展对策

1. 做好相关政策的完善与落实

各大高校为了更好地帮助学生成长、成才制定了许多有益的政策与制度，如大学生创新创业基金项目、创业教育学院等。

2. 做好相关奖励的细化和落实

“挑战杯”竞赛具有极高水平，准备难度大，持续时间长，为完成竞赛项目、获得理想

成绩，学生和指导教师都要付出大量的时间和精力。对取得优异成绩的队伍进行适当激励，不仅能够增强参赛团队成员的信心，更能起到示范作用，进一步调动大学生参加“挑战杯”竞赛的积极性和热情。当然，激励方式也要适当细化，既有物质方面的奖励，也有精神方面的激励。同时，针对学生的实际需求进行有针对性的奖励，更能够发挥激励的效应。

★小案例

每届“挑战杯”竞赛可谓是个“创意的集市”，每件作品都展现了大学生独特的创新思维，并将创新性、实用性与大学生的社会责任感紧密结合。如第十届“挑战杯”竞赛中，上海交通大学的参赛作品“便携式宽带综合业务数字卫星通信地球站”在抗震救灾和森林防火等领域有很强的实用性和先进性。同时，“挑战杯”竞赛作品的选题关注民生热点问题。如在第十届“挑战杯”竞赛中，大学生的创新作品广泛涉及矿工安全、外来务工人员、社区医疗、老人社会等社会高度关注的民生热点问题。针对我国矿难高发的问题，湖南师范大学10名大学生历时两年多，走访30多个煤矿，完成2万多字的《湖南煤矿工人心理安全感的影响因素及提升策略》调查报告，提出了二级矿难防控体系，引起了国家安全生产监督管理总局的关注。

★拓展阅读

科技作品成果的社会价值愈来愈高。“挑战杯”参赛作品在科学性、先进性与创造性上不断提高，成果质量日益得到专家及社会的肯定，并已产生很大的社会价值。第六届“挑战杯”集中签约的项目达38项，共签订协议43份，协议总金额1.132 5亿元。第七届“挑战杯”成果转让签约17项，签约合同金额高达7 156万余元，其中4件作品签约分别突破1 000万元。第八届“挑战杯”上，12个项目正式签署了科技成果转让合同，转让总金额高达2 275.6万元。第九届“挑战杯”中，共有17件作品被企业相中，并当场签约。第十届“挑战杯”上，哈尔滨工业大学学生徐俊研发的“无油梁长冲程抽油机控制系统”，与天津一家公司当场达成购买1 000台抽油机的合作意向。

3. 做好展示平台

“挑战杯”竞赛旨在提供我国高校育人成果展示的平台，激发广大大学生崇尚科学、锐意创新、迎接挑战、磨炼自我，培养当今社会所需的创新型人才。随着赛事的推进，“挑战杯”竞赛的水平不断提高，在大学生中的影响日益扩大，有力地推动了高校大学生创新能力提高活动的开展，营造了良好的学术氛围，激发了学生的科学精神，培养了学生的创新能力。因此，“挑战杯”竞赛要做好大学生科技成果的展示平台，成为大学生创新能力培养的良好土壤，成为科技创新的“第二课堂”。

4. 搭建创新实践平台

创新能力的培养需要借助于一定的支撑平台。高校及其下属院系适度成立大学生创新中心、创新实践基地、创新教研室以及大学生开放式实验室等平台，降低大学生参与的起步门槛，使学生有项目参与、有机会尝试，为具有创新热情和思维的大学生提供实践和发挥的空间。“挑战杯”竞赛活动由团委、学生处组织并负责，相关教学单位承办或协办，学校、学院提供有力的支持和保障，从而在各高校内以及各学院内营造了积极的创新氛围。各高校根据自身教学特色，鼓励各院系积极开展院内、校内的竞赛，鼓励学生积极参加“挑战杯”

竞赛。相关单位对创新项目、创新实践基地、创新教研室等委派有经验的指导教师，为有意参加“挑战杯”竞赛活动的大学生提供项目指导，不断增强大学生的创新能力。

（1）确立多层次的创新团队机制。对有意参加“挑战杯”竞赛的大学生，学校、学院、老师应在支持学生参与竞赛的同时，确立一个层次分明的创新团队组建机制，有利于为创新能力的培养奠定坚实的基础。首先，创新团队可包含大一到大四四个年级的学生。其次，根据不同层次的学生的知识背景和基本能力，规划好各个年级的团队成员的任务。大一学生适合对团队研究方向背景进行一个全面且深入的了解；大二学生需要有一定的操作和创新意识，对相关问题进行一定的设计和分析等；大三学生应充当团队骨干，能够独立完成对创新的思考和实践；大四学生应能够代表学校、学院参加“挑战杯”竞赛，并将竞赛的体验和大学期间的创新心得分享给团队的低年级成员，为创新团队的发展提出有建设性的建议。

★小案例

麦扑文化创意有限公司成立于 2011 年 9 月，是一家从事手绘地图、智慧旅游的文化创意类公司，致力于用精致的动漫元素、流畅的手绘画风及传神的表现形式把旅游城市的人文风景、历史文化、建筑风格生动有趣地展示出来。最初，公司的定位是借助手绘动漫来创作地图，首部作品《下沙手绘立体地图·城市名片》为其打响了知名度。2012 年推出《最忆杭州·杭州旅游手绘地图》，引起了广泛关注。除了手绘地图，麦扑围绕旅游主题创作了手绘雨伞、手绘丝巾等一些旅游衍生产品，先后斩获各类全国及省级大奖。他们的成功主要得力于一个优秀的团队和好的创意灵感。团队成员具有不同的专长，如财务管理、市场营销、产品推广、战略把控、动漫设计、主持演讲等。不同的专业成员可以更好地为比赛服务。

（2）实施导师—学生教学相长制。初次参与科研创新竞赛或者项目的大学生，需要在导师指导下开展研究，在适应过程中逐步掌握研究背景、研究方法、创新思维、创新突破口，有利于为进入创新能力培养的孵化阶段打下扎实的实践和理论基础。导师注重培养学生的科研项目之间的延续和常态化，帮助学生不断深化创新思维，从而引导学生逐步形成系统的研究思维和创新意识。学生应善于与导师进行共同探讨、研究和分析，导师应乐于分享自己的研究方向、研究技能、研究方法等隐性研究知识，为创新能力培养积累必要的知识经验。导师和学生通过彼此的特点，取长补短，将学生的活跃思维与导师的专业见解巧妙结合，互相启发，营造良好的教学相长氛围。

（3）倡导“做中学”培养模式。实践是检验真理的唯一标准。学生在参加“挑战杯”竞赛的过程中，需要经历从科研“小白”到能独当一面的过程。在此过程中，学生先自主学习了解研究背景，紧接着提出创新设计理念和想法并进行可行性理论分析，再动手操作实验，使所学的理论知识在参赛过程中得到验证和应用，并且在这个艰辛的过程中突破固有的思维局限，逐渐形成创新性思维的格局，在做中学，在做中独立。经过 4 年的历练，学生的创新能力能得到阶段性的提高，成长为社会所需的创新型人才。

（4）实施精英培养训练计划。大学教学的热点之一是精英培养，可体现在精英培训计划的实施。首先，因材施教，教研结合。根据大学生的个人发展特性和志向，将其可塑性和教育的针对性有机结合，针对性地培养其团队合作能力、实践能力和创新能力。其次，全程以导师—学生教学相长制为管理模式，依托各级科研项目，通过启发式教学和师生合作研究等教学理念，注重对学生刻苦钻研、追求创新精神的培养，尊重学生的好奇心、自信心，尤其是自主学习能力，不断提高其发现问题、分析问题、解决问题的自主能力，做到从过去的经验、事实与材料中，提出自己的创新见解，形成系统性的创新思维。

七、如何让研究成果更吸引评委关注

创新作品最吸引眼球的应是“创新”。对于学术、科研、创新经验不足的大学生而言，它可以是在原有基础上的改进和完善，更应该是新的理论的提出和新的设计思路的展现。作品应引领时代潮流，展现当代大学生敢想敢做、勇于挑战陈规、开拓进取的精神。在陈述和答辩环节，参赛选手向评委展示研究成果的同时，应该重点突出作品的独创性、新颖性、实用性。

大学生参加课外学术科技作品竞赛的主体是学生，一切活动都应围绕学生进行，这样，科技创新竞赛才有存在的意义。指导教师在参赛中主要起到引导和辅助作用，指导工作的目标包括以下几点。

（1）在课堂授课中营造科技创新氛围，吸引大学生参与科技创新竞赛，鼓励缺少比赛经验的学生增加自信，使参赛团队可持续发展。

（2）帮助学生选择合适的研究方向，既立题独特新颖，紧扣比赛主题和时代潮流，又有可行性和可操作性。

（3）指导学生订立合适的研究计划，帮助他们处理研究过程中出现的困难，但不可凡事代劳，要提高学生的动手能力和团队协作能力，以及培养其面对困难敢于克服的精神。

（4）对于比赛评分的关键环节悉心指导，包括如何展现作品的实用性和创新性，如何在答辩环节围绕评委提问，全方位、多层次回答问题等，使学生在细节处做到尽善尽美，关键环节不出纰漏，得到评委关注和欣赏，最终赢得比赛。

第四节　大学生学科竞赛

学科竞赛在提升大学生学习兴趣、创新能力、科研能力、实践能力、团队协作能力方面发挥着重要作用，在促进学校学科建设、课程改革方面也发挥着重要的推动作用。学科竞赛的意义与“大创计划”的初衷是融合的，都是促进人才培养和推动教育教学改革。

教育部针对实践教学与人才培养模式的改革创新问题强调，应当“继续开展大学生竞赛活动，重点资助在全国具有较大影响和广泛参与面的大学生竞赛活动，激发大学生的兴趣和潜能，培养大学生的团队协作意识和创新精神”。近年来，各类学科竞赛蓬勃发展，强化了教与学的互动，激发了学生开展自主学习，培养创新意识、创新思维和创新技能的热情和潜能。对于学科竞赛的运行机制、管理方法及其与学科建设、教学改革、创新人才培养、学生实践能力培养、学风建设等方面的相关性研究，已成为近年来高教研究的热点内容，并已取得不少成果。培养创新型人才是大学教育的重要任务。所谓创新型人才，就是具有创新意识、创新精神、创新能力并能够取得创新成果的特殊人才，主要有学术型知识创新人才和应用型技术创新人才。地方本科院校以培养应用型人才为主，重在培养学生创新思维和学生实践能力，大学生学科竞赛是整合课内外实践教育教学的重要环节，是培养学生创新精神和动

手能力的有效载体。

一、学科竞赛对大学生创新能力的培养

学科竞赛是指在紧密结合课堂教学的基础上，以竞赛的方式，激发学生理论联系实际和独立探索的动力，通过发现问题、解决问题，培养学生学习兴趣、增强学习自信心的系列化活动。1994 年制定的《全国大学生数学建模竞赛章程》明确指出，竞赛的目的“在于激励学生学习数学的积极性，提高学生建立数学模型和运用计算机技术解决实际问题的综合能力，鼓励学生踊跃参加课外科技活动，开拓知识面，培养创造精神”。学科竞赛的基础是课程教学，通过课程教学使学生掌握一些基础知识、基本理论和技能。学科竞赛同时也是一种载体或途径，通过这个载体或途径可以激发学生的学习兴趣和潜能，培养其实践能力和创造精神。创造性是创新的关键，亦是创新型人才的本质特征。因此，如何培养大学生的创造性，使他们能通过对所掌握知识的运用以及对客观事物的观察、分析、综合、评价，发现新的现象和规律，提出新的理论和方法，创造出新的物质产品和思想文化成果，解决前人未曾解决的问题，就显得尤为重要。基于上述分析，可以从以下三个方面来理解学科竞赛与大学生创新能力培养的相关性。

1. 学科竞赛培养学生的实践能力和创新精神

学科竞赛的题目一般由两部分组成，一是基础部分，二是发挥部分，具有较强的综合性和灵活性。学科竞赛的过程，是一个要求学生系统地理解相关知识，灵活地将理论与实践相结合的过程，也是一个典型的实践过程。而学科竞赛中的发挥部分则往往需要另辟蹊径，参赛选手必须具有创新精神，才能在广大参赛选手中脱颖而出。

2. 学科竞赛是培养大学生创新能力的重要途径

创新能力包括创新意识、创新思维和创新技能三部分，核心是创新思维。学科竞赛是培养学生创新能力的重要途径，它包含两层意思：一是通过学科竞赛能训练学生的创新意识和创新思维；二是能锻炼学生的创新技能，即在学科训练与竞赛的过程中，使学生熟练掌握各种基本技能，并在创新思维的引导下生成创新技能。学科竞赛因其高度的综合性与灵活性，要求学生必须在夯实基础知识与技能的基础上，不断提高自身的创新意识与创新思维。因此，针对“创新”的训练无疑是竞赛训练的中心工作。学科竞赛经常要求学生独立完成图样设计、样品制作和报告撰写等一系列创造性工作，最终把优秀的参赛作品呈现出来，这就形成了一套连续而严密的创新能力训练方案，由此构成了培养学生创新能力的一条重要途径。

3. 学科竞赛是推动创新人才培养工作的重要载体

学科竞赛的本质是培养学生的创新精神和创新能力，然而如何切实做到这一点，还需要相应的培养方案支撑。因此，建立以培养学生创新能力为目标、以学科竞赛为基点的课程教学与管理体系至关重要。面向学科竞赛，必然要求相应的改革，如改革课程教学体系、加强师资队伍建设、营造校园创新文化等。因此，学科竞赛作为推动创新人才培养的重要载体，其意义是毋庸置疑的。

二、实践教学与学科竞赛相结合，促进创新人才培养

1. 学科竞赛是引发创新思维的重要途径

大学实践教学的根本价值在于它能够培养学生未来从事研究、探索活动的一种思维品质和习惯。学科竞赛的过程就是学生提出问题、设计实验方案、探索解决问题的方法的过程。整个竞赛从组织队员开始，就是学生的主动思维、发散思维、直觉思维、批判性思维，甚至是“梦想”的过程，是学生利用多年学习的知识进行分析、组合与判断的过程，也是培养学生创新思维和应用基本实验技能、发挥创造性的过程。

2. 学科竞赛是培养创新能力的重要载体

学科竞赛在形式上是比赛，能促使学生主动思考、积极追求，达到更高、更新的目标要求。在竞赛的准备过程中，突出了学生的主体地位，突出了手脑并用的探究式学习方法，有助于学生主动构建科学的知识体系，促进理论与实践的结合。在追求新、奇、特的过程中，既有创新思维的形成，也有实践能力的提高；既培养了创新思维能力，也提高了创新实践能力。

3. 学科竞赛是培养创新型人才的重要手段

学科竞赛还可以提高学生的自信心。自信心对大学生来说是非常重要的，它有助于大学生健全人格的形成，促进其个性成熟。许多学科竞赛实践表明，有创意、能实现、实用型的竞赛作品往往是最后的获奖作品。而将设计思想通过实践、制作、表达为作品的团队，自然能成为获奖的团队。参加竞赛，无论成绩如何，都可以充分调动学生的主观能动性，鼓励他们观察、动手、比较、推理、交流、创新、协作、进取。学生在竞赛过程中，通过合作形成团队精神，培养创新人格，投入了艰辛的劳动，收获了丰硕的成果。在完成竞赛作品的同时，学生产生创新思维，实现创新理念，挖掘创新潜能，形成了创新性格。因此，应充分发挥学科竞赛在培养创新型人才中的重要作用。

4. 学科竞赛是构建学生创新平台的重要组成部分

学生创新能力的培养与校园文化氛围的营造密切相关。学科竞赛从组织学生报名开始，就在学生中、校园内以通知或海报的形式，营造一种参与竞争、参与科研、自主学习的氛围。学科竞赛所倡导的竞赛文化，赋予了校园文化新内涵。通过学科竞赛，既推广了竞技性学习这一获取知识的新思路，又加强了学生的竞争意识，从而在校园学习中融入更多的竞争性，使学生更加注重创新能力的锻炼。在就业竞争日趋激烈的情况下，获奖学生因此多了一个有利条件。

三、创新项目与学科竞赛相结合，培养学生创新能力

1. 多种形式并存，培养大学生创新创业意识

目前，大学生的创新意识模糊，动力不足。针对这种现状，学校在构建创新平台、组织学科竞赛的同时，还可以多种形式鼓励学生参与其他研究性学习，调动学生的潜在创新意识。

2. 学科竞赛提高大学生综合素质

无论是参加创新项目、创业项目、实验室开放项目还是学科竞赛，项目内容由各参赛团

队根据兴趣、爱好结合专业自主设计，制作完成的项目涉及的内容往往是一个课程群，而非一门单一的课程。学生在参与项目的过程中，需要查阅资料、自主学习，找出问题并分析与解决问题，设计实验并研究制作方案。对软科学类项目，要进行社会调查、数据分析；对制作类项目，要进行机械、电子、模型加工等方面的制作、装配与调试，后期要撰写科技论文或研究报告，最后制作 PPT 并进行现场答辩。整个参与学科竞赛的过程，相当于一个科学研究项目的“立项—研究—结题”过程，又类似于一个社会热点问题的深度研究与报告，还可以作为创业的初期社会调查。从准备参与竞赛工作开始，就是一个磨炼真知、培育创新、创造成果的实践活动过程。通过竞赛，培养了学生理论联系实际的作风、团结协作的精神和创新意识；培养和锻炼了学生的组织协调、演讲、表达、应变、逻辑思维、创新等多方面的能力；培养了学生敢于竞争和自我挑战的意识，发掘了学生的探索精神，也给学生提供了展示自我、推广项目、参与竞争的舞台，为象牙塔中的大学生在跨出校门前积累了一定的实践经验。

3. 创新人才培养模式

人才培养需要有一定的知识结构，目前，学校对学生的培养大多是按照培养方案的计划来执行的。有计划是应该的，但有时候计划或规定会束缚教师和学生的思维。创新人才培养需要学生学会主动思考、主动学习和主动实践。无论是创新项目还是学科竞赛，在立题、讨论的过程中，学生学会了独立思考和进行批判性思维的能力，充分发挥了学生的主观能动性。教师在整个过程中发挥启发、激发和引导的作用，培养学生的批判精神和百折不挠、勇于承担的精神，也在不经意间实现了小班教学的教学效果，改变了由教师领着学生完成实践教学的方式，创新了人才培养模式。

四、部分大学生学科竞赛项目

国内部分大学生学科竞赛项目如表 2-1 所示。

表 2-1　国内部分大学生学科竞赛项目

序号	项目名称	主办单位
01	全国大学生节能减排社会实践与科技竞赛	教育部高等教育司
02	中国国际飞行器设计挑战赛	国家体育总局航管中心、教育部、中国航空运动协会
03	全国高校模拟飞行锦标赛	国家体育总局航管中心、教育部办公厅、中国航空运动协会
04	“华文杯”全国学前教育微格教学论坛暨师范生教学技能交流展示活动	中国教育技术协会微格教学专业委员会
05	化学微格教学论坛暨“华文杯”化学师范生教学技能交流展示活动	中国教育技术协会微格教学专业委员会
06	全国科学教育专业师范生教学技能创新展示活动	中国青少年科技辅导员协会、中国教育学会科学教育分会

续表

序号	项目名称	主办单位
07	全国高等师范院校历史学专业本科生教学技能比赛	中国教育学会教师教育分会、全国历史教师教育专业委员会
08	“华文杯”全国师范院校师范生（政治）教学技能大赛	中国教育技术协会微格教学专业委员会
09	“品茗杯”全国高校 BIM 应用毕业设计大赛	中国建筑类院校技术发展联盟 杭州品茗安控信息技术股份有限公司
10	全国中高等院校 BIM 招投标网络竞赛	中国土木工程学会建筑市场与招标投标研究分会 广联达科技股份有限公司
11	全国高校 BIM 毕业设计大赛	广联达科技软件股份有限公司 中关村智慧建筑产业绿色发展联盟 英才网联（北京）科技有限公司
12	四川省大学生物理知识竞赛	四川省物理学会
13	“华夏杯”全国物理教学创新大赛暨物理教育研究论坛	全国高等物理教育研究会
14	全国高等院校 BIM 造价应用技能比赛	中国建设教育协会
15	全国高校“汽车金融管理师与二手车鉴定评估师”技能大赛	中华全国工商业联合会汽车经销商商会
16	全国大学生生命科学创新创业大赛	教育部高等学校生物技术、生物工程类专业教学指导委员会 教育部高等学校食品科学与工程类专业教学指导委员会
17	中国大学生高分子材料创新创业大赛	中国石油和化学工业联合会 中国化工教育协会
18	“东华科技—恒逸石化杯”全国大学生化工设计竞赛	中国化工学会 中国化工教育协会 教育部高等学校化工类专业教学指导委员会
19	全国大学生化工实验大赛西南赛区竞赛	中国化工教育协会 教育部高等学校化工类专业教学指导委员会
20	“德贤杯”四川省大学生分析检测实验邀请赛	四川省化学化工学会 成都师范学院
21	外贸单证岗位（电子化）技能大赛	中国国际贸易学会
22	全国高校商业精英挑战赛	中国国际贸易促进委员会商业行业委员会

续表

序号	项目名称	主办单位
23	“思念杯”全国供应链大赛	科技部中国物流生产力促进中心
24	中国好创意暨全国数字艺术设计大赛	工信部电子视像行业协会 葫芦岛市政府
25	中国手绘艺术设计大赛	中国手绘艺术设计大赛组委会
26	未来档案：四川省艺术高校毕业生优秀作品联展	成都美术馆
27	四川传统工艺创意设计大赛	四川省文化旅游厅
28	四川省大学生艺术节	四川省教育厅
29	“外研社·国才杯”全国英语演讲、写作、阅读大赛	外语教学与研究出版社 教育部高等学校大学外语教学指导委员会 教育部高等学校英语专业教学指导分委员会 中国外语与教育研究中心
30	中西部外语翻译大赛（四川赛区）	四川省翻译协会
31	四川省大学生计算机作品大赛	四川省计算机学会
32	大学生计算机设计大赛	教育部大学计算机课程教学指导委员会
33	四川省高校创新方法应用大赛暨全国高校创新方法应用大赛	四川省创新方法研究会 四川省创造学会
34	川渝高校钢琴·声乐·舞蹈展演	四川省音乐家协会 雅马哈乐器音响（中国）投资有限公司 内江师范学院
35	全国全民健身操舞大赛四川赛区暨四川省健美操公开赛	国家体育总局
36	四川省学生武术套路锦标赛	成都中医药大学
37	四川省体育舞蹈（国标舞）锦标赛	四川省社会体育指导中心 四川省体育舞蹈协会
38	IDSU 国际学生运动舞蹈（中国区）大赛	国际运动舞蹈联盟 四川省教育厅
39	中国成都体育舞蹈国际公开赛选拔赛	国家体育总局中国体育舞蹈联合会 四川省大众体育联合会
40	“一带一路”美丽四川 WDC 国际巡回表演赛暨四川省国际标准舞（体育舞蹈）锦标赛	世界舞蹈总会 成都市青白江区文化体育和管理局

续表

序号	项目名称	主办单位
41	世界体育舞蹈节暨中国成都体育舞蹈国际公开赛	国家体育总局中国体育舞蹈联合会 成都市体育舞蹈协会
42	四川省师范生教学能力大赛	四川省教育厅
43	四川省大学生营销策划大赛	四川省教育厅
44	四川省大学生 BIM 建模竞赛	四川省教育厅
45	四川省大学生软件和信息技术专业人才大赛	四川省教育厅
46	四川省大学生电子设计竞赛	四川省教育厅
47	四川省大学生测绘技能竞赛	四川省教育厅
48	四川省大学生智能汽车竞赛	四川省教育厅
49	四川省大学生环保科普创意大赛	四川省教育厅
50	四川省大学生生物与环境科技创新大赛	四川省教育厅
51	四川省大学生“生命之星”科技邀请赛	四川省教育厅
52	四川省大学生化学实验竞赛	四川省教育厅
53	四川省大学生会计技能大赛	四川省教育厅
54	四川省大学生财税实务技能大赛	四川省教育厅
55	四川省大学生数字艺术作品大赛	四川省教育厅
56	全国大学生广告艺术大赛	教育部高等学校新闻传播学类专业教学指导委员会 中国高等教育学会广告教育专业委员会
57	四川省大学生原创微电影大赛	四川省教育厅
58	四川省大学生主持人大赛	四川省教育厅
59	四川省大学生英语挑战赛	四川省教育厅
60	全国大学生数学建模竞赛	中国工业与应用数学学会
61	全国大学生数学竞赛	中国数学会
62	四川省大学生工业设计大赛	四川省教育厅
63	四川省大学生机器人大赛	四川省教育厅
64	四川省大学生工程训练综合能力竞赛	四川省教育厅
65	全国大学生电子商务“创新、创意及创业”挑战赛	教育部高等学校电子商务类专业教学指导委员会
66	四川省大学生程序设计大赛	四川省教育厅

复习思考题

1. 怎样确立创新创业训练项目?
2. 什么是大学生“互联网+”创新创业比赛?
3. 大学生如何在创新训练项目中做出一流的创新作品?
4. “挑战杯”中国大学生创业计划竞赛起源于哪个国家?
5. “创青春”全国大学生创业大赛的发展理念是什么?
6. 大学生如何做出一流的创新作品?
7. 如何让研究成果更吸引评委的关注?
8. 阐述学科竞赛对大学生创新能力培养价值。

第三章

创业、创业精神与人生发展

学习目标

1. 了解创业的意义和作用。
2. 了解创业和大学生创业的基本概念。
3. 掌握创业的基本要素和特征。
4. 了解大学生创新创业教育的概况和发展趋势。
5. 掌握大学生创新创业教育的主要内容。
6. 了解大学生创业的国际和国内背景，树立创业意识。
7. 了解创业精神的本质、来源与作用，培养创业精神。
8. 认识创业与职业生涯发展的关系，理性进行创业选择。

第一节 创 业

一、创业的意义

（一）“济天下”——创业对社会的意义

近二三十年间，创业者所创造出的新技术、新产品和新行业，包括个人电脑、生物技术、闭路电视、电脑软件、办公自动化、手机服务、电子商务、互动网络、虚拟技术等，改变了世界的发展进程和人们生活、工作、学习的方式。

1. 创业可以增加社会财富，促进经济发展和社会繁荣

创业过程是增加社会财富的过程。企业在生产经营的过程中，为社会创造了财富，增加了社会价值，大大增加了国家的财政税收。企业的产品和服务拉动了市场的需求，满足了人民生活的需要，丰富了市场，促进了社会经济的繁荣。创业还改变了传统的产业格局，催生

了很多新的行业，加速了经济结构的调整。在创业过程中，社会资源得到优化配置，市场体系得到不断完善，市场竞争活力得以保持。

2. 创业可以实现先进技术转化，促进生产力提高和科技创新

创新是创业的主要驱动力量；创业是新理论、新技术、新知识、新制度的孵化器，也是新理论、新技术、新知识、新制度形成现实生产力的转化器。

企业内的创业活动是获得并强化创新能力和核心竞争力的重要途径。例如，TCL 本是一个家电企业，由于内部的团队创新，开发了新的手机产品，为企业在通信产品市场找到了发展机会和新的利润增长点，促进了集团的良性发展。

3. 创业可以提供就业岗位，缓解社会就业压力

我国人口众多，就业问题是关于民生的大问题，解决就业问题是我国的长期任务。与此同时，随着经济体制改革，国有、集体企业下岗分流、减员增效，这些企业的就业空间大幅缩减，而私营和个体经济成为就业的主要渠道。

中小型创业企业不仅解决了创业者本身的工作问题，同时也为需要工作的人们提供了大量的工作岗位，扩大了就业范围，降低了失业率，大大缓解了社会就业压力，稳定了社会秩序。

4. 创业可以激发整个社会的创新意识和创业精神，有利于观念的转变

我国近年来如火如荼的创业大潮让无数人进入了经济和社会的主流，对于形成创新、宽容、民主、公正、诚信等观念和文化具有积极作用。

（二）“善其身”——创业对创业者的意义

创业是一个伟大的历程，是一个精彩的大舞台。创业起步可高可低，创业的发展空间无限。通过创业，能实现人生价值，把握人生方向。

1. 创业可以主宰自己，充分发挥自己的才干

许多上班的人之所以对工作感到厌倦，积极性不高，重要原因之一是给别人“打工”，个人的创意、想法往往得不到肯定，个人的才能无法充分发挥，愿望得不到实现，工作缺乏成就感，行事有诸多约束。而创业则完全可以摆脱这些羁绊，摆脱在行为上受制于人的局面，充分施展自己的才华，发挥最大潜能，使自己的人生价值得到更好的实现。

2. 创业可以帮助个人积累财富，在一定程度上满足个人对物质的追求欲望

工薪阶层的收入有高有低，但都是有限的，没有太多提升的空间。而摆脱这些烦恼的最佳途径就是开创一份完全属于自己的事业，它提供的利润是没有极限的。据统计，在美国福布斯富人榜前 400 名富人中，有 75% 是第一代的创业者。

3. 创业能够使个人有机会和实力回馈社会，具有极高的成就感

创业者创造的企业一方面为社会提供了产品和服务，另一方面也为个人、社会创造了财富。企业融入社会再生产的大循环之中，从多个环节为国家和社会做出了贡献。这种贡献使创业者个人能够从中收获巨大的成就感。

4. 创业使个人能够从事喜欢的事业并乐在其中

创业者选择创业项目，通常都会从个人感兴趣的领域着手，将其与自己的知识技能、专业特长等结合起来，而做自己喜欢的事本身就是一种享受。

5. 创业使个人从挑战和风险中得到别样的乐趣

创业充满挑战和风险，同时也充满克服种种挑战的乐趣。在创业过程中，可以感受到无穷的变化、挑战和机遇，这是一个令人兴奋的过程。创业者可以通过征服创业过程中的重重困难来丰富自己的人生体验。

总之，创业是实现人生理想和价值、获得自身全面发展的有效途径。

二、创业的内涵

1. 创业的内涵

《现代汉语词典》对“创业”的解释是：创办事业。而“事业”是指人所从事的，具有一定目标、规模和系统并对社会发展有影响的经济活动。《辞海》对“创业”的解释是：创立基业。“基业”即指事业的基础。可见，创办事业是创业的本质。

创业有狭义和广义之分。从狭义上讲，创业概念源于 entrepreneur（企业家、创业者）一词，因而对其理解通常带有经济学的成分。如精细管理工程创始人刘先明认为：“创业是指某个人发现某种信息、资源、机会或掌握某种技术，利用或借用相应的平台或载体，将其发现的信息、资源、机会或掌握的技术，以一定的方式转化、创造成更多的财富、价值，并实现某种追求或目标的过程。”

可见，狭义的创业特指个人或团队自主创办企业。可将其定义为：创业个人或创业团队通过寻找和把握各种商业机会，投入已有的知识、技能和社会资本，调动并配置相关资源，创建新企业，为消费者提供产品或服务，具有创新或创造性的、以增加财富为目的的活动过程。

因此，创业的内涵可总结为以下几点。

（1）创业的主体是个人或小规模群体。

（2）创业的关键是商业机会的发掘与把握。

（3）创业者的身份是资源（知识、能力、社会资本等）所有者和资源（资金、技术、人员、机会等）配置者。

（4）创业需要创立新的社会经济单元。

（5）创业的价值实现有赖于将所提供的产品和服务在市场上转化为商品。

（6）创业是一个创造性的过程，具有创新性。

（7）创业具有明确的目的性，即增加财富，包括个人和社会的物质与精神财富。

2. 大学生创业与就业的差别

所谓大学生创业，是指大学生在学习期间创办事业或毕业后不选择就业而直接成立公司创业，是大学生主动参与社会竞争的一种尝试。

大学生创业的方式主要表现为大学生利用自己的知识和技能，以自筹资金、技术入股、寻求合作等方式创办企业，面向市场，面向社会，为社会创造价值的同时，使自己的价值得到充分体现。

就业与创业，是大学生选择的两种完全不同的方式，主要有以下几个方面的差别。

（1）担当的角色差异：两者在企业中的地位、肩负的责任和使命均有较大差异。创业者通常处于新创企业的高层，在企业实体的创建过程中，创业者始终是负责人，始终参与其中；而就业者通常处于企业的中低层，到达高层需要一个过程，不需要对企业的成长负责，只需要做好本职工作。

（2）要求的技能差异：创业者通常身兼多职，既要有战略眼光，也要有具体的经营技能，从而要求其具备相当全面的知识和技能；就业者通常具备一项专业技能即可开展自己的工作。

（3）收益与风险差异：就业的主要投入是数年的教育成本，而创业除了教育成本外，还包括前期准备中投入的人力、物力和资金成本。一旦失败，就业者并不会丧失教育成本，但创业者会损失在创业前期投入的几乎一切成本；而一旦成功，就业者只能获得约定的工资、奖金及少量的利润，创业者则会获得大多数经营利润，其数额理论上没有上限。

（4）成功依赖因素的差异：就业者的成功很大程度上依靠企业实体，但创业者更多的要考虑自身的经验、学识与财力，以及各种需求和各种资源占有等条件。

职业生涯规划的相关理论表明，如果所选择的行业和工作，与个人性格、兴趣、特长相匹配的话，会比较容易获得成功，创业也是一样。但如果有以下的个性问题，且并不打算改变，那么就不适合创业。

第一，想到自己要管理别人，就会感到紧张和胆怯。

第二，喜欢保持现状和一切顺其自然。

第三，总认为自己是个很稳重的人，对某种生意没有十分把握绝对不去尝试。

第四，除非事先有一个周密的计划，否则不会贸然行动。

第五，热情来得快，去得也快，做事没恒心，常常凭自己的兴趣去工作。

如果具有上述五种个性，基本上就不适合创业。但具有类似个性特征的人也不必灰心，如果着手改变，一切都有希望。展现创业的才能有很多种形式，即使不能自己创办并带领一个企业，还可以通过与人合作来弥补自己的弱项，同样可以成为创业者。

三、创业的要素与特征

（一）创业的要素

由创业的概念可知，创业的要素包括创业者、商业机会、技术、资源、人力资本、组织、产品服务等几个方面，如图 3-1 所示。

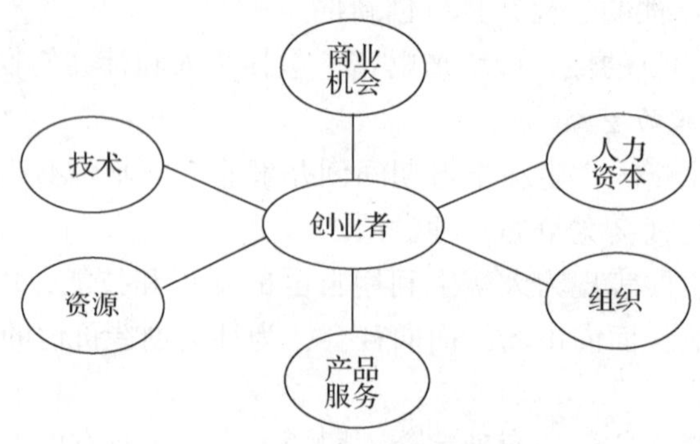

图 3-1　创业要素

1. 创业者

创业者是在创业过程中处于核心地位的个人或团队，是创业的主体。创业者在创业过程中起着关键的推动和领导作用，包括识别商业机会、创建企业组织、融资、开发新产品、获取和有效配置资源、开拓新市场等。因而创业者的素质和能力是创业成功的第一要素。

2. 商业机会

商业机会是创业过程中的核心要素，创业者从发现和识别商业机会开始创业。商业机会指没有被满足的市场需求，是市场中现有企业留下的市场空缺。商业机会就是创业机会，它意味着顾客能得到比当前更好的产品和服务。

3. 技术

技术是一定产品或服务的重要基础。产品与服务当中的技术含量及其所占比例，是企业满足社会和市场需求的重要保障，是企业的核心竞争力。

4. 资源

资源是组织中的各种投入，包括各种人、财物。资源不仅指有形资产，如厂房、机器设备，也包括无形资产，如专利、品牌；不仅包括个人资源，如个人技能、经营才能，也包括社会网络资源，如信息、情感支持、金融资本。

5. 人力资本

人力资本是创业的重要资源投入。创业成功的关键在于创业者会识人、用人、留人，形成创业的核心团队，制定有利的政策制度和有效的组织结构，建立良好的企业文化。

6. 组织

组织是协调创业活动的系统，是创业的载体，是资源整合的平台。创业型组织的显著特征是创业者强有力的领导和缺乏完善的组织结构和制度。从广义来说，创业型组织是以创业者为核心形成的关系网络，不仅包括新设组织内的人，还包括这个组织之外的人或组织，如顾客、供应商和投资人。

7. 产品服务

产品服务是创业者为社会创造的价值，它既是创业者成功的必要条件，也是创业者对社会的贡献。

（二）创业的特征

创业具有以下特征。

（1）自觉性。创业是创业者自觉进行的选择，是其能动性的反映。

（2）创新性。创新是创业的主旋律，创业过程是一个不断创新的过程，创新人才首先要有创新动机、创新意识和创新精神。只有不断创新，企业才会有生命力。

（3）风险性。创业是有风险的。一般来说，创业可能有五个方面的风险：一是政策风险，特别是临时性、突发性的政策法规，对创业企业可能产生较大打击；二是决策风险，不同的决策方案有不同的机会成本，创业者对市场的把握不准和缺乏经验都容易放大这样的风险；三是市场风险，这是核心风险因素，如更强势的竞争对手出现导致竞争加剧、市场形势变化等；四是扩张风险，如果扩张很盲目，不能与企业能力、市场需求合拍，是极其危险的；五是人事风险，不仅仅表现在使企业组织不能正常运行上，还表现在当员工不能为创业企业所用时，到竞争对手那里挖创业企业的“墙脚”等。

（4）利益性。创业以增加财富为目的，没有利益的驱动，就不会有人能够承受创业所面临的风险。创业过程中获利的多少，往往也是人们衡量创业者成功与否的重要标志。

（5）曲折性。创业者往往要受到重重挫折，经过多年艰苦奋斗，倾注大量心血，才能获得成功。创业者必须做好吃苦的思想准备，只有在困难前面不屈不挠，才能成为笑到最后的成功者。

第二节　高校创新创业教育

一、高校创新创业教育发展概述

1. 我国高校创业教育的起源

在我国高等教育领域，创业教育的雏形是1998年清华大学第一次进行的创业计划竞赛。首届大赛历时5个多月，共有320名同学参加，受到了新闻界、学术界、企业界和投资界的广泛关注，中央电视台等国内外近60家媒体对大赛进行了采访报道。1999年，首届“挑战杯”中国大学生创业计划竞赛成功举行。

2. 高校创新创业教育的发展概况

伴随创新创业教育成为世界性潮流，我国高等教育对创新创业教育理念也做出了积极回应。1998年12月公布的《面向21世纪教育振兴行动计划》指出“高等学校要在国家创新工程中充分发挥自身优势，努力推动知识创新和技术创新”，“加强对教师和学生的创业教育，鼓励他们自主创办高新技术企业”。1999年6月颁布的《关于深化教育改革全面推进素质教育的决定》明确提出“高等学校要重视培养大学生的创新能力、实践能力和创业精神，普遍提高大学生的人文素养和科学素质”。

20世纪末以来，创新创业教育的实践活动逐年增多。2002年，教育部确定中国人民大学、清华大学等九所高校率先进行创新创业教育的试点。“挑战杯”全国大学生课外学术科技作品竞赛和创业计划竞赛催生了一批大学生创新创业园和创业公司，影响力逐年扩大，形成了一种崭新的鼓励大学生创新创业的文化氛围。各高校纷纷建立开放式实验室、创新实验室，开设创新创业类课程，举办创新创业论坛和报告会，树立创新创业典型。

尽管国内的创新创业教育已成气候，但也存在一些缺陷，比如：创新创业教育的学科地位边缘化、课程的体系化程度有待提升、开设创新创业类课程的学校还较少、实践教学环节薄弱、支撑教学的创新创业学术研究有待系统化和深化等。

3. 我国创新创业教育模式的探索

大学毕业生零星开展自主创业早已有之，而创新创业教育是20世纪90年代才在一些高校悄然兴起的。创新创业教育工作可以分成三个发展阶段。

（1）2002年之前，高校自发探索阶段。1997年开始，许多高校对创新创业教育进行了有益的自发性探索，如清华大学以学生创业计划竞赛为载体进行创业教育探讨与实践，复旦大学对学生进行创业基础知识教育和基本技能培养，华东师范大学尝试开设“创业教育”课程，武汉大学实施“三创”教育（创造、创新、创业教育），北京航空航天大学科技园等机构对学生创业给予注册、资金的支持，等等。

（2）2002 年至 2010 年，教育行政部门引导下的多元探索阶段。2002 年 4 月，教育部在清华大学、北京航空航天大学、中国人民大学、上海交通大学、西安交通大学、武汉大学、黑龙江大学、南京财经大学、西北工业大学开展创新创业教育试点工作，标志着我国高校创新创业教育由自主发展阶段进入在教育行政部门引导下的多元探索阶段。

2008 年，教育部通过“质量工程”项目，又立项建设了 30 个创业教育类人才培养模式创新实验区，取得了较好的预期成果。在试点和试验过程中，各高校分别通过不同的方式，探索创新创业教育实践，形成了三种模式。

一是以课堂教学为主导开展创新创业教育的模式。例如，中国人民大学强调重视培养学生的创业意识，构建创业知识结构，将第一课堂、第二课堂结合起来，开设了“企业家精神”“风险投资”等创新创业课程。

二是以提高学生创业意识、创业技能为重点的创新创业教育模式。例如，北京航空航天大学专门成立创业管理培训学院，设立创业种子基金，为学生在校期间创业直接投入资金 500 万元，还通过建立大学生创业园，指导学生创业。

三是以创新教育为基础，为学生创业提供实习基地、政策支持和指导服务的综合式创新创业教育模式。如上海交通大学基于“三个转变”（专才向通才转变、教学向教育转变、传授向学习转变）实施“三个基点”（素质教育、终身教育和创新教育）的人才培养模式；黑龙江大学建立了课程体系、实践体系、管理保障体系，为学生提供创新创业教育的个性化指导。

（3）2010 年以来，教育行政部门指导下的全面推进阶段。以教育部在 2010 年 5 月 4 日召开视频会、下发《教育部关于大力推进高等学校创新创业教育和大学生自主创业工作的意见》为标志，进入在教育行政部门指导下的全面推进阶段。教育部高教司、科技司、学生司、就业指导中心建立了联动机制，形成了创新创业教育、创业基地建设、创业政策支持、创业服务“四位一体、整体推进”的格局。

2010 年 5 月，教育部高教司成立了由知名企业家、企事业单位专家、高校教师、有关部门负责同志参加的教育部高等学校创新创业教育指导委员会，创新工厂的李开复、阿里巴巴的马云、用友软件的王文京、新东方的俞敏洪等知名创业型企业家，都被邀请为教育部高等学校创新创业教育指导委员会成员。

近几年，随着创新创业教育实践探索的深入，开始出现创办创业型大学的趋势；很多高校纷纷依托管理学院或商学院成立创业学院、各种类型的创业教育（指导）中心；教育部、各高校纷纷举办各种层次和类型的大学生创业计划大赛等活动；国家各部委、各级政府纷纷颁布大学生创业的各种扶持政策；高校开始探索开设“大学生创业教育”“创业基础”“创业学”“创业管理”等课程；各级政府和高校尝试建立并运行大学生创业孵化基地等。这些都标志着高校创新创业教育进入了新的发展阶段。

二、高校创新创业教育的主要内容

对大学生进行创新创业教育与指导，重点在于创新创业意识的教育，主要是帮助大学生了解创业要素、条件、步骤、流程等基本知识，激发和培养大学生的创业意识、创新精神以及创业所需的基本素质。大学生创新创业教育的主要目标是：揭示创新创业的基本规律、了解创新创业的基本理论、掌握创新创业的基础知识、熟悉创新创业的基本流程、能够运用创新创业的基本方法、提高创新创业的基础能力、促进职业生涯发展。

大学生创新创业教育的内容主要是以下几个方面。

1. **正确认识创业，树立创业意识**

认识创业需要时机和条件，更需要创业意识和激情。虽然创业是艰难的，大学生也许没有资本，没有社会关系，甚至没有很多的实践经验，但只要独具慧眼，正确认识创业的内涵，就能捕捉到别人没有看到的商机。

大学生创新创业教育，重在唤醒学生内在的自我创新创业意识，激发自我发展的动力，这是日后识别创业机遇、抓住创业机遇的前提。所谓创业意识，是指在创业活动中对创业者起动力作用的个性心理，包括对创业价值的认同、创业理想的树立和创业情感的激发。其中，创业理想是核心。高等学校开展创业教育，就是要进行创业理想教育，引导学生主动创业，将自主创业作为人生的追求，将自己的知识、专业技能和兴趣特长结合在一起，将自己的需要、兴趣、理想同社会需要结合在一起，创造出新的就业岗位，实现自己的人生价值。

2. **了解创业环境，培养创业精神**

一般来讲，创业的外部环境主要包括市场因素和政府的支持两个方面。市场因素主要包括：市场的需求因素；要素市场的发育水平，主要是劳动力、技术、资金等获取的难易程度等。政府的支持因素主要包括基础设施水平、税收和租金的水平、创业扶持措施，以及对行业准入、市场准入的管理等。

创新创业教育帮助大学生了解当今经济社会特征与发展趋势，明确创业活动推动社会发展和创造未来的重大作用，引导大学生创业把握大势，搜寻创业机会，顺势而为；通过大学生创业环境分析，帮助大学生结合自身优势，探索创业方向，确定创业领域，学会适应并善用外部环境，提升创业能力。

创业精神是创业成功的基本条件和内在动力，它不仅是完美人格的构成要素，而且是塑造完美人格的重要条件，是一个人在社会主义现代化建设中建功立业，实现其人生价值、社会价值的重要保证。培养创业精神的实质就是让学生敢于创新创业、勇于创新创业，是对创业品质的培育。

3. **探索创业禀赋，提升创业素养**

创业禀赋，也就是创业素质与能力。大学生创业者具有较高的文化水平和专业知识，自主学习能力较强，有激情和抱负，思维活跃，敢想敢干；但是，往往也缺乏社会经验和职业经历，喜欢纸上谈兵，甚至有些眼高手低、好高骛远，还有部分大学生创业者心理承受能力较差，缺乏吃苦耐劳的精神。

创业者自我评价，主要包括三个方面的内容：①评估自我创业潜力；②评估创业成功影响因素；③评估创业决策。

创业素养是一种包括知识、能力和人格在内的复杂的素质结构，是一种综合性的、较高层次的素质。创业素养的形成需要长期培植、熏陶和积淀，是人的精神细胞被浓厚的创业文化激化后所产生的良性裂变，是一种规律使然。创业素养是创业素质与修养的内在统一，是创新创业教育的重要内容。创业素养包括四个部分：创业意识、创业心理品质、创业能力和创业社会知识结构。

4. 掌握创业知识，做好创业准备

创业知识是大学生进行创业的基本要素。大学生创业至少需要三类知识：专业技术知识、经营管理知识和综合性知识。无数实践表明：一个有利于创业的知识结构，不仅要具备必要的专业知识，更要具备现代科学、文学、艺术、哲学、伦理学、经济学、社会学、心理学、法学、管理学等综合性知识。

“凡事预则立，不预则废”。准备得越充分，大学生创业成功的概率越高。创业是件极具挑战性的事情，创业的道路艰难曲折，要求创业者做好各方面充分的准备。

5. 学习创业理论，掌握创业规律

不同行业、不同资源、不同地域、不同时间，创新创业过程各不相同。但在这些创新创业活动不同的表象背后，隐藏着创新创业的一般规律。创业规律是一般性与普遍性的原则，是创新创业活动内在、本质、真实的揭示，是成败终极原因的根本性结论，是能够复制的通往成功之路的模式。创业的规律就是，综合直接和间接经验，做出正确决策，合理调配各种资源，把握“天时、地利、人和”，使投资取得最佳收益，从而成就一番事业。

创新创业教育要向大学生传授创新创业的基本规律和方法，使其透过表象理解创新创业的本质，帮助大学生掌握创新创业方法，重点在于摸清事物本身的规律，正确进行判断，并付诸实践。

6. 理解创业过程，熟悉创业流程

创业的一般过程可以划分为创业动机的产生，创业机会的发现与识别，资源的整合，企业的创建，新创企业的成长和创业的收获六个阶段。创立企业的具体步骤是：①确定企业的核心理念；②分析内外部环境，将理念贯彻于行动；③培养核心竞争力；④成功融资；⑤设立公司的相关准备；⑥依法注册公司。

通过创新创业教育，让大学生掌握创业的一般过程和创办企业的基本步骤，可以帮助大学生创业者做好创业准备，有助于创业实践活动的实施，提升创业成功率。

7. 开展创业实践，降低创业风险

创业实践是创新创业教育中一个特别重要的内容和方式，具有真实性和挑战性。目前，随着创业教育的开展，各地纷纷举办了各种规模的创业方案设计大赛，极大地提升了大学生创业实践的积极性，为广大大学生投身创业实践创造了机会。同时，很多省市、高校建立了创业园、孵化基地等场所和机构，为在校大学生创业提供了“实战舞台”，为大学生创业提供了人才储备和项目储备。

在创业实践的过程中，大学生通过低成本、低风险的个人投资，用一种体验的态度和心情进行创业实践活动，增强社会认知，感悟自身价值。在体验创业阶段，大学生承担的责任较小，可能造成的不良后果也较小。通过与社会的接触，大学生可以从中学到规则，找到自己所学知识和自身素质在处理社会问题中的优缺点，从而扬长避短，为适应未来社会竞争积累知识和经验。

8. 学习创业管理，提升创业技能

如何在纷繁复杂的创业事务中使自己始终保持清醒的头脑，使新创企业保持正常的运行状态，是创业者必然要面临和必须解决的关键问题。大学生创业者缺乏实践经验，关于企业运作的知识更是匮乏。所以，创新创业教育要解决大学生创业者必然会遇到的新创企业的决

策管理、人力资源管理、财务管理和市场营销等问题，提升创业实操技能。通过对相关初创企业管理知识的学习，让大学生创业者通过富有特色的产品或服务创新、准确的市场定位、恰当的市场营销组合，努力打开市场，使新创企业在市场站稳脚跟。

三、高校创新创业教育的新定位

《国家中长期教育改革与发展规划纲要（2010—2020年）》明确指出，要大力推进高等学校创业教育工作。党中央、国务院十分重视高等学校创新创业教育工作，在近几年的全国“两会”上，高校创新创业教育已经成为有关代表和委员关注的热点问题之一。人大代表、政协委员以及中华职业教育社等组织都对高等学校开展创新创业教育工作提出了很好的意见和建议。

建设创新型国家，高校发挥着重要作用。高校是国家创新体系中不可或缺的重要组成部分，是知识创新的主力军、科技创新的生力军、制度创新的重要方面军。高校是创新的重要源头之一，不仅传承、传播科技文化知识，而且创造新技术、新文化、新知识。

创新创业教育既是适应经济社会发展和高等教育自身发展需要而产生的一种教育理念，也是融创新教育于人才培养全过程的一种教育模式。

在高等学校大力开展创新创业教育，有助于大学生树立创立事业、成就事业并服务于社会主义现代化建设的人生观和价值观，有助于提高大学生服务国家人民的社会责任感、培养勇于探索的创新精神和善于解决问题的实践能力，有助于激发大学生的学习兴趣和创业热情，有助于促进大学生个性化发展和综合素质的提高。

创新创业教育首先是培养学生勇于探索、开拓进取的创新精神，核心是创新，创新支撑着创业。

高等教育要努力培养大批具有创新精神和创业能力的高素质专门人才，主动适应国家经济社会协调发展和人的全面发展的需要。

第三节　创业精神

一、创业精神的内涵与特征

（一）创业精神的内涵

从管理学的视角来说，创业者与企业家的内涵是一致的。创业精神通常被人们称为企业家精神，它是创业者在市场竞争中不断开拓进取、创造新价值的精神概述。

德鲁克（Peter Drucker）提出创业精神其实更多地表现为一种创新性的活动或者行为。创业者通过这种行为对原有的资源进行重新组合，从而使其产生新的财富。德鲁克认为创业精神应该是社会所必备的一种创新精神，并且认为正是因为拥有了这种创新精神才会推动社会的发展。他在他的著作中论述到，在经济生活中变革是最基本的一种状态，虽然企业家一般无法制造变革，但是他们一直关注并且追寻变革的脚步，在变革的过程中寻求机会，并且利用机会进行变革，这就是企业家及他们所拥有的创业精神。

创业精神是一个创新的过程，在这个过程中，新产品或新服务被确认、被创造，最后被开发来产生新的财富。也就是说，创业精神的本质在于创新，在于为消费者创造出新的满足、新的价值。

创业精神是创业者在创业过程中行为特征的高度凝练，主要表现为勇于创新、敢当风险、团结合作、坚持不懈等。

1. 创新精神

德鲁克认为，企业家精神中最重要的是创新。他认为，创业者不仅仅单纯指在经济活动中从事创新活动的人。无论一个人是做什么的，无论他是工人、农民、政府高官或者是学生，只要他在创新，我们都可以称之为创业者。这种对于创业者的理解虽然有些夸大，但是这正是德鲁克强调的创新的意义。

2. 冒险精神

在创新的过程中，不可避免地要遇到挑战和承担风险，所以创新精神的内涵中必然包括了承担风险和挑战不确定性的冒险精神。这一点不仅奈特（Frank Knight）在他的研究中有所强调，熊彼特、卡森（Mark Casson）等学者都对创业者的创新精神中的冒险特征给予了认可。

3. 合作精神

单枪匹马可以成就一番事业，但是团结任何有利于成功的力量，成功的概率也会更大。在创业精神中，个人英雄主义并不能占主导地位，而团队意识、合作精神是其价值核心。个人在创业活动中经常要通过某一团队的资源去实现价值创造的过程，而这种团队合作的过程其实也是我们所说的创业者通过组合不同的要素形成一个新的生产关系，从而达到价值创造的过程。将不同的人组合到一起，开发各自的优势资源从而达到利益最大化的合作过程就是创业精神的一个重要体现。

4. 坚持不懈

创业者首先是一个从业者，如果没有一种对事业执着追求的敬业精神如何能够迎接创业的挑战？创业精神蕴含着一种力量，这种力量是源源不断、蓬勃向上的，源于对成功、利润的孜孜以求和坚持不懈。

（二）创业精神的特征

1. 科学性

创业者从事的创业活动是遵循一般规律的。从本质上来说，创业不是凭空捏造，而是创业者通过以往的知识积累，通过科学的思维、方法进行创新性的组合的行为。随着时代的发展，在当今这个信息爆炸的环境中，没有科学系统的知识基础及工作方法，仅仅依靠蛮力垦荒是很难取得成功的。用科学武装起来的创业者才能够在经济大潮中披荆斩棘、扬帆破浪，到达胜利的彼岸。

2. 创新性

创新是一切创业活动的根源，是创业精神的价值核心。创业者对成就事业、取得成功的愿望激发了创业者的创新意图，在创业的过程中勇于开拓进取，致力于创造出一种新的资源组合方式，从而创造出所追求的价值。创业者把变化当作机会的温床，只有在变化中才可以寻找到创新的灵感。因此，经济社会的发展过程就是创业者不断在变化中寻求创新创造价值的过程。

3. 冒险性

从心理学角度看，敢于冒险的人都是寻求突破的人，创业者的冒险精神是他们在创新的过程中向着无法准确预知的结果发起冲击的一种心理状态。人们无法准确预知未来，但是可以通过自己的努力朝着希望的方向前进。在这个创造的过程中，创业者不断地通过信息的收集和及时的处理，修正前进的方向，在未知的领域中寻找可能的机会。创业者在创业过程中的风险与收获是成正比的，没有冒险就谈不上创新，只能重复他人做过的事情。当然，创业者在冒险的过程中也应不断地从失败中总结经验，因为失败意味着又排除了一条错误的道路，离成功的距离也就更近了。但是又必须强调，创业者所冒的风险不是随意的，这种风险是可控的，否则只是一个莽撞的破坏者。

4. 主观能动性

人的自觉能动性，又叫人的主观能动性，是人类特有的能力与活动，它包括互相联系着的三个方面：第一，人类认识世界的能力以及人们在社会实践的基础上能动地认识世界的活动，突出地表现为通常所说的“想”；第二，人类改造世界的能力以及人们在认识的指导下进行的能动地改造世界的活动，即通常所说的“做”；第三，人类在认识世界和改造世界的活动中所具有的精神状态，即通常所说的决心、意志、干劲等。一般的商人、企业管理者主要是单纯地为追求物质利益而从事经济活动，创业者在经济活动中虽然也将获得利润列为主要的目标之一，但是他的创新活动并不单纯地为了创造利益，而是为了自我实现。以这种自我实现作为种驱动力，使创业者不断挑战自我，在创业的活动中实现自身价值，达到精神上的追求。

5. 坚韧性

在创业的过程中，创业者会面临各种挑战，并且要承受失败的打击，这就需要创业者具备坚韧的性格特性。在研究一个人的成功因素时将“逆商”提到与“智商”和“情商”同等重要的地位，创业者要想成功就必须具备坚定的信念、自我控制的能力及不断挑战的勇气。创业者在创业的过程中可能会遇到各种各样的麻烦和困难，只有以坚定的信念为基础，在逆境中控制自己的方向，才能有不断挑战的勇气与力量。

二、创业精神的来源

创业精神对于成功创业是至关重要的，其实质就是在具备一定素质和能力的前提下，表现出必要的有效的行为。没有创业精神的人，一般来说是不会从事创业活动的，或者说很难满足创业活动的需要。创业精神的来源，主要有以下几个方面。

1. 日常行为习惯

创业精神主要来源于日常行为习惯的积累。创业者会在日常工作和生活中，逐步形成具有创业精神特征的行为习惯。分析成功的创业者，会发现他们身上都表现出一种创业精神的特征，而这绝非是一朝一夕形成的，而是在长期的生活或工作中，不断养成的。

2. 创业动机与创业品质

创业精神来源于强烈的创业动机和适合创业的优良品质。一般来说，创业者或适合创业的个体都具有强烈的创业动机、坚定的创业信心以及敢于担当的优秀品质。创业动机是创业者一种目标或理想的具体表现，为了实现这些目标或理想，创业者会表现出“要”创业，而非“想”创业的状态，并且定坚定信心“要”成功创业。同时，能够正视风险，敢于面对困难和风险。

3. 创新意识与创新素质

个体所具备的创新创业意识和创新思维能力等都是创业精神的重要来源。创新思维的核心是具有宽阔的思维视角，看待某一事物或解决某一问题时，思考的切入点要多、要丰富。开拓思维视角是创新地解决问题的前提。同时，个体要善于使用创新的方法，通过综合运用创新的方法解决实际问题。在此基础上，通过个体在实践中的不断强化，形成创业精神。

三、创业精神的培育

创业精神的培育不可能在一朝一夕之间完成，需要在日常的生活和学习中有意识地培养，潜移默化地铸就。

1. 通过对知识和技能的学习来培育

不论哪种层次的创业精神，都要求创业者或创新者能够掌握和运用解决问题的能力。这些能力不是先天具备的，都是后天培养的，分为知识、技能和特质。没有主动、持续的学习，很难获得有效、实用的知识和技能。树立正确的学习观，运用合理的学习方法，养成主动学习和持续学习的习惯，会有助于大学生快速获取知识和技能。具体来说，将创业意识和创业能力的培养渗透于知识学习、技能训练之中，增强学生学习的针对性和实用性，如以文科类课程为载体渗透创业意识培养，以理科和工科类课程为载体渗透创业技能、能力的训练。

2. 通过实践和实训活动来培育

创业精神是一些行为特征的集合，而行为特征需要在多次、反复的强化中才能形成。任何实践活动以及与创业相关的实训活动都需要参与者付出实际行动来完成。良好的创业精神和品质的形成重在实践训练，积极的实践能带来及时的反馈和成就感，也能带来成功的喜悦。切切实实地投入创业实践中去，定能磨炼出坚强的创业心理品质。一方面，学校要构建创业实践基地，为学生提供创业实践的便利，如创业实习基地和创业园等，实现产、学、研一体化。另一方面，社会要为大学生提供更多的创业岗位供其选择，如勤工俭学岗位、社区服务岗位等，使其经受创业实践的考验。同时，大学生自己课余主动参与创业实践，熟悉各种职业特点和自己的能力特点，积累创业经验，增长创业才干，减少将来创业的盲目性。总之，大学生应多参与各种社会实践、校园活动、创新训练、沟通训练、拓展训练、创业实训、创业大赛、创业讲堂、创业社团等，强化自身的行为特征，培育创新精神。

3. 通过继承前人精神来培育

精神是物质的最高产物，与物质相比，它有承续性、超越性、广泛性、不可磨灭性等特点。精神产品可以代代承袭，可以为不同的人使用，可以广泛用于不同的领域，不仅不会被磨损而且可以发扬光大。创业精神自古有之，当代的创业精神已经构成一个精神体系，涉及创业意识、创业观念、创业责任、创业态度、创业激情、创业思维等方面。列夫·托尔斯泰说，“正确的道路应该是这样的：吸取你的前辈所做的一切，然后再往前走”。前人创业的精神都是宝贵的财富，应该好好学习、好好应用并发扬光大。

4. 通过创业实践来培育

实践是将意识转化为现实的必经之路，是检验真理的唯一标准。傅章强 1998 年 12 月靠

100万元初始风险金在浦东注册了必特软件有限公司，成为申城大学生创业第一人。他第一个注册公司，第一次与他人谈判，第一次入驻浦东软件园，靠的是创业理想和敢为人先的精神。吉林大学经济学专业学生董一萌作为制片人成功发布我国第一部网剧，2001年获得长春市政府新星创业基金10万元，同年9月成立长春一萌电子有限责任公司，任董事长，2005年成为吉林省创业标兵。他的成功，靠的是大胆实践、坚韧不拔、锐意进取、执着追求的创业精神。于晓明，1999年参加高考，考进青岛的一所民办大学，一年后退学自主创业，现已是一家二十几个员工的负责人。他靠的是不怕苦、不怕累的拼命精神。凡取得创业成功的企业家，无不具有大胆实践的精神。

第四节　创业与职业生涯发展

一、树立创业意识

创业意识是指在创业实践活动中对创业者起动力作用的个性意识倾向。创业意识是人们从事创业活动的出发点与内驱力，是创业思维和创业行为的前提。创业意识是创业的先导，构成创业者的创业动力，由创业需要、动机、意志、抱负、信念、价值观、世界观等组成，是进行创业活动的能动性源泉，激励着创业者以某种方式进行活动，向自己提出的目标前进，并力图实现目标。

随着科学技术的进步和劳动生产率的提高，经济增长对就业的吸纳能力不断下降，就业缺口也会不断扩大。鼓励大学生自主创业，既能解决自身就业难的问题，还能为社会增加就业机会，更重要的是能满足大学生自我实现的需要。因此，现代大学生应强化创业意识，主动适应社会与时代发展的现实需要。

目前，培养大学生创业意识主要是培育大学生自主意识、责任意识、风险意识、艰苦奋斗意识、合作意识、开拓意识。

（1）自主意识。自主意识是指独立择业、勇敢创业的意识，是职业规划意识的强化，也是培养创业意识的保障。目前的在校大学生多为“95后”，且多为独生子女，习惯于依赖父母，吃苦精神和独立性不足。在就业时，一些学生消极被动，习惯于依赖家长为自己安排工作，偏好稳定安逸的工作，不愿接受条件艰苦、具有一定挑战性的工作岗位，宁愿等待，也不愿意去尝试新的途径，表现出一定程度的享乐主义思想。有些学生抗压、抗挫能力弱，意志力不强，遇到困难不知所措。这就要求学校在对大学生进行创业意识培育时注重学生自主意识的培养，帮助其树立独立意识。

（2）责任意识。责任意识要求大学生对自己、对他人、对社会要有责任感和使命感。人生的真正价值在于对社会的贡献，创业不仅是创业者对自我价值的追求体现，更是其勇于承担社会责任的体现。大学生在怀有对社会的责任感和使命感时，创业动机会更加强烈，会更愿意通过创业创造社会财富。因此，责任意识是大学生创业意识培育的重要内容。

（3）风险意识。风险意识要求大学生在创业之前或创业过程中有心理准备，勇敢地面对各种风险和挑战，这是创业意识培养的关键。做商业活动，风险和收益总是相伴而生的。高风险，高收益；低风险，低收益。创业过程中难免会遇到资金、技术、市场等各种各样的风险，这就要求创业者具有风险判断和风险承担的能力。具有足够的承受失败、承担风险的勇气和心理状态，是创业者取得成功的关键素质。

(4) 艰苦奋斗意识。艰苦奋斗意识是指不怕苦、不怕累、不怕困难、不怕失败、一往无前、不达到目的不罢休的态度，这是培养创业意识的前提。创业需要花费很多精力，需要承担各种风险，是极其艰辛、极具挑战性的活动。因此，在对大学生进行创业意识培育时，应该要注重艰苦奋斗意识的培养。

(5) 合作意识。合作意识是指具有团队精神，善于与人协作完成任务。仅凭一个人是无法完成整个创业过程的，它要求个体具备合作意识和团队协作精神。但是应试教育所带来的激烈竞争局面，使大学生的竞争意识被强化，合作意识被弱化。因此，合作意识也应该成为大学生创业意识培育的重要内容。

(6) 开拓意识。开拓意识是指不满足现状、勇于开创新局面的意识，这是创业意识培养的核心。创业是一个发现机会、抓住机会、发掘自我潜能、创造新价值的过程。创新是创业的基础和灵魂，创业在本质上是一种创新活动。在进行大学生创业意识培育时，要注重开拓意识的培育。

二、创新型人才的素质需求

创新型人才一般需要具备以下几方面的基本素质。

1. 知识结构

合理的知识结构是创新型人才所应具备的最基本的素质，是形成创新能力的前提和基础。而就创新型人才所应具备的基本素质而言，可以把知识分为两类：一是创新所必需的基础知识，二是使创新活动得以进行的技艺性知识。在知识经济时代，基础知识还可以进一步划分为学科知识、信息知识等；技艺性知识称为能力知识，即关于创新和探索的各种知识。

2. 能力结构

这是与创新直接或间接相关的多种能力的综合，是创新型人才所应具备的核心素质，主要包括三种能力，即一般性智能、创新性思维和创新能力。

一般性智能是进行创新的基本智能，包括观察力、注意力、记忆力、想象力和一般思维能力。这五种一般性智能是进行创新所必备的基本能力。

创新性思维是创新素质的核心部分，指以解决问题为前提，用独特的思维方法，创新出具有社会或个人价值的新观点、新理论、新知识、新方法或相应的新产品的心理活动过程。一般认为，创新性思维有两个层次，第一个层次是科学家、发明家进行发明、创新的科学创新层次；第二个层次是个体自身的潜能不断得到深层次挖掘的潜能开发层次。

创新能力是指在具有渊博知识、广阔视野的基础上，综合应用已有知识去开拓新领域，创新新知识，以及使所从事的活动具有新颖性的能力。

3. 个性结构

个性结构主要包括创新风格和创新意识以及其他有利于创新的非智力因素。

创新风格主要指认知风格和操作风格。认知风格是指个体在信息加工过程中表现在认知组织和认知功能方面的持久一贯的特有风格。操作风格是指个体在创新进行中所表现出来的特质。

创新意识是非智力因素的一种，是指以推崇创新、追求创新、以创新为荣、以创新为乐的各种观念和意识。创新意识是开展创新活动的前提，只有在强烈的创新意识引导下，才可能产生强烈的创新动机，树立创新目标，充分发挥创新潜能。

非智力因素指动机、兴趣、情感、意志和性格等，具体而言，是献身事业的内在动力、良好的情绪、丰富的情感和浓厚的兴趣、诚信的品格和坚韧不拔的毅力、团队精神等。

三、创业能力对个人职业生涯发展的意义和作用

1999 年，联合国教科文组织指出："创业教育，从广义上来说是指培养具有开创性的个人，它对于拿薪水的人同样重要，因为用人机构或个人除了要求受雇者在事业上有所成就外，正在越来越重视受雇者的首创、冒险精神，创业和独立工作能力以及技术、社交、管理等综合的技能。"

时代对创业素质和能力的要求并不限于自主创业者，而是包括未来的所有劳动者，因为即使就业，也会面临原有企业的内部创业，更有自己的职业转换。因而，当代大学生必须具有从业和创业的双重能力，具备多方位的职业转换能力和自主创业能力，才能适应未来的经济社会发展。这既是社会进步对人的要求，也是人们自身发展的必然趋势。

创业能力对个人职业生涯发展的意义和作用，主要体现在以下几个方面。

1. 创业能力有助于增强自我认知意识与能力

创业能力首先体现在创新思维能力。创新思维能力和创新意识在引导个人发现客观世界新生事物的同时，也启迪个人客观对待人的生理、心理和性别等差异，对自身的兴趣和特长更加敏感，敢于发现、肯定和主动培养自己的优势，挖掘自身潜力，尝试新的领域，在职业生涯规划中扬长避短，个性化地设计自己的职业生涯，而不是人云亦云，按照一个模式发展，从而丧失培养自身优势的良机。创业能力和创业精神则使个体在创业实践中不断开拓进取和锐意创新，有助于个人发现自我、实现自我。

2. 创业能力有助于引导个人主动进行职业探索

职业生涯是一个动态发展的过程，职业生涯规划不是一成不变的，而是个体在自我认知的基础上，基于对未来职业的前瞻性和全局性的认识，对客观世界发展变化的主观预期和主动适应。个体的人生态度和价值观是相对稳定的，而外部的职业却是不断变化的，尤其是在知识经济时代，新兴职业不断出现，不适应社会需要的职业将会被淘汰出局。

创业能力有助于引导个体主动地进行职业探索，积极地规划未来，以良好的心态在职业生涯的发展中不断调整自我、更新自我、完善自我，以适应外部职业环境的变化，使自身的职业规划与社会发展相匹配。

3. 创业能力能提升大学生职业生涯发展的高度和广度

创业能力能帮助个人带着创业的思维去主动就业，以创业带动就业。创业能力使个人在工作岗位上可以不断创新，为社会做出更大的贡献。创业能力也体现在较强的岗位转换能力和抗挫折能力上，使之不惧怕失业和失败，在职业生涯的发展中不断开辟新路。因此，创业能力可以为职业生涯发展提供源源不断的精神动力和智力支持，不断提升个体职业生涯发展的高度和广度。

复习思考题

1. 创业具有哪些重要的意义和作用？
2. 什么是创业？创业有哪些要素和特征？
3. 大学生创新创业教育的现状和发展趋势如何？
4. 大学生创新创业教育包括哪些主要内容？
5. 什么是创业精神？创业精神有哪些来源和作用？如何培育创业精神？
6. 创新型人才的素质具有哪些特征？
7. 创业与职业生涯发展的关系如何？
8. 你会不会考虑创业？如果会考虑，你最希望通过创业来实现什么目的？如果不会，最大的原因是什么？

第四章

创业者与创业团队

学习目标

1. 了解创业者、创业团队的概念。
2. 了解新时代创业者应具备的能力。
3. 了解大学生创业者应具备的素质。
4. 掌握驱动创业动机产生的外在、内在因素。
5. 掌握大学生建立创业团队的要求。

第一节　创业者概述

一、创业者的概念

"创业者"一词最早来源于法文，见于《商业博览》一书，由法国经济学家坎蒂隆（Richarol Cantillon）引入经济理论，其英文是 enterpriser 或 entrepreneur，最初的意思是"冒险家"，指当时领导军事远征的人，以后逐步扩展到社会学、经济学和管理学等诸多领域。

创业者是指某个人发现、创新某种机会、项目、资源、信息，利用或掌握某种技术，利用或借用有关的平台或媒介，将其发现的信息、资源、机会或掌握的技术，以合法的方式转化、创造成更多的财富、价值，并实现某种追求或目标的人。

★小案例

从第一代的筚路蓝缕到现如今的大众创业、万众创新，国内的创业浪潮已成一片燎原之势，涌现了无数优秀的企业家，他们以坚韧不拔、锲而不舍、艰苦奋斗的创业精神，以敢为人先、敢打敢拼、不畏艰难的创新精神创造了令人瞩目的成就。"90 后"创业者闫明明说："人人都有将军的梦想，现在就有这么一个机会，让我们成为将军，我们要带着使命，去指点江山。”

闫明明2015年毕业于洛阳理工学院，本科学的是广播电视新闻学。毕业后，他到上海从事教育工作，2016年带着梦想来到温州开了一家小型培训机构。在他无数心血和汗水的浇灌下，当时只有3家门店的公司，如今已经发展到在杭州、宁波、上海、北京等20个城市都拥有分校的上市公司。闫明明在打拼中不断成长，积累了丰富的经验，成为温州天洲西洋乐文化产业股份有限公司董事长助理、运营总监、科教部总监，同时勇敢地挑起了浙江道之源餐饮管理有限公司总经理的重担。

二、创业者的责任分类

创业者的责任具体可以分为企业内部责任与企业外部责任。内部责任是指为股东投资人的资本负责，保证本金保值与增值；给员工合理的薪酬与晋升空间，不断提升员工职业能力与素质等。外部责任是指依法纳税，促进技术进步，使生产力进一步提高，维护国家统一等。

1. 正确对待创业者应尽的内部责任

（1）资本责任。创业者对筹集的资金保值、增值等负有责任。首先，企业应严格遵守相关法律的规定，对本企业股东的资金安全与增值负责，尽力给股东以合理的投资回报。其次，企业必须向股东提供真实、可信的经营信息，不得瞒骗投资者。初次创业不宜使用贷款或尽量少使用贷款，建议使用的资本或筹集的资本（包括银行贷款）数量应在创业者能承受的范围内。创业者应该避免出现创业失败影响正常生活的筹资方式，尤其要远离高息贷款等风险较高的融资方式。

（2）人员责任。首次创业的企业一般人员较少，同学、朋友和亲戚较多，刚开始的时候一般没有完善的人事管理制度，建议创业者在企业人员正常以后逐步正规化。同时，企业还应该给员工提供学习和提升技能的渠道，爱护本企业的员工，做好必要的劳动保护，不断提高员工的技能水平。在企业的发展过程中，逐步形成自己的企业文化，进一步提高本企业的市场竞争力。

2. 正确对待创业者应尽的外部责任

（1）企业之间的责任。按照中央政府有关法律、法规的规定，合法经营，承担企业间存在的相关责任与义务。

创业者往往对有关法律事宜不清楚、不了解，建议咨询相关专业性强的单位，可以聘请法律顾问，对有关商业合同、人员招聘合同等进行审核；咨询有关工商、税务和卫生等部门，对国家的新规定、新文件和新政策及时了解，避免出现意外情况；聘请会计事务所，处理有关财务方面的问题。尤其要咨询当地人力资源与社会保障部门，了解与创业有关的最新政策。

（2）社会责任。照章纳税，完成政府规定的责任和义务，并接受政府的监督和依法干预。社会责任包括维护国家统一的责任，确保产品质量安全的责任，保护企业当地的生态环境的责任，企业可持续发展的责任，服务于当地经济产业的责任，提高本企业生产科技的责任，服务于公共产品和文化事业发展责任等。

创业者应该在企业条件允许的情况下，履行本企业的社会责任，为本企业争取良好的社会声誉。

从大学生个人发展来讲，创业责任教育能帮助大学生认识自己，正确定位自己的企业，学习就业、创业过程中所必需的政策和技能；培养良好的创业修养，挖掘自身多方面的潜力；从多角度了解创业的相关要求，以实现自己的创业梦想。

三、成功创业者的四个转变

（1）从封闭到开放。职位越高，越容易将自己与员工隔离开。随着工作越来越多，创业者需要决策的事情也越来越多，但是，人际关系网络非常重要，创业者不能忽略任何一个人。

（2）从机会主义到乐于助人。创业者必须尽可能帮助别人，而不去考虑这个人是否有用。

（3）从说到问。假如你是某个领域的专家，可能经常会被邀请分享个人经验，也会有很多人向你请教问题；或者你是某公司的管理层，可能大部分时间都在安排任务或指导别人。而现在作为创业者，你应该对别人所做的事更感兴趣，从以前不停地说到现在不停地问。

（4）从“不可能”到“我们来研究一下”。在大组织里做事，领导会告诉下属“不可能”。但如果自己成为一个创业者，对任何有意思的事情都可以说“我们来研究一下”。

第二节　创业者素质与能力

一、新时代创业者应具备的能力

人的能力一般可概括为知识学习能力、技术能力、行为能力、思维能力、资源能力、心理素质和道德品质。知识学习能力包括对基础与专业知识、实践经验和新知识的学习能力、总结能力等。技术能力主要指一个人所掌握的某一方面的专业技术。行为能力是指个体表现在行为上的处理和开展各种具体事务的能力。思维能力是指与个体的思想意识相关的各种能力。资源能力包括个体所拥有的实物资产、货币资产、技术与发明专利和社会网络资源等，以及对之进行整合的能力。心理素质是指个体积极的心理状态，包括自我效能感、乐观、希望和坚韧性等维度。道德品质是指个体所具备的与社会核心价值观要求相适应的道德素质和修养。其中，前五项能力称为显性能力，后两项为隐性能力。

二、如何成为一个优秀的创业者

一个优秀的创业者应具有积极的行动能力、心理承受能力、创新发展能力、资源整合能力、影响带动能力等。

（1）积极的行动能力。积极的行动能力即创业者在积极心理品质的指导下，能够自发主动地采取行动的高效管理能力。积极的行动能力又可以进一步分解为领导能力、组织管理能力、沟通交流能力和问题解决能力等。

（2）心理承受能力。心理承受能力包括积极心理、乐观、坚韧等。创业是一个具有高风险性和高不确定性的活动，失败的概率非常高。有数据显示，首次创业成功的概率低于1%。同时，创业过程中的困难和问题也是各种各样、纷繁复杂的，需要创业者随时关注、及时应对，这不仅需要创业者具有极强的个人行动能力，更需要其具有强大的心理承受能力。面对失败、风险和重重困难，创业者只有保持乐观积极的心态，才能保证创业活动的正常运行和发展。在创业失败的案例中，不乏因为心理承受能力弱，难以应对创业过程中的持续高压和困难打击，导致自身情绪崩溃或产生心理问题而无法继续创业，从而造成创业失败的案例。因此，创业者必须强化自身心理承受能力，提升积极心理、自我效能感、乐观、希望和坚韧等品格。这样才能承受住持续的创业高压，并及时有效地排解压力，放下思想负担，保证创业活动的顺畅开展。

(3) 创新发展能力。创新发展能力包括认知能力、分析能力、风险意识、创新思维等。创新即通过新思维成就新创造，实现事物的更新换代、新的发明创造和新的发展改变。对于创业者来说，创新发展能力是使创业实践不断进步的关键，是持续生存的基础。正如人们经常说的“想到不如做到”，创业活动最终要求的是创业者通过具体的行动将各种创业想法变成现实。认知和发现创业机会，分析判断社会形势和发展趋势，识别未来风险并做出正确的判断和决策，保持对创业行动的变革更新等，都是创业发展的基本路径。

(4) 资源整合能力。资源整合能力包括资源发掘、整合和运用等能力。资源整合是系统论的思维方式，就是要通过组织和协调，取得“1+1>2”的效果。资源整合是战略调整的重要手段，也是经营管理的日常工作。整合就是要优化资源配置，就是要有进有退、有取有舍，就是要获得整体的最优。一般来说，创业者初期会拥有各种初始资源，包括知识资本、物质资本、技术资本和资金等。这些资源可以为创业者形成良好的创业基础，但并不是创业成功的决定性因素，而资源整合能力才是创业成功的关键。创业成功与否要看创业者能否充分发掘后续资源和有效地利用、配置自己拥有的资源并达到最佳的效果，也就是保持资源的持续更新并强化资源的利用程度及转化程度。这就可以解释为什么一些知识渊博之士会创业失败，而一些学历层次并不高的人却也可能取得成功，资本雄厚的创业者也会倾家荡产，而白手起家的创业者却能创造非凡的业绩。

(5) 影响带动能力。影响带动能力包括个人品德、社会公德、诚信等，是个人魅力和社会影响力的体现。这是一种无形但又不可忽视的能力，往往具有不可估量的力量。个人品德、社会公德、诚信是创业者作为社会一员必须具备的道德素质，良好的道德品质可以促使创业者树立正确的价值观，保证创业者创业道路的正确方向，可以使创业者及其创业活动更易于被社会大众接受，从而产生强大的正向带动作用。

三、大学生创业者素质

作为最具活力与潜力的创业群体，大学生创业者的素质备受关注。创业素质，即创业者具备创造新的就业岗位的必备知识能力和素养，由创业意识、创业心理品质、创业能力和创业社会知识四部分构成。提高大学生创业者素质有以下几个途径。

(1) 转变高校人才培养模式。

高校是大学生创业者素质培养的温床，想要从根本上提升大学生创业者素质，需要切实转变人才培养模式。目前的人才培养模式还是缺少一定的创新创业教育内涵，应转向创新创业教育的人才培养模式，把统一要求与多样化、个性化的创新创业教育结合起来，采取灵活多样的培养模式，因材施教，为创新创业人才成长创造良好的环境与条件。创业人才培养模式的构建应从培养目标、教学计划、创业实践活动等方面全方位、多层次融合，实现一体化教育新模式，使学生成为跨学科的复合型人才。

（2）完善大学生创业课程体系。

高校主管部门应当组织有关专家、学者编制全国性的创业教育课程教学大纲。教学大纲是课程教学的方向和指明灯，规定了创业教育教学的目标、内容和发展方向。教学大纲是基础，创业教材是载体。编写一本既富有时代精神又能契合我国实际的创业课程教材意义重大。

（3）壮大创业师资队伍。

创业师资队伍的强大与否，直接影响到创业人才培养质量的高低。目前，高校普遍缺乏既有高水平的创业理论素养，又具有一定创业管理经验的师资。这种现状，也就导致了我国高校开展创新创业教育和实践的不足。为弥补这一“短板”，一方面可以“引进来”，通过引进国内外高水平师资、富有企业管理经验的专家等形式来培训校内创业教师；另一方面可以“走出去”，充分利用社会资源，使创业教师深入企业一线直接学习相关管理经验。

（4）强化大学生创业体验。

“纸上得来终觉浅，绝知此事要躬行”。根据实践经验，通过亲身体会得到的真知往往印象最深刻。高校通过开设创业课程来激发学生创业热情还远远不够，还应当定期安排学生到相关企业和单位参与经营管理，熟悉创业流程，增强创业感受。

（5）赢得各方的广泛支持。

每一项事业的成功开展，都离不开各方的大力支持。

一方面，对于大学生创业，首先大力支持的应该是高校本身。创业教育有别于传统的教育，是一项新的工程，这就要求高校管理人员和教师要顺应这一时代潮流，首先从思想上高度重视，由被动适应到主动接受。其次，高校应该创新工作机制，加强创业教育的组织机构建设。国内有些高校专门成立创业学院，作为学校创业工作的牵头单位，此举可借鉴使用。最后，大力加强高校创业孵化园建设。创业孵化园是高校大学生创业由想法到实践最为直接的基地，高校应该立足实际，积极扶持、引导孵化园健康稳妥地发展。

另一方面，高校应该拓展思路，积极争取校外资源，赢得社会支持。高校作为教学单位，在创业人才、资金、经验等方面势单力薄，这就需要社会的广泛支持。大学生创业既需要教育行政部门的支持，也需要政府、企业、各类社会组织的鼎力相助。众人拾柴火焰高。只有这样，大学生的创业之路才会更光明。

★拓展阅读

阿里巴巴集团创始人马云透露了阿里巴巴及自己成功的秘诀，那就是梦想、学习和坚持。马云的成功并不是他比别人“能”，而在于他比别人“敢”——敢想、敢做、敢于创新。

1. 智慧。别人可以拿走你的一切，但拿不走你的智慧。一个成功者，并不一定非要有很高的才能，但他必须有智慧，并巧妙运用自己的智慧。智慧通常是在对比中显现出来的。成功是优点的发挥，失败是缺点的累积。生活中、工作中，随处都可以见到智慧，都有智慧的闪光。对一个人来说，怎样才能获得智慧呢？靠尝试，而尝试是需要勇气的。要勇于尝试，并在尝试中不断总结，才能不断增长见识，增加智慧。

2. 勇气。许多成功人士并不一定比别人“能”，而是比别人“敢”，有勇气去做。成功在开始是一种选择，而选择是需要勇气的，那就是放弃的勇气——放弃已有的东西，放弃已有的习惯。在实现目标的过程中，需要承认错误的勇气、战胜困难的勇气、承担失败的勇气。有勇气的人大多不会输，因为没有人会让永不服输的人屈服。敢于放弃，敢于“舍得”，有舍才有得。没有勇气舍掉的人，是难以得到的。如果想创业，就不要过度犹豫不决，因为那样会消耗锐气，最后任何事都会不了了之。

3. 影响力。追求成功的人，要注意培养自己的领导才能、领袖气质。有远大目标的人一定要培养自己的领导才能，因为一个人光靠自己的力量是无法取得成功的，必须依靠或者是借助别人的力量。而要想借助别人的力量，就必须具有一定的领导才能。每一个成功者都有一种凝聚众人的超凡能力，能把来自不同背景、不同信仰、不同年龄、不同经历的人聚集在一起，建立共识，统一行动，这是非常了不起的事。

4. 创造力。踏着别人脚印走的人，永远不能发现新的路。创新让你生存，创新让你发展。

5. 持之以恒的行动力。在你选定的行业坚持十年，你一定会成为大赢家。目标不是轻易能够实现的，成功来自对目标的坚持。创业者不仅要有造梦的能力，还要有为梦想付出并且持之以恒的行动力。

6. 永不言败的决心。成功的关键因素是如何对待失败。如果你的内心认为自己失败了，那你就永远地失败了。而如果你不承认失败，只认为是人生的挫折，那你就会有成功的一天。有些人之所以害怕失败，是因为他们害怕失去自信心，害怕失去第二次机会。没有人一生从不失败。

第三节 创业者的角色与行为策略

马丁·格伦德（Martiy Grunder）认为，发展一个爱好、拿着薪水学习、制订一个目标、与成功者为伍、相信自己、以一技之长发财致富、敢于提问、不墨守成规、努力工作是成功创业者必备的九大特质。成功的创业者是创业大学生主体角色演变的理想归宿，亦是高校创业教育塑造人、成就人的最终目标。

一、大学生创业的角色冲突

（1）学生与创业者角色的冲突。此种冲突集中表现在大学生以学习为主要任务与创业实践所需付出大量时间与精力的冲突，这常常令大学生茫然失措、左右为难，甚至顾此失彼。

★小案例

铁血网创始人蒋磊是典型的大学生创业者，16 岁被保送清华，创办铁血军事网，20 岁又被保送硕博连读，中途退学创业。如今，铁血网稳居中国十大独立军事类网站榜首，铁血军品行也成为中国最大的军品类电子商务网站，年营收破亿元，利润破千万元。2001 年，16 岁的蒋磊初入清华园，宿舍没有电脑，他只能去机房捣鼓网页。他想把自己喜欢的军事小说整合到自己的网页上，他的“虚拟军事”网页一发布，就吸引了大量用户。蒋磊很兴奋，把“虚拟军事”更名为“铁血军事网”。2004 年 4 月，蒋磊和另一个创始人欧阳凑了十多万元，注册了铁血科技公司。期间，蒋磊还被保送清华硕博连读学习了一段时间。2006 年 1 月 1 日，蒋磊最终顶住了家庭的压力毅然决定辍学创业，以 CEO 的身份正式出现在铁血科技公司的办公室里。经过十多年的努力，蒋磊的公司拥有了员工 200 余人，他创办的网站已成为能够提供社区、电子商务、在线阅读、游戏等产品的综合平台，用户数量处于稳步且高速的增长中。

（2）子女角色与创业失败和中国传统文化思想的冲突。父母普遍希望子女安稳地找一份工作，期望子女逐步稳定发展，同时又望子成龙，对代际的向上流动充满期待，养儿防老也是父母对子女的角色期望。而创业活动充满着不确定性，存在着管理风险、项目选择风险、团队存续风险、法律风险、经济波动风险等，加之社会尚缺乏宽容创业失败的氛围、保障创业失败的政策措施等。因此，大学生如果创业失败，势必会加重个人、家庭的负担，子女角色与创业者角色就会产生明显的冲突。

二、大学生创新创业该具备何种“软实力”

（1）决策力。大学生要对经济保持敏锐的洞察力，在精准把握机遇的同时，也要识别出危机与挑战，提升创新创业决策力。随着信息技术与管理技术的不断发展，精准搜集和分析市场信息能够帮助创新创业者解决市场决策难题，提升决策的有效性，确保创新创业项目能够盈利。所以说，决策力是大学生创新创业成败的关键。发挥决策力的关键性作用，做出正确的决策，能够有效提升创新创业项目的成功率。

（2）创新力。将创新理念融入传统行业和高科技行业中能够提高生产效益。创新力不仅能够为大学生创业者提供多元化的创业思路，还能够作为发展优势吸引社会资源和资金。大学生创业者要适应激烈的市场竞争，积极响应建设创新型国家的发展战略，在全民创新创业的发展浪潮中提升创新力，借助创新立足和发展。

（3）意志力。意志力决定了新创企业能否在严峻的市场环境中长期发展。大学生创业面临着异常复杂的市场局面，他们既要在多样化的市场中甄别出各种潜在的危机，也要处理好资金来源、市场竞争等多种难题，不断增加的压力会逐步消耗工作的热情，导致其难以抵抗外界压力而放弃。在这样的情况下，大学生创业者要加大对自我意志力的培养，保持长期、持续的动力来开展创新创业工作，在坚持不放弃的理念支撑下使创新创业从梦想变为现实。

三、大学生创业自我效能感提升策略

（1）高校打造创业平台，提供创业保障。各高校应该利用好“双创”行动优惠政策，为大学生创业能力的提升和创业实践的积极参与创造条件和平台，让每一个大学生都能够拥有创业的展示平台和机会。

（2）选树创业典型，借鉴成功经验。以高校优秀创业校友为典型，加大剖析和宣传力度，根据大学生的实际情况，因地制宜、合理引导，树立符合实际、可以预期的榜样。

（3）大学生自身应学会自省，积极正面应对。创业自我效能感比较高的大学生往往会将失败的原因归结为自身努力程度不足或所处环境对自身发展不利。相反，创业自我效能感低的大学生则会将所有的创业失败归于自己的能力不足。如果把所有创业失败的原因全部归结为自身能力低下，则极易掉进低效能的怪圈，从而故步自封、不愿改变。

第四节 创业动机的含义与分类

创业是一种创造价值的社会活动，而这种社会活动涉及各方面的统筹协调。创业活动是一个生产、创造、再生产、再创造的过程，其发展轨迹是螺旋上升的。在创业过程中所运用的科学技术是这一过程中最重要的因素，也是推进创业发展的动力。创业的激发因子是机会，利用内在和外在条件的优势是创业成功的保障。创业过程存在风险，创业者要承担时间、金钱、团队合作、企业管理等各方面的风险。

一、创业动机的概念

动机是指诱导、控制和支持某一特定行为的思维过程，是一个人想要做某事而在内心产生的一种思维方式，也可以指某人为做某事所产生的一种念头。而创业动机可理解为创业者为了某种特殊原因，思考如何实施创业，并使创业活动朝某个特定目标发展的内部动力。创业动机是推动创业者实施创业的积极内驱力，也是创业者创业的初始诱因，激励着创业者完成创业。

二、创业动机与创业目标的关系

创业动机与创业目标的关系主要表现为个体开展创业活动的意愿，对创业资源的获取和对创业机会的发现。成就目标理论提出：成就目标和动机会影响行为，创业动机可以解释为什么个体会开展一系列创业活动。在成就目标的驱动下，个体会产生强烈的动机去把事情做好，并提前做好规划。而随着创业动机的产生，个体更加具有动力去开展创业活动，实现创业目标。因此，创业动机总是伴随着创业行为的产生。

三、创业类型

1. 三种划分创业类型的方式

（1）从创业目的的角度把创业分为生存型创业和机会型创业。生存型创业指由于没有其他更好的工作选择而从事创业的创业活动；机会型创业指为了追求一个商业机会而自动自发地开展创业的创业活动。

（2）从创业的范围上把创业划分为独立型创业和内创型创业。独立型创业是指创业者抓住商业机会，创办新企业，追求企业利润，并使企业更好地生存与发展；内创型创业是现存企业以相对独立的组织单元开创新的事业，以谋求企业的持续成长与发展。

（3）从创业的形式上划分为复制型创业、模仿型创业、演进型创业和创新型创业。

2. **大学生创业类型的划分**

（1）从创业目的与内容的角度进行划分。有的通过比较机会型创业与生存型创业、知识型创业与非知识型创业带动就业的效应，认为大学生具备成为知识型兼机会型创业者的优势；有的从区域产业转型升级的视角提出大学生多数选择了机会型创业，并可分为传统产业依托型、高新产业创新型、技术专利转化型、岗位创新型四种类型。

（2）从创业形式的角度进行划分。有的在分析大学生就业及自主创业的基础上把大学生创业分为创新思维创业、技术合作创业、电子商务创业、加盟代理创业四种类型；有的按照组织形式将大学生创业分为独立自创类型、产品加盟代理类型、创意类型、孵化器类型四种类型；有的按实现创业的平台把高职生创业分为网络创业型、加盟创业型、兼职创业型三种类型；按创业主体分为合伙创业型、自主创业型两种类型。

四、创业机会的发现和形成

创业机会发现和形成的过程包括五个阶段：准备阶段、孵化阶段、观察阶段、评价阶段和加工阶段。准备阶段、孵化阶段与观察阶段属于机会发现过程，评价阶段与加工阶段属于机会形成过程。

在准备阶段，创业者将创业知识与经验进行分析与转化，产生新的创业想法；在孵化阶段，吸纳式的创业学习能够帮助创业者获取新的知识，思考创业想法的可行性与可操作性，进而形成全新的创业想法；在观察阶段，主要任务是寻找创业机会，解决可能遇到的问题和困难，同时与他人进行知识分享，共同完成创业目标；在评价阶段，发散式的创业学习方式有助于创业者在现有知识与技能的基础上，从多个角度思考问题，对创业想法的可行性进行评估，与创业市场进行匹配和融合；加工阶段主要进行创业想法的进一步实施和操作，调整式的创业学习方式能够帮助创业者在实际创业活动中不断调整创业想法与计划，成功创办企业。

第五节　创业动机的驱动因素

2003 年以来，随着大学生毕业人数的大量增加，大学生面临着越来越严峻的就业问题。国家与学校鼓励大学生自主创业，创业氛围、政策、环境都呈现较大的吸引力，这些都是大学生创业的动力因素。

一、大学生群体因素

首先，当代大学生有着敢于拼搏和不服输、不怕输的精神。知识丰富、眼界开阔、思想开放的大学生对新事物有自己的认识。在校期间接受的系统且专业的教育使大学生掌握了大量专业理论知识。同时，他们身上存在着对知识的渴望，在课余时间乐于寻求更多的新知识。丰富的知识储备与多样的知识结构，加之年轻开阔的思维，使大学生能够较快地理解并接受新事物、新思想，而不是拘泥于传统。

其次，来自同龄群体的创新创业经验，不论成功与否都对大学生产生了重要影响。大多数经历集体生活的大学生们有着相同或相似的兴趣爱好，同龄人惺惺相惜，相互吸引、影响着彼此。

二、环境因素

（1）家庭因素。大学生的思想和行为在很大程度上受家庭的影响，如果家长支持并鼓励大学生创新创业，那么大多数大学生会产生创新创业的想法并抱着积极的态度。除了家长的态度，还有一个重要的家庭因素是家庭的经济状况。家庭条件好的大学生，不存在必须赚钱养家的问题，并且有优于他人的基本且重要的条件，那就是创业资金。所以，家庭条件较好的大学生更容易也更乐于投身于创新创业行列。

（2）高校因素。高校作为培养社会栋梁的摇篮，在创新创业教育方面，不仅要进行专业知识、创新创业技能的传授，还要注重创新创业意识的培养。除基础专业课程，高校还应开设创新创业相关课程，主要普及创新创业的理论知识，让学生了解创新创业的概念，以及创业需要哪些方面的准备等。在课程传授与技能培训过程中，老师不是一味地授课，而是在传授知识的过程中激发学生的创新创业热情，帮助学生树立正确的就业观、择业观，鼓励学生进行创新创业，培养他们的创新创业意识。

（3）社会因素。国家的重视和政策保护成为大学生创新创业的坚实后盾，为其构建了一个融资新环境，为大学生创新创业提供了资金支持。商务支持政策将创业税费进行减免、调低税率等，也为创新创业扫除了阻碍。

三、机会因素

机会是大学生创业外部动力的关键性因素。无论创业政策有多积极，创业环境有多有利，都不如拥有创业机会更有驱动力。机会包括创业伙伴的匹配、创业平台的提供以及创业项目的掌握。创业的可能性有几种，一种是创业者找到大学生合伙搭档，一种是通过创业平台加入团队，还有一种是自己掌握一个具有市场价值的创业项目。

四、性别因素

不同性别的大学生在创业意向方面也有所不同。

（1）一般而言，男大学生本身更具有冒险精神，他们更追求自由，渴望成功，面对就业压力他们更愿意选择创业，而不是苦苦等待就业机会。

（2）男性担负更多的家庭责任，他们自我要求高，成就动机强，因此有较强烈的意愿去创业；而女性更倾向相对稳定的工作，因此较少选择创业。

（3）男性处理问题的方式相对女性而言更加理性化，面对创业，可能会更早开始计划和打算，并能很好地学习以提升自己的能力。但新时代的女性越来越有拼搏精神，传统观念逐渐淡化，重心逐渐由家庭转向事业，未来会有越来越多的女大学生选择创业。

五、内在因素

（1）创业意志是影响大学生创业的内部根本因素，直接关系到大学生想不想创业的问题。尤其在创业活动开始前，大学生是否具有创业意志十分关键。有了这种意志，他们会积极主动地进行创业实践。在创业过程中，这种意志又会支持创业者沿着创业之路一直走下去，在遇到挑战时积极寻找出路，在创业顺利时不断拓展思路，争取更大的成功。具体而言，创业意志与大学生的学习能力、实践能力、创业机会识别能力等有关。

（2）个性特征是影响大学生创业能力的内部关键因素，直接关系到大学生能不能创业的问题。一个人的个性通常表现为气质、性格、能力等，这些与大学生的创业能力密切相关。实际上，“一个人的个性向什么方向发展，发展到什么水平，不是由遗传决定的，而是由后天环境决定的，特别是社会生活条件决定的”，遗传只为其个性的形成和发展提供前提，并不起决定作用。因此，可通过教学引导和规范训练，培养大学生良好的性格特征，如引导学生更外向、更开朗，锻炼其抗压能力和适应逆境的能力，为提高其创业能力奠定基础。

★小案例

康盛创想创始人戴志康是无数互联网人的偶像，他创建的“Discuz!”开源模板与“Wordpress”被称为世界上最伟大的两个开源网站模板，被数以百万的站长使用，深刻地改变了中国互联网。戴志康就是一位大学生创业者。戴志康出生于一个知识分子家庭，父亲是大学教授，亲属中也有很多人是老师。在计算机性能不断升级的过程中，他的编程技术也日益提高。初中、高中时期，他几乎获得了各类计算机大赛的奖牌。2000 年，戴志康考上哈尔滨工程大学，2001 年便在校外创业。他在外面找到一间月租 300 元的房子，一天差不多 15 个小时都在电脑前面，最终他创造的“Discuz!”成为中国最成功的建站开源模板。“Discuz!”于 2010 年被腾讯以 6 000 万美金的价格收购。

聚美优品的 CEO 陈欧也是一名大学生创业者，他的创业经历要追溯到他的上一个创业项目——游戏平台 GG-Game。陈欧 16 岁的时候考上了新加坡南洋理工大学，作为一个资深游戏爱好者，陈欧在大四的时候决定在游戏领域进行创业，凭着有限的资源做出了后来影响力巨大的 GG-Game。那时的创业经历是非常艰苦的，据陈欧回忆，他为了节省成本，不得不每天都吃最便宜的鱼丸面。后来，陈欧出售 GG-Game，获得了千万级的收益，也为自己后来的创业道路做了极好的铺垫。而他创造的 GG-Game，现在仍然是东亚地区最受欢迎的游戏平台之一，全球拥有超过 2 400 万用户。

王志东，新浪网创始人。王志东在中国南方农村长大，在考入北京大学之前曾在养鸭场做零工。王志东是第一个写出 Windows 中文平台的程序员，在引领新浪成为中国三大门户网站之一的历程中居功至伟。王志东先后创办了新天地信息技术研究所、四通利方信息技术有限公司，领导新浪成为全球最大中文门户并在纳斯达克成功上市；2001 年年底创建点击科技有限公司，在国内首创协同应用理念，带领点击团队，融合软件、互联网和通信三个领域的前沿技术，开发出新一代网络通信平台“竞开即时通信平台”。

第六节　创业团队及其对创业的重要性

一、创业团队的概念

团队是指一些才能互补、团结和谐并为负有共同责任的统一目标和标准而奉献的群体。团队不仅强调个人的工作成果，更强调整体的业绩。创业团队是指在创业过程中一些技能互补、有共同责任、有共同价值观并愿为同一创业目标而奉献的少数人员的集合。

★拓展阅读

“江山代有人才出，各领风骚数百年。”中国历史上王侯将相层出不穷，每个人都引领了一个时代，创造出了属于自己的辉煌，将自己的姓名留在了历史长河之中，他们的成就无人能够忽视，他们的英姿无人能够掩盖。刘邦出身农家，没有学问，也不能打仗，但他天生具备领袖气质，笼络了一批杰出的人才为己所用，“汉初三杰”在谋士、内政、军事三方面弥补了刘邦的不足。正是凭借张良之谋、萧何之筹、韩信之兵，加上阴谋家陈平、纵横家郦食其以及曹参、樊哙、周勃、夏侯婴等一批忠心耿耿且有能力的人才相助，刘邦才一举打败了西楚霸王项羽，鼎定天下，建立起大汉基业。

唐太宗李世民，无论文治武功，都堪称“千古一帝”。虽然说他家境好，出身唐国公府，但当时洛阳王世充、河北窦建德、河西薛仁杲、江南萧梁政权等，任何一个都不比李唐弱，但李世民硬是带着房玄龄、杜如晦、长孙无忌和秦琼、尉迟恭、程咬金、李靖等天策府十八谋士，一步步平定了天下，后更是南征北战、东征西讨，令四夷臣服。

二、创业团队的必要性和重要性

1. 激发个人潜能

创业团队可以加强大学生创业者之间的沟通和交流，通过师生、生生间的互动交流，大学生的个体意识、认知模式、情感态度都可以得到相应的改善。这样一来，大学生就能更好地了解自己和改变自己，进而在更高层面上拓宽视野，为更好地理解创业精神和积极创业奠定坚实的基础。

2. 实现优势互补

一个团队的真正价值是能够实现互补，这种互补性包括个性互补与技术互补。成员间不同性格的碰撞，不仅可以提高工作效率，还能够产生创新思维的火花。团队成员可以通过技术互补，提高工作效率，突破技术瓶颈。一个互补的创业团队才能保持稳定性和向上性。

3. 调动团队创造力

创业需要一系列创新活动，这些活动需要每个团队成员具备一定的创造性。一个优秀的创业团队必须有战略决策者，可以是个体，也可以是决策层。创业团队的决策者负责确定团队的规章制度，以确保创业活动有序进行。创业团队执行者包括市场调研人员、资金筹集人员、产品开发人员、推广人员等。此外，创业团队的财务人员一定要综合考虑每项投资的成本、收益、风险等，确保效益最大化。大学生创业团队成员可以来自不同专业，这种跨专业的分工与合作，有利于构建新的创业思维模式。现代化信息技术和通信技术的进步，能够有效解决创业团队成员之间空间和时间的问题，实现灵活沟通与合作。创造性活动同时需要充足的知识背景与信息为支撑，这就要求团队成员之间共享知识与信息，丰富整个团队的知识与信息量，从而提高创业的成功率。

★小案例

阿诺，本名伏彩瑞，沪江网创始人兼 CEO。2001 年，尚是上海理工大学大三学生的伏彩瑞创办了沪江语林，2006 年开始进行公司化运营。在十多年如一日的坚持下，沪江网已成长为覆盖 2 亿受众、8 000 万用户、300 万学员的大型互联网教育企业。从一个细分领域起步，阿诺一路慢慢走来，始终倡导“把学习这件事情弄简单”。他获得了 2014 中国十大经济潮流人物、2014 中国企业未来之星、上海 IT 青年十大新锐、上海首届新锐青商等荣誉，被称为上海理工大学新生代“第一学长”。

庄辰超毕业于北京大学电子工程系，去哪儿网创始人。还在大学的时候，庄辰超就和同学创业，做了一套搜索软件，成立公司，并成功找到百万融资，最后卖给了比特网。1999 年，庄辰超和美国人戴福瑞做体育门户“鲨威体坛”。此后，庄辰超曾在美国华盛顿工作过四年，担任世界银行系统架构的核心成员，设计并开发世界银行内部网系统，2003 年，该系统被 Nielsen Norman Group 评为“最佳内部网”。2005 年 5 月，庄辰超创办去哪儿网，现在去哪儿网已成长为互联网旅游业的佼佼者。

三、大学生创业团队建设存在的问题

1. 目标定位模糊，成功率低

目前，大学生创业成功率不到 10%，而且持续时间很短。这主要是因为大学生对社会的了解不够，缺乏社会经验，对资金预算、发展前景、创业项目面临的风险等的预测和判断不够准确，创业目标模糊，项目选择存在盲目性，缺乏长远的发展计划。很多大学生在学校创业，因处理不好学习与创业之间的矛盾而导致自己的学业被延误。

2. 缺乏管理经验，综合素质有待提高

首先，大学生在校期间缺乏市场经验与财务管理能力，缺乏企业经营与管理能力。在创业项目确定之后，不能及时转变自身角色，真正担负起管理者的职责，对项目未来的发展造成了不利影响。其次，部分大学生在创业时抗挫折能力弱，缺乏吃苦耐劳的精神，一旦遇到挫折或者失败，他们会感到非常痛苦，不懂得自我调节，甚至可能会放弃创业梦想。

3. 核心竞争力不强，创新突破难度大

由于资金、技术和人际关系的制约，大学生创业的核心竞争力不高，项目成活率和成功率较低。在当前激烈的市场竞争下，企业如果缺乏核心竞争力很容易被市场淘汰。大学生普遍集中在低附加值的流通服务业，这些行业的项目技术含量相对较低。就长远而言，创业项目要具有独特的技术优势，才有可能具备可持续发展能力。目前，许多团队对互联网在各个行业的应用缺乏了解，在创业时找不到好的商机，缺乏自主知识产权的产品开发和创新，缺乏固定的客户群等都是创业团队失败的重要因素。

★小案例

一提到王兴，很多人脑海里面第一个词汇就是连续创业者，因为他是校内网、饭否网、美团网这三个中国大名鼎鼎的网站的联合创始人。除此之外，他还有另外一层身份，大学生创业者。

他是人们口中的天才少年，没有参加高考就被保送到清华大学，毕业后拿到全额奖学金去了美国特拉华大学，师从第一位获得 MIT 计算机科学博士学位的中国学者高光荣，随后归国创业，在前一两次不算成功的创业项目之后，王兴创立了校内网，并很快风靡于大学校园。校内网于 2006 年 10 月被千橡网以 200 万美元的价格收购。2007 年 5 月 12 日，王兴创办饭否。这也是中国第一个类似 Twitter 的项目，但饭否网在发展势头一片良好之际被关闭，让王兴事业受到挫折。之后，王兴于 2010 年 3 月上线新项目美团网，并在“千团大战”之中脱颖而出，稳居行业前三，并先后获得红杉和阿里的两轮数千万美金的融资，这个连续创业客的事业正逐渐走上正轨。

四、大学生创业团队建设策略

★小案例

新东方在创立之初用的是“大牌子底下的一群个体户，各显神通”的管理体制，根据“分封割据、收入提成”的方式，合伙人各自把持一块业务，类似于作坊式的生产，但是这种体制在公司做得越来越大之后就会产生很大的弊端：合伙人只顾个人利益，把新东方整体的品牌信誉置之身后。另外，由于没有一个完整的体制来管理公司，创始人的家人也参与公司的经营，造成管理的混乱。

2004 年，新东方开始以现代企业制度来打造企业，建立起了董事会，有了制度框架下的决策层和管理层。新东方的新体制采用矩阵形式，这种形式依赖于横向和纵向的权利关系，并利用这两种关系把按职能划分的部门和按项目划分的中心结合起来，组成一个矩阵模式。这种模式很好地把总公司和各地分校的关系明朗化，做到了不放任不管也不是啥都管的理想状态，既对各分校校长充分放权，又在财务、营销、课程开发等的管理上拥有管理权。这样的体制能够让管理者和其下属的关系明朗化，之前产生的利益分配问题和管理责任的问题就得到了解决。不仅如此，这次改革也使新东方的用人制度得到了改进，从之前漫无目的的招新和提拔变成了有秩序的提拔、按层提拔，让下属一步一步提升，这样可以让高管在就任之前更好地了解公司。

（1）明确共同的目标。共同的目标是团队存在的基础，也是团队凝聚力的源泉，同时也是其成功的关键要素。在集体层面和个人层面建立可以接受的目标，有利于促进每个成员共同为实现目标而努力。

（2）有控制地授权和信息共享。有控制地给予成员权利，使其在职责范围具有相对的自主决定和处理的权利，有利于激发其积极性。加强信息共享，有利于信息的沟通，定期对过程的效率和效果与相关人员进行沟通，让这些人了解过程状态，了解过程改进方向。

（3）有效的绩效评估和奖酬。要采取适当的激励手段，以促进合作，为共同提高效率提供推动力。人是需要激励的，平均主义是制约团队激情的重要原因。当然，激励的方式并不仅仅是物质，有很多方式，可以根据具体情况来采用。

（4）建立积极的改进氛围。员工对风气的感受始终是强于管理者的，对风气的感受强烈地影响着他们的行为。营造持续改进和良好合作的氛围，为团队成员提供积极的合作理念。这种氛围不仅仅是文化的范畴，还是一种情绪影响的结果。

（5）适宜的团队制度。制度与规范构成了团队的执行标准，明确的制度是积极的。与其让一些潜规则存在，不如正大光明地出台对应的规则。

★小案例

陈生毕业于北京大学，十多年前放弃了自己让人羡慕的公务员职务毅然下海，倒腾过白酒和房地产，打造了“天地壹号”苹果醋，后来进入养猪行业，在不到两年的时间内在广州开设了近100家猪肉连锁店，营业额达到2个亿，被称为“猪肉大王”。陈生之所以能在短时间内在养猪行业里取得骄人成绩，在于他此前经历的几次创业的“实战经验”：陈生卖过菜、卖过白酒、卖过房子、卖过饮料。陈生认为很多事情不是具备条件、做好了调查才去做就能做好，而是在条件不充分的时候就要开始做，这样才能抓住机会。

第七节　创业团队的社会责任

意大利著名思想家朱塞佩·马志尼根据人在一生中的角色将责任分为人对自己的责任、人对家庭的责任、人对社会的责任以及人对人类的责任。一般人们将责任分为两种，即自我责任与社会责任。自我责任是指个人对自身生存与发展应承担的责任与义务。在团队创业过程中，应该做到以下几个方面。

（1）依法经营，诚实守信。遵守法律法规和社会公德、商业道德及行业规则，及时足额纳税，维护投资者和债权人的权益，保护知识产权，忠实履行合同，恪守商业信用，反对不正当竞争，杜绝商业活动中的腐败行为。

（2）提高持续盈利的能力。完善公司治理，科学民主决策。优化发展战略，突出做强主业，缩短管理链条，合理配置资源。强化企业管理，提高管控能力，降低经营成本，加强风险防范，提高投入产出水平，增强市场竞争能力。

（3）资源节约和环境保护。认真落实节能减排责任，带头完成节能减排任务。发展节能产业，开发节能资源和产品，发展循环经济，提高资源综合利用效率。增加环保投入，改进工艺流程，降低污染物排放，实施清洁生产，坚持走低投入、低消耗、低排放和高效率的发展道路。

（4）自主创新和技术进步。建立和完善技术创新机制，加大研究开发投入，提高自主创新能力。加快高新技术开发和传统产业改造，着力突破产业和行业关键技术，增加技术创新储备。强化知识产权意识，实施知识产权战略，实现技术创新与知识产权的良性互动，形成一批拥有自主知识产权的核心技术和知名品牌，发挥对产业升级、结构优化的带动作用。

（5）保证生产安全。严格落实安全生产责任制，加大安全生产投入，严防重大、特大安全事故发生。建立健全应急管理体系，不断提高应急管理水平和应对突发事件的能力。为职工提供安全、健康、卫生的工作条件和生活环境，保障职工职业健康，预防和减少职业病和其他疾病。

（6）维护职工合法权益。依法与职工签订并履行劳动合同，坚持按劳分配、同工同酬，建立工资正常增长机制，按时足额缴纳社会保险。尊重职工人格，公平对待职工，杜绝性别、民族、宗教、年龄等各种歧视。加强职业教育培训，提供平等的发展机会。关心职工生活，切实为职工排忧解难。

（7）参与社会公益事业。积极参与社区建设，鼓励职工志愿服务社会。热心参与慈善、捐助等社会公益事业，关心支持教育、文化、卫生等公共福利事业。在发生重大自然灾害和突发事件的情况下，积极提供财力、物力和人力等方面的支持和援助。

复习思考题

1. 创业者的定义及其范围是什么？
2. 创业者应尽的外部责任有哪些？
3. 一个优秀创业者的创新发展能力有哪些？
4. 提高大学生创业者素质的途径有哪些？
5. 如何理解创业动机与个体之间的关系？
6. 简述创业机会发现和形成过程的五个阶段。
7. 什么是创业动机？
8. 在创业过程中要注意什么？
9. 哪些因素能驱动创业动机的产生？
10. 谈谈你对驱动创业动机因素的看法。
11. 简述大学生创业的优劣势。
12. 大学生建立创业团队需要具备哪些条件？
13. 在一个创业团队中，管理者应该怎么做？
14. 在大学生创业过程中，大学生创业者应该怎么平衡创业与学业之间的关系？

第五章

创业机会与创业风险

学习目标

1. 掌握创业机会的基本概念。
2. 掌握创意、商业机会与创业机会之间的区别和联系。
3. 掌握创业机会的类型和识别。
4. 了解有价值的创业机会的特征和评价。
5. 掌握创业风险的识别和增强风险承担能力的方法。
6. 掌握商业模式的概念以及商业模式设计的思路和方法。

第一节　创业机会识别

创业是发现市场需求，寻找市场机会，通过投资经营企业满足这种市场需求的活动。创业需要机会，机会要靠发现。要想在茫茫的市场经济大潮中寻找到合适的创业机会，不仅要求创业者具备一定的素质，而且要求创业者具有识别创业机会的能力。

创业机会识别一直是创业领域的关键问题之一。真正的创业过程，开始于商业机会的发现。商业机会存在何处，如何从繁杂的市场环境中找到富有潜在价值的商业机会，进而对其进行开发并最终转化为新创企业，是创业研究的重要内容。

一、创业机会的概念

有这么一则故事：有两个人去东京闯荡，发现东京街上到处在卖水。一个人感言："东京这个鬼地方，连水都要买。"另一个人感言："东京这个地方真好，连水都可以卖钱。"故事中的两个人由于所站的角度不同，在看待卖水的问题上观点就不同，今后两人在进一步了解市场需求、及时把握市场机会上也就会不同。一些创业者之所以能成功，就在于他们发现了别人发现不了的机会，并迅速采取行动创造了价值。

什么是创业机会？国内外学者们多从自己研究领域给创业机会下定义。

从机会的产出角度出发，Kirzner 认为，创业机会代表着一种通过资源整合、满足市场需求以创造市场价值的可能性；Hulber 等认为，创业机会实际上是种亟待满足的市场需求，这种潜在的市场需求如此旺盛，因而对于创业者来说，实现该需求的商业活动相当有利可图；Ardichvili 等认为，从获取预期消费者的角度来看，机会事实上意味着创业者探寻到的潜在价值。

从机会的来源角度入手，Eckhardt 和 Shane 把创业机会定义为一种情境，其中产品/服务、原材料、市场组织方法能够以创新的方式来重新整合；Venkalaraman 指出，创业机会实际上是新产品、新服务、新材料，甚至是一种新组织形式，能够被引入生产并且以高于成本的方式实现销售；我国学者察壮华等人认为，创业机会也称商业机会或市场机会，是市场需求与企业家精神的一个交集，是企业家所能识别的有效需求，是指有吸引力的、较为持久的适时的一种商务活动的空间，并最终表现在能够为消费者或客户创造价值或增加价值的产品或服务之中，同时它能够支撑一个新创企业或风险项目。

从机会实现价值的角度来看，Schumpeter 认为，创业机会是通过把资源创造性地结合起来，迎合市场需求（或兴趣、愿望）并传递价值的可能性：Sarasvathy 认为，创业机会是通过创业来实现资源增值的一种可能性，由新的创意、促进实现有价值目标的信念和达到这种目标的行动三方面组成；Timmons 认为，一个创业机会的特征是具有吸引力强、持久、适时的特性，它根植于可以为客户或最终用户创造或增加价值的产品或服务中；刘萌芽等人将创业机会定义为通过各种创新满足市场需求并对创业者和社会均有利的机会。

综上，创业机会表现为具有吸引力的、较为持久的一种商务活动空间，并表现在能够为消费者或客户创造价值及相应的产品或服务之中，它需要具备两个要素：一是满足这个需求的成本低于人们满足需要所期望的价格；二是需要水平本身足够高，才能为满足这个需要的努力提供合理的回报。

总之，创业机会是客观存在的，创业者要能够及时发现这些创业机会，并开发利用创业机会。在以上研究的基础上，对创业机会的定义可概括为：创业机会是一种能够为消费者或客户创造价值或增加价值的可能性，是通过各种创新满足市场使市场由非均衡趋向均衡，并对创业者和社会均有利的机会。

二、创意、商业机会与创业机会

从广义上讲，任何时候社会都存在创业机会。但对个人来讲，由于所处的环境、具备的条件不同，创业机会也就不同。机会对每一个人都是均等的，关键是怎样去识别、抓住和把握。

创意的产生是机会识别的源头，在创意产生之前，机会存在的意义并不大。创意是具有一定创造性的想法或概念，其是否具有商业价值存在不确定性。

★小案例

上帝为人间制造了一个被称为“高尔丁”的死结，并许诺：谁能解开，谁就做亚洲王。所有试图解开的人都失败了，最后轮到亚历山大，他说：“我要创建我自己的解法规则。”

他抽出宝剑，一剑将“高尔丁”死结劈为两半，于是他就成了亚洲王。

这个寓言道出了创意的真谛。从创意的定义可知，创意不是一般意义上的模仿、重复、循规蹈矩。“死结”就意味着根本无法解开，既然上帝跟我们开了个玩笑，那么我们就必须采取超乎寻常的手段。在这个寓言中，亚历山大给了我们一个很好的启示。

然而，创意不一定就是创业机会，从某种意义上说，机会是创意的一个“子集”。创意仅仅是一个创业工具，要将创意转化为良好的市场机会是一个非常艰巨的任务。因为再新颖、独特的创意如果没有需求，也就不会有市场。也就是说，一个好的创意未必就是一个好的市场机会。尽管大多数情况下，机会源于创意，可以满足创意的诸多特征，如来源广泛、具有较强的创新性、未来发展带有很大的不确定性等。但是，机会拥有大多数创意所不具备的一个重要特征，即能满足顾客的某些需求、具有市场价值，这就是创意和机会最重要的差别。这一特征使有价值的商业机会得以从众多创意中脱颖而出，成为创业者关注的焦点。因此，从众多创意中寻找值得关注的机会，是创业者选择创业生涯、实施创业战略的第一步。

比如，中关村一家经销商与北京大学的学生合作开发了能够在黑暗中发出荧光的键盘，这样，就可以在黑暗中敲打键盘。这个创意很好，但显然这样的产品成本一定比普通键盘高，而经常使用计算机的用户，绝大多数可以盲打，因而市场需求不大。正是因为这个原因，这个产品始终未能获得成功。所以，在把创造能力和创新精神转化为创业机会的过程中，发现好的创意只是第一步。创业者还要具备甄别机会的能力，也就是说，要学会分析创意是否具备对用户的价值。

创业机会是具有商业价值的创意，表现为特定的组合关系。看到机会、产生创意并发展成清晰的商业概念意味着创业者识别到了机会，至于发展出的商业概念是否值得投入资源开发，是否能成为有价值的创业机会，还需要进行认真的论证。

商业机会是指存在于某种特定的经营环境条件下，企业可以通过一定的商业活动发现、分析、选择、利用，为自己创造利润和价值的市场需求。

创业机会属于商业机会的范畴，是一种特殊的商业机会。根据价值创造流程的“目的—手段”关系，商业机会代表着“目的—手段”的任何局部或全盘变化，而创业机会则是对“目的-手段”关系的全盘甚至颠覆性变化。创业机会和商业机会之间存在着紧密联系，创业机会能够带来超额经济利润，是孕育一般商业机会的源泉，而一般商业机会则注重改善现有利润水平。

创业机会与商业机会之间并不存在严格的界限，我们强调二者的差异，目的是要关注机会的价值，突出创新。并非只有把握创业机会才能创业，把握一般商业机会同样能够创业，二者的差别在于把握创业机会的创业活动风险更高，回报也更高。在创业活动中，大部分创业者都是把握一般商业机会从而成功创业的。仅有少数创业者能够把握创业机会从而成功创业，但是他们一旦创业成功，不仅会改变人们的生活和休闲方式，甚至能创造出新的产业。随着人们对创业机会价值潜力的探索，会逐渐衍生出一系列的商业机会，从而滋生出更多的创业活动。

三、创业机会的类型与特征

我们正处在一个充满机会的时代。机会对于所有的创业者都是均等的，每个创业者都不缺少机会。不同的是，有的人在机会来临时抓住不放，创出了一番事业；有的人面对机会却无动于衷，错失良机，一事无成。其中的关键就是对机会的识别和把握。

1. 创业机会的类型

根据创业机会的来源，创业机会可以分为以下三种类型。

（1）问题型机会。这指的是从现实中存在的未被解决的问题中产生的一类机会。

（2）趋势型机会。这是指能在变化中看到未来的发展方向，预测到将来的潜力的机会。如互联网、电子商务、新能源的兴起。

（3）组合型机会。这是指能将现有的两项以上的技术、产品、服务等组合起来，以实现新的用途和价值而获得的创业机会。如芭比娃娃，就是美国儿童玩具与德国卡通成人娃娃的结合。

2. 创业机会的特征

了解和掌握创业机会的特征有利于识别和把握创业机会。创业机会具有以下五个特征。

（1）普遍性。凡是有市场、有经营的地方，就存在创业机会，并能够被人把握住。无论人们是否意识到，有盈利可能的市场需求都会客观存在于一定的市场环境之中，依附于为购买者或终端用户创造或增加价值的产品、服务或业务。创业机会普遍存在于各种经营活动过程之中，很多创业机会就在我们身边，生活中很多平常的现象在有心人的眼里就是创业机会。

一个东北农民和南方农民春节后外出打工谋生，在中途转车的一个车站相遇，他们在交谈中都发现对方的家乡很好。两个人聊完，各自走了。不过他们都没有去离家时计划好的大城市，而是分别去了对方的家乡。南方人在长白山栽培细辛，不久便成为细辛栽培大户。东北人在黄山种灵芝，又贩茶运到北方去卖，很快也创业成功。市场中不是缺少机会，而是缺少发现。

（2）隐蔽性。机会是一种无形的事物，人们只能凭感觉意识到它的存在，而无法用视觉看到它。机会总是隐藏在社会现象的背后，其真相往往被掩盖着，通常很难找到它的踪影。也正是因为这种隐蔽性，机会也才成其为机会。

29 岁的戴维·哈特斯坦在几次海外旅行后发现，欧洲人在鲜花上的费用约等于购买面包的费用；相比之下，尽管他的美国同胞要比欧洲人富有得多，但在鲜花购买上只能排到世界第 13 位。经过仔细调查，他发现了其中的奥秘：欧洲的花市要比美国的大，布置得很亲切，价格要便宜大约 35%。于是，哈特斯坦把这些因素集中到一起，在美国成立了第一家具有欧洲风格的鲜花超市，并采取使用特许经营权的方法扩展公司业务。

（3）偶然性。创业机会并不是每时每刻都显露出来的，在大多数情况下，机会的发现具有一定的偶然性。尽管它普遍地存在于人们身边的事物中，但要发现和捕捉它有很大的不确定性，任何创业机会的产生都有“意外”因素。人们越是刻意地寻找机会，就越难见到它的踪影。关键是要努力寻找，从市场环境变化的必然规律中预测和寻找市场机会。

（4）易逝性。创业机会最显著的特征是易逝性。正所谓“机不可失，时不再来”，机会并非永久存在，需要及时把握。创业机会存在于一定的时空范围之内，随着产生创业机会的客观条件的变化，创业机会就会相应地消逝和流失，表现为：一是稍纵即逝，二是一去不返。同时，由于机会往往是被社会所共有的，只要稍一迟疑，机会可能被别人抢走。

1991 年，一位年轻的工程师开发出万维网（World Wide Web）之后，微软没有引起足够重视，比尔·盖茨说："看到该产品时，想象所有公司广告都会附上自己的网址，我认为这一定是疯了。" 1994 年，网景成立，推出网络浏览器。1995 年，盖茨醒悟过来，不惜冒着与网景打官司和遭到美国司法部垄断诉讼的风险，在推出 Windows95 视窗系统中免费捆绑了自己的网络浏览器。以后，微软丝毫不松懈，不断地升级换代，并免费与 Wimdows 系列视窗系统捆绑，以确保自己的领导地位。

（5）时代性。机会总是与时代紧密联系在一起的，具有鲜明的时代特征。所谓机会的时代性，是指时代对各种机会打上的烙印和赋予的社会、民族、时代色彩。时代是机会的土壤，好的时代能够培养出大量的机会，为人们的成功提供条件；而差的时代则是碱性土壤，没有生机，很少有成功的机会和可能。

张维仰是深圳市东江环保股份有限公司董事长，这家公司是第一家在香港地区上市的民营环保企业。1987 以前，张维仰只是深圳市城管部门的一个普通员工。一天，深圳蛇口的一家外资企业找到深圳市城管部门，提出以每吨 500 元的高价，请求帮忙处置其公司产生的工业垃圾。城管部门派人拉回来两三吨垃圾，却不知如何处理。一位工作人员将这些垃圾拿到实验室化验，发现铜的含量很高，经过技术手段加以综合处理，可以制成广泛应用于工业和农业的化工原料硫酸铜。这件事当时谁也没有留意，却被旁边的张维仰默默记在了心里。不久，张维仰辞职创业，从为深圳企业处理垃圾做起，后来发展到垃圾的无害化和变废为宝。张维仰抓住了这个机会最后胜出，一是因为他的商业感觉更好，二是遇上了节能环保的时代。

不管机会具有什么样的特征，总是属于有准备的人。创业者应当对机会有深刻的领悟和把握，理性地分析和识别机会。在机会没有出现的时候，"深挖沟、广积粮、缓称王"；在机会出现的时候，迅速捕捉。

四、创业机会的来源

创业机会来自一定的市场需求和变化。创业者要想创业成功，必须有对市场的深度了解和良好的敏锐度。创业机会的来源，不同学者有不同的看法。综合国内外一些学者的研究成果，创业机会的具体来源主要有以下几个方面。

1. 技术变革

技术变革是指新的科技突破和社会的科技进步，具体表现在新旧技术的更替、新技术的出现、新技术带来的新问题三方面。每一次技术革新都会带来巨大的变革，符合市场需求的技术进步带来商业价值。技术变革蕴藏着巨大的商业价值和创业机会，也改变着时代。

例如，电发明之前，没有几个人感觉得到自己需要"电"这个东西，当爱迪生发明电并广泛运用之后，人类社会为此而改变；随着健康知识的普及和技术的进步，围绕"水"就带来了许多创业机会，上海就有不少创业者通过加盟"都市清泉"而走上了创业之路。又如，互联网的发明伴随着一系列与网络相关的创业机会的出现；晶体管的发明促使索尼走向全球市场。这些都是对技术机会的成功把握，技术机会要求创业者时时与时代同步，具有创新思维。

2. 政策法规调整

政府的法律和政策是人们产生经济行为的指针，政策法规调整会影响到一个国家的发展，同时也可能产生巨大的商机。这是因为它能够使创业者提出更多不同的想法，而这些想法可能在一个常规体制下被禁止。改革开放就是最好的例证。1982 年刘家兄弟借着改革开放的春风，毅然砸碎“铁饭碗”，开始了自主创业。他们从最熟悉的农村入手，从事生态养殖和饲料生产，加入改革的大潮，创办了中国最大的民营企业——希望集团。

在社会处于转型和变革之际，政府在产业发展等方面的法律或政策会出现调整变化。在这种情况下，新的市场机会必然出现。例如，我国前两年实行“家电下乡”政策，就是为了应对全球性的金融危机而采取的扩大内需举措的一部分，这为许多创业者提供了难得的机遇。

政策与法律的变化也可能通过强制增加需求的方式创出新的商机，如政府对企业排污等指标的强制标准，使企业不得不投入相关环保费用，这也提供了环保产业的创业机会。政策机会要求创业者对政府政策变化要十分了解，把握住每次政策变动所带来的创业机会。

3. 社会和人口结构变革

在世界各国，人口的变化一直都是精明的企业管理团队和投资者密切关注的重要问题。因为社会和人口结构的变化，以及不同人口学特征的消费偏好的差异，会影响社会的生产结构、消费结构。也就是说，社会人口的结构决定着人们的消费、储蓄和投资行为方式，影响商品与资产的价格，进而影响乃至改变一个国家的经济格局。

社会和人口因素的变化改变了人们对产品和服务的需求，需求的变化就产生了创业的机会。所以，聪明的企业家一定会敏感地捕捉人口的内在结构及其变化趋势，适时调整企业的战略，根据不同时期人们对产品和服务的需求去发现未来潜在的市场机会。

很多美国知名企业的崛起都是由于抓住了社会人口结构变化的契机。例如，第二次世界大战后美国出现的“婴儿潮”是美国历史上的一个人口高峰，伴随着这次“婴儿潮”，20 世纪五六十年代强生公司迅速崛起，成为全球婴幼儿用品的领头羊，而当这个“婴儿潮”的人口整体成长到青少年时代，麦当劳崛起了。再如，我国计划生育政策使教育市场高速发展；单身人群的增加，促进了小户型商品房的热销；人口寿命延长导致的老龄化问题，创造了老龄用品市场；双职工家庭在家做饭时间的减少，引发了餐馆、快捷食品、净菜、小饭桌、食品外送服务等创业机会。

4. 产业和市场结构的变化

产业和市场结构有时可能维持许多年不变，并且看起来是完全稳定的。但事实上，产业和市场结构是非常脆弱的，稍有风吹草动就可能土崩瓦解，而且往往很快发生。产业和市场结构发生变化的时候，也正是商机涌现的时候。

行业与市场结构的变化一般体现在行业增长明显异于整个经济增长、新的技术融入，以及市场服务的更新上。密切注意这些迹象，将有助于捕捉行业和市场结构的变化，从而觅到新的更有前景的商机。例如，早期汽车基本上是有钱人的一种奢侈品。随着汽车工业的迅速发展，年轻的亨利·福特看到了市场结构正在变化，汽车在美国将不再是富人的奢侈品。于是他设计了一种新型汽车，这就是有名的“T 型”汽车。这种汽车主要由半熟练工人进行大批量的生产，而且车主可以自己驾驶和修理，大大降低了汽车的价格。这种汽车一经问世，便取得了巨大的成功。现在，福特汽车公司已是世界上最大的汽车公司之一。

产业和市场结构的变化会改变行业的竞争状态，推动主导产业发展，形成创业机会。例如，江西省安远县在“十一五”时期，调整产业结构，利用优惠政策推动地方支柱产业发展，确立了脐橙种植加工产业为县主导产业，并出台了很多优惠政策，极大地推动了安远脐橙种植业的发展。在深圳经商的谢锦山目睹了家乡的变化，发现了脐橙加工的巨大商机，于2004年返乡创办了安远县安圣达果业有限公司。依托政策和产品的优势，如今公司发展势头良好。

5. **解决问题**

创业的根本目的是满足顾客需求。寻找创业机会的一个重要途径是发现和体会自己和他人在需求方面的问题或生活中的难处。每个问题都是一个被精巧掩饰的机会。比如，上海一位大学毕业生发现远在郊区的师生往返市区十分不便，于是创办了一家客运公司；双职工家庭没有时间照顾小孩，于是有了家庭托儿所；没有时间买菜，就产生了送菜公司等。

★小案例

草原的牛和马经常因为蹄子陷入土拨鼠打的洞而折断腿，但土拨鼠很难在它的洞中被捕捉，下毒或用夹子则会伤害别的动物，因而牧场主对它们很头痛。一天，鲍尔弗看到清洁工用卡车携带的吸尘器吸取下水道里的污秽，突然受到启发，能否用类似的装置把草原上的土拨鼠从洞里吸出来呢？于是，他对卡车做了改装，开始了帮忙处理土拨鼠的服务业务，每天收费800~1 000美元。目前，鲍尔弗的业务已发展到美国的多个州。

五、创业机会的识别与影响因素

创业机会的识别是创业领域的关键问题之一，从创业过程的角度来说，它是创业的起点。作为创业者，最重要的能力就是发现其他人看不到的机会，并迅速采取行动来把握机会、实现价值。创业过程就是围绕着机会进行识别、开发、利用的过程，识别正确的创业机会是创业者应当具备的重要技能。

1. **创业机会识别的一般过程**

Lindsay 和 Craig 将创业机会识别的过程分为三个阶段。

第一个阶段是搜寻机会。创业者对整个经济体系中可能存在的创意进行有针对性的搜索，如果认同某一创意可能成为商机，具有潜在的发展价值，就进入机会识别的第二阶段。

第二个阶段是机会识别。相对于整体意义上的机会识别过程，这里的机会识别应当是狭义上的识别，即从创意中筛选合适的机会。这个过程首先是通过对整体的市场环境和一般的行业进行分析，从而判断该机会是否在广泛意义上属于有利的商业机会；其次是考察对于特定的创业者和投资者来说，这一机会是否有价值。

第三个阶段是机会评价。实际上这里的机会评价已经带有部分“尽职调查”的含义，创业者对某个创业机会进行各种指标的测评，如财务、创业团队的结构等。只有通过对创业机会的评价，创业者才能决定是否利用该创业机会，正式开始创业活动。

从创业机会识别的三个阶段可知，创业机会识别过程是创业者对创业机会进行反复衡量的过程。不同的创业者可能愿意关注不同的创业机会，即使是同一个创业机会，不同的人，对其的评价也往往不同。

2. **影响机会识别的关键因素**

马克·吐温曾经说过：“我极少能看到机会，往往在我看到机会的时候，它已经不是机会了。”那么，创业者如何才能识别创业机会，不在它溜走的时候懊悔不已呢？

在影响机会识别和开发的各项因素中，对于是什么因素导致一些人更善于识别出有价值的创业机会的问题，主要可以分为两个方面，即机会的自然属性和创业者的个人特性。

（1）机会的自然属性。机会的特征是影响人们是否对其进行评价的基本因素。创业者选择这项机会是因为相信它能够产生足够的价值来弥补投入的成本，创业机会的自然属性在很大程度上决定了创业者对其未来价值的预期，因而对创业者的机会评价产生重大影响。Timnons 对创业机会总结了一个评价框架，包括市场需求、市场结构和规模以及市场利润等若干项指标，每一指标下还各设若干分指标，可以帮助创业者对创业机会进行评价和识别。

（2）创业者的个人特性。从本质上说，机会识别是一种主观色彩相当浓厚的行为。也就是说，即使面对同一个创业机会，不同的创业者对其的评价也可能完全不同，或者即使某一创业机会已经表现出较好的预期价值，但是并非每个人都能从事这一机会的开发，并且坚持到最后获得成功。因此，创业者的个人特性对于机会识别来说更为重要。创业者与机会识别相关的个人特性包括先前经验、创造性、社会关系网络、认知因素。

1）先前经验。在特定产业中的先前经验有助于创业者识别出商业机会，这被称为“走廊原理”。它是指创业者一旦创建企业，他就开始了一段旅程，在这段旅程中，通向创业机会的“走廊”将变得清晰可见。“走廊原理”强调经验和知识对于个体发现和把握创业机会的重要性，个体在特定领域的经验和知识存量越高，就越容易看到并把握该领域内的创业机会，从而实施创业活动。

★小案例

张天，北京蔚蓝国际文化发展有限公司总经理，北京大学国际政治专业 2005 届本科毕业生。在大学三年级的时候，张天作为北京大学的交流生被派到哈佛大学进行短期交流，这一次交流使他萌生了创业的念头。20 个学生奔赴美国将是一笔不小的花销，而将大家需要的服务整合出来，成本会更低，包括出国机会本身也具备了商业价值。而且，整个流程有很多可以发掘的环节，每一个环节都可以延伸出一笔不错的收益，比如签证代理、机票代理、保险代理等都可以产生“隐性”收入。看到这些，张天走出了创业的第一步。正是由于张天亲身经历了到国外交流的过程，才较他人对该领域更具敏感性，才更容易发现其中的商机。

2）创造性。创造性是产生新奇或有用创意的过程。从某种程度上讲，机会识别是一个创造过程，是不断反复进行创造性思维的过程。在听到更多趣闻轶事的基础上，很容易看到创造性包含在许多产品、服务和业务的形成过程中。对个人来说，创造过程可分为五个阶段，分别是准备、孵化、洞察、评价和阐述。

3）社会关系网络。社会关系网络是指个人或组织与其他个人或组织以信息技术相连接，共享机会、市场、资源、技术，共同承担成本的共同体。一个良好有效的社会关系网络能为创业者提供有价值的信息和信任基础，对机会识别的影响不言而喻。成功的创业企业通常能够从其社会网络中捕捉商机、获取资源，并以此为契机，创造出单凭创业企业的显性资源（人力、社保、资金、技术等）无法实现的价值。有研究认为，社会网络通过创业警觉性对创业机会识别起作用；另有研究认为，延展的社会网络与创业机会识别有直接的正相关关系。

4）认知因素。机会识别可能是一项先天技能或一种认知过程。有些人认为，创业者有“第六感”，使他们能看到别人错过的机会；多数创业者认为他们比别人更警觉。警觉在很大程度上是一种习得性的技能。拥有某个领域更多知识的人，比其他人对该领域的机会更警觉。

★小案例

马化腾在深圳大学学习的时候，他是各种电脑病毒的克星，又能为学校电脑网络维护提供不错的解决方案。毕业之后，马化腾进入深圳润迅公司工作。他是一个爱折腾的人，自己承担起一个网站深圳站站长的角色。通过网络，马化腾结识了相当多的朋友，例如网易的丁磊，这对他后来走上创业之路有很大的启发作用。他和朋友合作开发的股霸卡在赛格电子市场一直卖得不错，再加上业余时间炒股挣来的70多万元，马化腾的创业资金积累超过了100万元。由于经常在网上使用国外的聊天软件聊天，马化腾动了要开发中国软件的念头。1998年，马化腾辞职创办了腾讯。

3. 识别创业机会的技巧和方法

在很长一段时间里，人们认为一般人不可能看到创业机会，发现创业机会并成为创业者的人具有别人所没有的特殊禀赋，识别创业机会难以模仿，更不可能学习。实际上，识别创业机会是思考和探索不断反复，并将创意进行转变的过程。随着学术研究的深入，人们逐渐总结出了一些识别创业机会的技巧和方法，给创业者的行动提供思路和指导。

（1）信息搜集调查法。从已有数据或第二手资料（图书馆、政府机构、大学、咨询机构及互联网等）中搜集信息，找到一些关于行业、竞争者、目标客户偏好取向、产品创新等方面的信息。这种信息的获得一般是免费的，或者成本较低。

与二手资料对应的是一手资料。搜集第一手资料是一个数据搜集过程，如搜集市场研究所需要的信息清单，包括谁是顾客、有多少潜在顾客、潜在顾客愿意在哪里购买、消费者预期会在哪里得到该产品的信息等，进而通过与顾客、供应商、销售商直接交谈和采访，或通过集中小组试验、问卷调查等方法，了解正在发生什么以及将要发生什么。这种信息的获得一般来说成本比较高，却能够获得更有意义的信息，可以更好地识别创业机会。

（2）系统分析法。实际上，绝大多数的机会都可以通过系统分析发现。人们可以从企业的宏观环境和微观环境的变化中发现机会。借助市场调研，从环境变化中发现机会，是机会发现的一般规律。

PEST分析法是宏观环境分析的基本工具，它通过对政治（P）、经济（E）、社会（S）、技术（T）的分析从总体上把握宏观环境，并评估这些因素对创业机会的影响。对于微观环境的分析，创业者可以采取迈克尔·波特（Michaer Porter）教授的五力竞争模型，分析一个行业内的竞争状态与市场前景，以决定自己是否参与该行业的市场竞争。迈克尔·波特提出的这个结构化的行业竞争分析方法认为，一个行业中的竞争，存在五种基本的竞争力量，即潜在的进入者、替代品的威胁、购买者议价的能力、供应商议价的能力以及现有竞争对手之间的抗衡。供应商和购买者讨价还价可视为“纵向”的竞争，其他三种竞争力量可视为“横向”的竞争。

（3）问题分析和顾客建议法。每个问题都是一个被精巧掩饰的机会，但不是所有问题都是商业机会。问题会不会成为商业机会，要从商业的角度来思考。所以，想通过分析问题发现机会，从一开始就要找出个人或组织的需求和他们面临的问题。而这些需求和问题可能很明确，也可能很含蓄。找到问题后，要全面分析和思考，从而寻求到一个有效并有回报的解决方法，这对创业者来说是识别机会的基础。同样，从顾客那里征求想法，顾客就会为创业者提供机会。顾客的建议多种多样，如“如果那样的话不是会很棒吗”这样的非正式建议，这时，一个新的机会可能就会由顾客识别出来，因为他们知道自己究竟需要什么。因此，留意这些建议，将有助于创业者发现创业机会。

（4）创造获得法。这种方法在新技术行业中最为常见，它可能始于明确已满足的市场需求，从而积极探索相应的新技术和新知识；也可能始于一项新发明，进而积极探索新技术的商业价值。通过创造获得机会比其他任何方法的难度都大，风险也更高。但是，如果能够成功，其回报也更大。这种情况下所产生的创新在人类的创新中，居于压倒性的主导地位。索尼公司开发随身听就是一个很好的例子。索尼公司觉察到人们希望随身携带一个听音乐的设备，就利用公司微缩技术的核心能力从事项目研究，最终开发出划时代的产品随身听，在市场上取得了巨大的成功。

第二节　创业机会评价

通过信息的搜集、机会的分析，创业者已经对机会有了一定的认识，掌握了一定的数据。尽管发现了创业机会，但也不意味着要创业，更不意味着成功就在眼前。创业者需要对机会进行筛选和评估，以有效降低风险和减少失败。只有有价值的创业机会才值得去投资。

一、有价值的创业机会的特征

机会评价是创业过程中仔细审查机会并分析其可行性的阶段。机会评价是创业过程中特别具有挑战性的阶段，因为它要求创业者对创业的可能性采取一种公正的看法。创意机会需要符合一定的标准，才是真正的创业机会，而创业机会只有符合创业者的能力和目标才是有价值的。

有价值的创业机会具有四个主要特征：吸引力、持续性、时效性、价值性。

（1）吸引力：表示一种顾客渴望的未来状态，主要是针对潜在顾客而言的。

（2）持续性：指创业机会能持续一定的时间，从而使创业者有可能去发现、评价和开发利用。

（3）实效性：指创业机会必须在机会窗口存续期内被开发利用。

（4）价值性：指创业机会依附于为买者或者终端用户创造或增加价值的产品、服务或业务。

无论经营者是否意识到，市场机会总是客观存在于一定的市场环境之中。一个企业未能发现的机会，可能会被另一个企业捕捉和利用。因此，企业应积极从市场环境变化的规律中寻找机会。

二、个人与创业机会的匹配

学者们逐渐认同创业活动是创业者与创业机会的结合这一观点，其核心是：一方面，创业者识别并开发创业机会；另一方面，创业机会也在选择创业者。只有创业者和创业机会之间存在恰当的匹配关系时，创业活动才最可能发生，也更可能取得成功。对一些人而言，有些机会只能看见，却不能为自己所把握。即使创业机会的价值潜力再大，如果缺乏相应的必备条件和因素，盲目行动带来的后果也往往是血本无归。

如何才能判断创业机会是否属于自己呢？主要依据在于机会特征与个人特质的匹配，即应该从个人经验、社会网络、经济状况、个人素质方面进行评价。

(1) 在个人经验层面，要考虑以前的工作和生活经验是否能够提供后续开发创业机会所必需的知识和技能。

(2) 在社会网络层面，要考虑自己身边认识、熟悉的人能否提供后续开发机会所必需的资源和其他因素。

(3) 在经济状况层面，要重点考虑的是能否承担从事创业活动带来的机会成本。

(4) 在个人素质层面，要看个人是否具有良好的智力结构、乐观的心态、敏锐的洞察力等特征。

美国“牛仔大王”李维斯的故事多年来为人津津乐道。当初他跟着一大批人去西部淘金，途中被一条大河拦住了去路，许多人感到愤怒，但李维斯却说“棒极了”，他设法租了一条船用来给想过河的人摆渡，结果赚了不少钱。不久，摆渡的生意被人抢走了，李维斯又说“棒极了”。因为采矿出汗很多，饮用水很紧张，于是别人采矿他卖水，又赚了不少钱。后来，卖水的生意又被抢走了，李维斯又说“棒极了”。因为采矿时工人跪在地上，裤子的膝盖部分特别容易磨破，而矿区里有许多被丢弃的帆布帐篷，李维斯就把这些旧帐篷收集起来洗干净，做成裤子卖，牛仔裤就是这样诞生的。李维斯将问题当作机会，最终实现了致富梦想，得益于他有一种乐观、开朗的积极心态。

由于创业本身就是一件高风险性的活动，没有一个创业机会是完美的，也没有一个创业者是在掌握完全适合自己的条件下开展创业活动的。因此，在评价创业机会之后是否决定投入创业，仍然是一件比较主观的决策。

三、评价创业机会价值的方法

如何评价创业机会？对创业者来说，需要从创业机会价值潜力与实现创业机会价值潜力的可能性两个方面入手。

创业者在机会开发中的每一步，都需要进行机会评估。也就是说，机会评估伴随整个机会识别的过程。在机会识别的初始阶段，创业者可以非正式地调查市场的需求和所需的资源，直到断定这个机会值得考虑或是需要进一步深入开发；在机会识别的后期，这种评价变得较为规范，并且主要集中于考察这些资源的特定组合是否能够创造出足够的商业价值。

目前，并没有绝对权威的机会评价标准，创业企业能否从最初的市场需求和未利用资源的形态发展成为新企业，不仅涉及机会本身的情况，还要求机会能与创建新企业管理的其他力量（创业团队、投资人等）相协调。下面从定性和定量分析两个方面介绍一些评价创业机会价值的方法。

1. **定性分析方法**

定性分析方法侧重于：确定该市场机会所必须具备的成功条件；分析本企业在该市场机会上所拥有的优势；分析公司所拥有的竞争优势；分析该市场机会与本公司的发展方向和目标是否一致。

（1）雷家骕和冯婉玲在《高新技术创业管理》一书中指出可以从五个方面来选择创业机会：机会的原始市场规模，机会将存在的时间跨度，预期特定机会的市场规模将随时间增长的速度，好机会的特点，特定机会对特定创业者的现实性。

（2）Timmons 提出了 8 个一级指标、53 个二级指标的创业机会评价指标体系，几乎涵盖了其他一些理论所涉及的全面内容。尽管 Timmons 也承认，现实中有成千上万的机会未必能与这个评价框架相匹配。然而他的这个框架是目前风险投资家、创业者普遍使用的创业机会评估方法，也是目前包含评价指标比较完全的体系。Timmons 提出的八大类评估标准包括：行业和市场、经济性、收获、竞争优势、管理团队、致命缺陷问题、个人标准、战略差异。将每个指标的创业机会吸引力分为最高潜力和最低潜力两个极端情况，并对最高潜力和最低潜力进行描述。一般来说，所有的创业机会都会处于这两个极端情况之间。

（3）Thomas 把创业机会的定性评价过程分为五大步骤：第一步，根据对产品和市场认可度的分析，得出新产品的潜在需求、早期使用者的行为特征、产品达到创造收益的预期时间；第二步，分析产品在目标市场投放的技术风险、财务风险和竞争风险，进行机会窗分析；第三步，分析在产品的制造过程中是否能保证足够的生产批量和可以接受的产品质量；第四步，估算新产品项目的初始投资额，确定使用何种融资渠道；第五步，在更大的范围内考虑风险的程度，以及如何控制和管理那些风险因素。

（4）Howard 认为，要充分评价创业机会，需要考虑几个重要问题：①机会的大小，存在的时间跨度和随时间成长的速度；②潜在的利润是否足够弥补资本、时间和机会成本的投资，带来令人满意的收益；③机会是否开辟了额外的扩张、多样化或综合的商业机会选择；④在可能的障碍面前，收益是否会持久；⑤产品或服务是否满足了真实的需求。

（5）我国台湾地区的创业学者刘常勇教授归纳的创业机会评价基本框架是一种比较简单的评价方法，他认为创业机会评价主要围绕市场和回报两个层面展开。在市场评价方面：①分析是否具有市场定位，专注于具体顾客需求，能为顾客带来新的价值；②依据波特的五力模型进行创业机会的市场结构评价；③分析创业机会所面临的市场规模大小；④评价创业机会的市场渗透力；⑤预测可能取得的市场占有率；⑥分析产品成本结构。

在回报评价方面主要考虑：①税后利润至少高于 5%；②达到盈亏平衡的时间应该少于 2 年；③投资回报率应高于 25%；④资本需求量较低；⑤毛利率应该高于 40%；⑥能否创造新企业在市场上的战略价值；⑦资本市场的活跃程度；⑧退出和收获回报的难易程度。

2. **定量分析方法**

定量分析主要是进行商业分析中的经济效益分析，任务是在初步拟定营销规划的基础上，从财务上进一步判断选定机会是否符合创业目标，一般是通过量、本、利分析法进行。

（1）标准打分矩阵。选择对创业机会成功有重要影响的因素，并由专家小组对每一个因素进行最好（3 分）、好（2 分）、一般（1 分）三个等级的打分，最后求出每个因素在各个创业机会下的加权平均分，从而对不同的创业机会进行比较。表 5-1 列出了其中十项主要的评价因素及其加权平均分，在实际使用时可以根据具体情况选择其中的全部或者部分因素来进行评估。

表 5-1 十项主要的评价因素及其加权平均分

标准	专家评分			
	很好（3 分）	好（2 分）	一般（1 分）	加权平均分/分
易操作性	8	2	0	2.8
质量和易维护性	6	2	2	2.2
市场接受度	7	2	1	2.6
增加资本的能力	5	1	4	2.1
投资回报	6	3	1	2.5
专利权状况	9	1	0	2.9
市场的大小	8	1	1	2.7
制造的简单性	7	2	1	2.6
广告潜力	6	2	2	2.4
成长潜力	9	1	0	2.9

（2）Westinghouse 法。这实际上是计算和比较各个机会的优先级。公式为：

技术成功概率 × 商业成功概率 × 平均年销售数 ×（价格 − 成本）× 投资生命周期 ÷ 总成本 = 机会优先级

在该公式中，技术和商业成功的概率以百分比表示（从 0 到 100%）；平均年销售数是以销售的产品数量计算；成本以单位产品成本计算；投资生产周期是指可以预期的年均年销售数保持不变的年限；总成本是指预期的所有投入，包括研究、设计、制造和营销费用。对于不同的创业机会，将具体数值带入计算，特定机会的优先级越高，该机会越有可能成功。

（3）Haman's Potentionmeter 法。这种方法是让创业者来填写不同因素的不同情况，预先设定好权值的选项式问卷方法。对于每个因素来说，不同选项的得分可以从−2 分到+2 分，通过对所有因素得分的加总得到最后的总分。总分越高，说明特定创业机会成功的潜力越高。只有最后得分高于 15 分的创业机会才值得创业者进行下一步的策划，低于 15 分的都应被淘汰。

表 5-2 Haman's Potentionmeter 法问卷 分

评价因素	项目 1 得分	项目 2 得分
对于税前投资回报率的贡献	1	0
预期的年销售额	2	1
生命周期中预期的成长阶段	2	1
从创业到销售额高速增长的预期时间	2	−2

续表

评价因素	项目 1 得分	项目 2 得分
投资回报期	1	−1
占有领先者地位的潜力	−1	0
商业周期的影响	2	0
为产品制定高价的潜力	2	2
进入市场的容易程度	2	1
市场试验的时间范围	2	2
销售人员的要求	1	−1
总计	16	3

（4）Baty 的选择因素法。在这种方法中，通过 11 个选择因素的设定来对创业机会进行判断。如果某个创业机会符合其中的 6 个或更少的因素，就很可能不可取；相反，如果某个创业机会符合其中的 7 个或者 7 个以上的因素，那么这个创业机会将大有希望。

表 5-3　Baty 选择因素法的 11 个选择因素

这个创业机会在现阶段是否只有你一个人发现了？
初始的产品生产成本是否可以承受？
初始的产品开发成本是否可以承受？
产品是否具有高利润回报的潜力？
是否可以预期产品投放市场和达到盈亏平衡点的时间？
潜在的市场是否巨大？
你的产品是否是一个高速成长的产品家族中的第一个成员？
你是否拥有一些现成的初始用户？
是否可以预期产品的开发成本和开发周期？
是否处于一个成长中的行业？
金融界是否能够理解你的产品和顾客对它的需求？

必须指出的是，在现实创业活动中，创业者不太可能完全按照上述指标对创业机会一一做出评价，而仅会选择其中若干要素判断创业机会的价值，从而使创业者的机会评价为非客观分析的过程。

四、创业机会的评价准则

创业机会评价，其实就是要回答目标市场是否存在、有多大规模，以及作为主体的企业或创业者是否适合这个市场的问题。创业机会的评价一般有以下几条准则，可以作为创业者从第三人的角度审视自己、进行自我剖析的重要参考。

1. **行业与市场**

（1）市场定位。一个好的创业机会，必然具有特定的市场定位，专注于满足顾客需求，同时能为顾客带来增值的效果。评估创业机会的时候，可由市场定位是否明确、顾客需求分析是否清晰、顾客接触通道是否流畅、产品是否持续衍生等来判断创业机会可能创造的市场价值。创业带给顾客的价值越高，创业成功的机会也会越大。

（2）市场结构。针对创业机会的市场结构进行分析，包括进入障碍、供货商、顾客、经销商的谈判力量、替代性竞争产品的威胁，以及市场内部竞争的激烈程度。由市场结构分析可以得知新企业未来在市场中的地位，以及可能遭遇竞争对手反击的程度。

（3）市场规模。市场规模与成长速度，也是影响新企业成败的重要因素。一般而言，市场规模大，进入障碍相对较低，市场竞争激烈程度也会略为下降。如果要进入的是一个十分成熟的市场，那么纵然市场规模很大，但由于已经不再成长，利润空间必然很小，这个新企业就不值得再投入。相反，一个正在成长中的市场，通常也会是一个充满商机的市场，只要进入时机正确，必然会有获利的空间。

（4）市场渗透力。对于一个具有巨大市场潜力的创业机会，市场渗透力（市场机会实现的过程）是一项非常重要的影响因素。聪明的创业家会选择在最佳时机进入市场，也就是市场需求正要大幅增长之际。

（5）市场占有率。从创业机会预期可取得的市场占有率目标可以显示这家新创公司未来的市场竞争力。一般而言，要成为市场的领导者，最少需要拥有20%以上的市场占有率。如果市场占有率低于5%，则这个新企业的市场竞争力不高，自然也会影响未来企业上市的价值。

（6）产品的成本结构。产品的成本结构也可以反映新企业的前景。例如，从物料与人工成本所占比重、变动成本与固定成本的比重，以及经济规模产量，可以判断企业创造附加价值的能力以及未来可能的获利空间。

2. **获利能力**

（1）合理的税后净利。一般而言，具有吸引力的创业机会，至少需要能够创造15%以上的税后净利。如果创业预期的税后净利在5%以下，那么就不是一个好的投资机会。

（2）达到损益平衡所需的时间。合理的损益平衡时间应该在两年以内，如果超过三年，恐怕就不是一个值得投入的创业机会。不过有的创业机会确实需要经过比较长的耕耘时间，通过这些前期投入，创造进入障碍，保证后期的持续获利。

（3）投资回投率。考虑到创业可能面临的各项风险，合理的投资回报率应该在25%以上。一般而言，投资回报率在15%以下的创业机会，是不值得考虑的。

（4）资本需求。资本需求量较低的创业机会，投资者一般会比较欢迎。事实上，许多个案显示，资本额过高其实并不利于创业成功，有时还会带来稀释投资回报率的负面效果。通常，知识越密集的创业机会，对资本的需求量越低，投资回报反而会越高。因此在创业开始的时候，不要募集太多资金，最好通过盈余积累的方式来创造资金。

（5）毛利率。毛利率高的创业机会，相对风险较低，也比较容易取得损益平衡。相反，毛利率低的创业机会，风险较高，遇到决策失误或市场产生较大变化的情况，企业很容易遭受损失。一般而言，理想的毛利率是40%。当毛利率低于20%的时候，这个创业机会就不值得再予以考虑。

（6）策略性价值。能否创造新企业在市场上的策略性价值，也是一项重要的评价指标。一般而言，策略性价值与产业网络规模、利益机制、竞争程度密切相关，而创业机会对于产业价值链所能创造的加值效果，也与它所采取的经营策略与经营模式密切相关。

（7）资本市场活力。当新企业处于一个具有高度活力的资本市场时，它的获利回收机会相对也比较高。不过资本市场的变化幅度极大，在市场高点时投入，资金成本较低，筹资相对容易。但在资本市场低点时，好的创业机会也相对较少。因此，资本市场活力也是一项可以被用来评价创业机会的外部环境指标。

（8）退出机制与策略。所有投资的目的都在于回收，因此，退出机制与策略就成为一项评估创业机会的重要指标。企业的价值一般也要由交易市场来决定，而这种交易机制的完善程度也会影响新企业退出机制的弹性。由于退出的难度普遍高于进入，所以一个具有吸引力的创业机会，应该要为所有投资者考虑退出机制，以及退出的策略规划。

3. 竞争优势

（1）可变成本和固定成本。成本优势是竞争优势的主要来源之一。成本可分为固定成本和可变成本，还可分为生产成本、营销成本和销售成本等。较低的成本可以给企业带来较大的竞争优势，从而使相应的投资机会较有吸引力。一个新企业如果不能取得和维持一个低成本生产者的地位，它的预期寿命就会大大缩短。

（2）控制程度。如果一个创业机会能够对价格、成本和销售渠道等实施较强有力的控制，就会比较有吸引力，这种控制的可能性与市场优势有关。例如，一个对原材料来源或者销售渠道拥有独占性的企业，即使在其他领域较为薄弱，它也能够取得较大的市场优势。占有市场份额40%、50%甚至60%的一个主要竞争者通常对供应商、客户和价格的制定都拥有足够的控制力，能够对一个新企业形成重大的障碍。在这样一个市场上，新创办的企业几乎没有空间。

（3）进入障碍。如果不能把其他竞争者阻挡在市场之外，新创企业的优势就可能迅速消逝。例如，20世纪80年代早期的美国，硬盘驱动器制造业未能建立起进入市场的障碍，到了1983年年底，就有约90家硬盘驱动器公司成立，激烈的价格竞争导致该行业出现剧烈震荡。因此，如果一家企业不能阻止其他公司进入市场，或者面临着现有的进入市场的障碍，它就没有吸引力。

第三节　创业风险识别

有价值的创业机会也是有风险的。了解创业面临的风险有哪些，创业者该如何识别创业风险，怎样才能尽量规避与防范可能出现的创业风险，等等，是每一个创业者都十分关注的问题。

一、创业风险的来源

创业风险是指企业在创业过程中存在的各种风险。创业环境的不确定性，创业机会与创业企业的复杂性，以及创业者、创业团队与投资者的能力与实力的有限性，导致创业活动后果的不确定性，这就是创业风险。

创业的过程往往是将某一构想或技术转化为具体的产品或服务的过程。在这一过程中，存在着几个基本的、互相联系的缺口，它们是上述不确定性、复杂性和有限性的直接影响因素。也就是说，创业风险在稳定的宏观条件下，往往直接来源于这些缺口。

1. **融资缺口**

融资缺口存在于学术支持和商业支持之间，是研究基金和投资基金之间的断层。创业者可以证明其构想的可行性，但往往没有足够的资金将其变为创业现实，或有极少数基金愿意鼓励创业者跨越这个缺口，如早期项目的风险投资，以及政府资助计划等。

2. **研究缺口**

研究缺口主要是指创业者仅凭个人兴趣去研究和判断市场的潜力。当一个创业者认为某项技术突破可能产生某种创业机会时，他仅仅停留在自己的论证上。然而，在将创业预想真正转化为创业行为时，由于产品成本与预期收益的落差、实际消费和市场预期容量的落差等不确定因素，这种论证便不可行了，这种论证的缺失导致了创业风险的产生。

3. **信息和信任缺口**

信息和信任缺口存在于技术专家和管理者（投资者）之间。也就是说，在创业中，存在两种不同类型的人：一是技术专家，二是管理者（投资者）。技术专家会提供可靠的技术信息，管理者会采用一定的管理模式。两者在实际工作中有时会因岗位的信息差异而产生意见分歧。一个好的管理者需要具备性格、专业知识、领导能力、创新意识、协作精神等多种素质，如果管理者某些方面的素质不具备或存在较大的欠缺，不能协调这些冲突，就会增加创业企业的风险，增加失败的可能。如果技术专家和管理者（投资者）之间不能充分信任，或者不能够进行有效的交流，那么这一缺口将会变得更深，从而带来更大的风险。

4. **资源缺口**

资源与创业者之间的关系就如同颜料、画笔与艺术家之间的关系。没有了颜料、画笔，即使艺术家有了构思也无法实现。创业也是如此，没有所需的资源，创业者将一筹莫展，创业也就无从谈起。在大多数情况下，创业者不一定也不可能拥有所需的全部资源，这就形成了资源缺口。如果创业者没有能力弥补相应的资源缺失，要么创业无法起步，要么在创业中受制于人。

5. **管理缺口**

管理缺口是指创业者不一定是出色的企业家，不一定具备出色的管理才能。创业活动主要有两种：一是创业者利用某一新技术进行创业，他可能是技术方面的专业人才，却不一定具备管理才能，从而形成管理缺口；二是创业者往往有某种“奇思妙想”，可能是一个新的商业点子，但在整体规划上不具备相应的才能，或不擅长管理具体的实务，从而形成管理缺口。

二、创业风险的分类

创业过程中存在的风险多种多样，不同的风险有不同的性质和特点，它们形成的过程、发生的条件和造成的损害也是不一样的。将种类繁多的风险按照一定的方法进行科学分类，有助于创业者对各种风险进行识别、测定和管理。

1. 按风险来源的主客观性划分

按风险来源的主客观性划分，可分为主观创业风险和客观创业风险。主观创业风险是指在创业阶段，创业者的身体与心理素质等主观方面的因素导致创业失败的可能性。客观创业风险是指在创业阶段，客观因素导致创业失败的可能性，如市场的变动、政策的变化、竞争对手的出现、创业资金的缺乏等。

2. 按风险对所投入资金即创业投资的影响程度划分

按风险对所投入资金即创业投资的影响程度划分，可分为安全性风险、收益性风险和流动性风险。创业的投资方包括专业投资者与投入自身财产的创业者。安全性风险是指从创业投资的安全性角度来看，不仅预期实际收益有损失的可能，而且专业投资者与创业者自身投入的其他财产也可能遭受损失，即投资方财产的安全存在危险。收益性风险是指创业的投资方的资本和其他财产不会遭受损失，但预期实际收益有损失的可能性。流动性风险是指投资方的资本、其他财产以及预期实际收益不会遭受损失，但资金有可能不能按期转移或支付，造成资金运营的停滞，使投资方有遭受损失的可能性。

3. 按创业过程划分

按创业过程划分，可将创业风险分为机会的识别与评估风险、准备与撰写创业计划风险、确定并获取创业资源风险和新创企业管理风险。机会的识别与评估风险是指由于各种主客观因素，如信息获取量不足、把握不准确或推理偏误等使创业一开始就面临方向性错误的风险。另外，由于创业而放弃了原有的职业所面临的机会成本风险，也是该阶段存在的风险之一。准备与撰写创业计划风险是指创业计划的准备与撰写过程带来的风险，创业计划风险是指在创业计划制订过程中由于各种不确定性因素与制订者自身能力的限制而给创业活动带来的风险。确定并获取资源风险是指由于存在资源缺口，无法获得所需的关键资源，或即使可获得，但获得的成本较高，从而带来的一定的风险。新创企业管理风险是指包括管理方式，企业文化的选取与创建，发展战略的制定、组织、技术、营销等各方面的管理中存在的风险。

4. 按风险性质划分

按风险性质对创业风险进行划分，可分为系统风险与非系统风险。系统风险也称为市场风险或宏观风险，是指使整体市场受到影响并无法规避的风险，如政府经济政策的改变、利率的变化、通货膨胀、汇率变化等。系统风险是创业者和新创企业根本无法预计或通过事先采取某些针对性措施予以规避的。如2008年爆发的金融危机就是一次全球范围的系统风险。而非系统风险则指创业者和新创企业由于自身原因带来的风险，它是来自企业内部的微观因素。如企业的资金结构不合理，在经营中出现失误，如操作策略和管理失误等。非系统风险是创业者和新创企业在一定程度上可以控制的风险，所以创业者需要千方百计对非系统风险加强控制。

5. 按创业企业功能划分

按创业企业功能划分，创业风险可以分为技术风险、市场风险、资金风险、管理风险、环境风险。

（1）技术风险。技术风险是指在企业技术创新过程中，因技术因素导致创业失败的可能性。它包括以下几个方面。

1）技术成功的不确定性。创新技术从研究开发到实现产品化、产业化的过程中，任何一个环节的技术障碍都将使产品创新前功尽弃，归于失败。

2）技术前景的不确定性。新技术在诞生之初都是不完善的、粗糙的，对于在现有技术设备条件下能否很快使其完善起来，工程师和创业者都没有把握。

3）技术效果的不确定性。一项高技术产品即使成功地开发、生产，事先也难以确定其效果。

4）技术寿命的不确定性。高技术产品的重要特点之一就是寿命短，更新换代快。

例如，20 世纪 70 年代，美国杜邦公司曾对一种称为 Corfam 的皮革替代品进行开发并销售。预测和试穿的成功，使杜邦公司决策层非常乐观，他们希望 Corfam 不仅能一帆风顺地上市，而且能像公司曾经发明的尼龙一样，成为世界性的畅销产品，引发鞋面用料的革命，再现杜邦公司的辉煌。然而，最终的结果却大大出乎人们的意料，Corfam 亏损了近 1 亿美元，成为杜邦公司历史上罕见的一次失败。这正是技术风险造成的失败。

（2）市场风险。市场风险是指市场主体从事经济活动所面临的盈利或亏损的可能性和不确定性。市场风险包括以下几个方面。

1）市场需求量。市场容量决定了产品的市场商业总价值。很多创业者在制订创业计划时，常常会根据调查的数据进行主观的推理，结果可能过大地估计市场的需求量。

2）市场接受时间。一个全新的产品，打开市场需要一定的过程与时间。

3）市场价格。高技术产品的研制和开发成本一般较高，为了实现高投入的高收益回报，产品定价一般很高。

4）市场战略。一项好的高技术产品，如果没有好的市场战略规划，在价格定位、用户选择、上市时机、市场区域划分等方面出现失误，就会给产品的市场开拓造成困难，甚至使创业者功亏一篑。

例如，世界著名的贝尔实验室在 20 世纪 50 年代就推出了图像电话，但直到 20 年后，才开始商业应用，这说明一个全新产品的上市需要一定的过程与时间。再如，1959 年 IBM 公司预测施乐 914 复印机在 10 年内仅能销售 5 000 台，从而拒绝了与研制该产品的哈罗依德公司的技术合作。然而复印技术被人们迅速采用，改名为施乐公司的哈罗依德公司 10 年内销售了 20 万台施乐 914 复印机，成为一个 10 亿美元的大公司，说明 IBM 公司对施乐 914 复印机市场需求量的预测失误。

（3）资金风险。资金风险是指因资金不能适时供应而导致创业失败的可能性。对于新创企业，资金缺乏是最为普遍的问题，如果创业者不能及时解决，非常容易造成企业夭折。

例如，辉煌一时的新疆德隆集团，短短几年内就进入十几个产业，总负债高达 570 亿元，酝酿了巨大的资金风险。2004 年年初，德隆资金链开始断裂，建造在沙滩上的堡垒顷刻间分崩离析。

（4）管理风险。管理风险是指创业过程中因管理不善而导致创业失败所带来的风险。管理风险的大小主要由下列因素决定。

1）管理者素质。一个优秀的创业家，可以没有精深的技术知识，但必须具备这样一些素质：具有强烈的创新精神与创业意识，不墨守成规，不人云亦云；具有追求成就的强烈欲望，富有冒险精神、献身精神和忍耐力；具有敏锐的机会意识和高超的决策水平，善于发现机会、把握机会并利用机会；具有强烈的责任感和自信心，敢于在困境中奋斗，在低谷中崛起。

2）决策风险。不进行科学分析，凭个人经验或运气的决策方式都可能导致失败。

3）组织和人力资源风险。由于创业企业的组织结构不合理、用人不当所带来的风险称为组织和人力资源风险。

例如，有些创业企业为了追求利润，不顾后果，铤而走险，生产诸如黑心棉花、工业油盐、发霉米面、漂白蔬菜、夺命药物等假冒伪劣产品，最终受到法律的制裁，企业也就陷入万劫不复之地。当年的中华鳖精借助“马家军”神话，销售火爆。后来《焦点访谈》记者暗访发现，偌大一个鳖精厂就只有一只鳖，而且还是养在后院水池中，市场上的中华鳖精只不过是红糖加水，这是管理者素质低下带来的风险。

(5) 环境风险。环境风险是指一项高技术产品创新活动由于所处的社会、政治、政策、法律环境变化或由于意外灾害发生而造成失败的可能性。高技术产品创新必须重视对环境风险的分析和预测，把环境风险减到最低。

三、创业风险的控制与规避

市场经济条件下，创业总是有风险的，不敢承担风险，就难以求得发展。要创业，就要在风险和收益之间进行抉择和权衡，既不能为了收益而不顾风险，也不能因害怕风险而错失良机。关键是要树立风险意识，在经营活动中尽可能预防风险、降低风险、规避风险。创业风险防范主要指对风险的控制与规避。

1. 创业风险的控制

(1) 学会分析风险。创业者在每一经营环节都要分析风险，对可能出现的风险要有明确的认识和克服的预案。创业者可以从两个角度进行风险分析。

1）从技术风险、市场风险、财务风险、政策及法律风险、团队风险等方面，预测特定创业机会及创业活动可能遇到的风险因素。

2）从系统风险、非系统风险两个方面，采用层次分析法，层层细化，逐级分析，以求深入准确揭示可能遇到的风险因素。

(2) 善于评估风险。创业者必须进行创业风险的评估，即将特定的创业机会和创业活动结合，分析和判断创业风险的具体来源、发生概率、主要风险因素，测算风险损失和风险收益，估计自己的风险承受能力，进而进行风险决策，提前准备相应的风险管理预案。例如，投资一旦失误，可能造成多大损失；贷款一旦无法收回，会产生多大影响；资金周转不良，会对正常经营造成哪些影响等。

(3) 积极预防风险。积极预防风险包括对投资方案进行评估，对市场进行周密调查，制定科学的资金使用政策等。一旦某个环节出了问题，要有采取补救措施的预案，尽可能减少负面影响。同时，还要加强管理，建立健全企业各种规章制度，特别是合同管理、财务管理、知识产权保护等；在平时的业务交往中要认真签订、审查各类合同，加强对合同履行过程的监督。

（4）设法转嫁风险。风险不可避免，但可以转嫁。例如财产投保，就是转嫁投资意外事故风险；购买商品是转嫁筹资风险；以租赁设备代替购买设备是转嫁投资风险。创业也是如此，个人独资承担无限责任，但几个人共同投资，就是有限责任，就能分散风险。

2. 创业风险的规避

与其老想着预防风险，不如从积极方面入手，从管理、技术、市场、财务、环境等几个方面对创业风险进行分析评估，采取措施规避风险，尽可能提高制胜概率。

（1）应对技术风险。为防范和降低技术风险，创业企业除了要加大研发投入、缩短研发周期外，还要加强市场研究，迅速获得现有与潜在市场的产品信息，引领所在领域的产品潮流。

1）综合考虑企业自身技术能力、资金量和所需时间，选择技术获得途径。若选择引进技术，则要在引进技术前对所引进技术的先进性、经济性和适用性进行评价，加强对职工的技术培训，提高员工对高科技设备的熟练操作度，减少不必要的风险损失。

2）在技术开发的过程中应加强技术管理，保证技术资料的机密性；申请技术专利保护，防止技术的扩散给企业带来的风险。

（2）应对市场风险。市场风险是创业过程中较为核心的风险因素，企业要结合发展战略，针对目标市场要求，根据外部环境因素，最有效地利用自身的人力、物力和财力资源，确定企业最佳的市场营销组合策略，最大限度地缓解市场风险。

1）树立以市场为导向的整合营销理念。以市场及消费者的需求为生产的出发点，时刻关注市场变化，善于抓住机会；广泛收集市场情报并加以分析比较，确定有效的市场营销策略；摸清竞争对手底细，发现其创业思路与弱点；健全符合自身产品特点的销售渠道网络；以良好的售后服务赢得顾客青睐。

2）生产适销对路的产品。加快符合市场需要的新产品研发速度，根据市场需求和企业目标，扩大产品组合的宽度、增加产品线的深度和加强产品组合的关联度。

（3）应对财务风险。为了应对财务风险，创业企业的领导团队要有适当分工，密切监控和加强防范，根据企业的经验战略确定合理的债务结构；要做好现金预算，加强财务预算控制；保持资产流动性。

创业企业应该建立一套比较有效的财务预警机制，借以分析导致企业失败的管理失误之处，运用财务安全指标来预测企业财务危机，并不断调整自身，达到摆脱财务困境的目的。常用的财务分析方法主要有“资金周转表”分析法、杜邦分析法、“本—量—利”分析法。

（4）应对管理风险。为了更好地降低风险企业成长过程中的内部管理风险，提高创业成功率，创业企业有必要形成健全的管理制度。

1）构建法人治理结构。建立科学的决策和监督机制是企业控制管理风险的前提，而这些又离不开合理的产权制度与健全的企业内部治理结构。所以，为减少企业管理风险，创业企业必须按照现代企业制度的要求，建立起真正完善的法人治理结构。

2）完善企业的内部控制制度。完善企业的内部控制制度的一个重要手段就是建立健全严密的内部控制系统。

3）提高决策者、管理者的素质。对企业中高层管理人员的使用必须坚持德才兼备的标准，在人员甄选过程中，两方面的素质都应该列入考核范围，同时还应加强员工的职业道德教育和业务培训工作。

四、创业者风险承担能力

成功创业不可缺少的就是创业精神，创业精神一般外在表现为创新、承担风险和超前行动，与坚持创业或者放弃创业直接相关的是创业者的风险承担能力。

风险承担能力从字面上理解是指创业者有多大能力承担风险，也就是说创业者能承受多大的投资损失而不影响其正常生活。它是创业者在创业过程中表现出的重要行为特征。创业者在创业过程需要承担的风险包括高负债、人力资源投入、新产品和新市场的引入以及对新技术的投资等。

准确地说，创业者承担的风险是指“可承担的损失”或者说是“可计算的风险”，这是创业者的底线。创业者“可承担的损失”的大小，取决于创业者所拥有和掌控的资源的多少。创业者通常会在可承受损失的范围内大胆地尝试，如果超过底线，多数创业者会选择放弃。尽管有“可承担的损失”这一底线，但创业者还是要承担风险，甚至冒险，他们会将这些投资投向新领域、不确定性强的领域。

创业者的风险承担能力必须综合衡量，这不仅与创业者个人资产状况、家庭情况、工作情况等有关，还与创业者个人素质，即创业者的心理素质、身体素质、知识素质和能力素质有关。

成功的创业者往往具备良好的个人素质，所以在创业的过程中虽然承担了风险，但是会努力规避风险，而且能够乐观、清晰地看到创业企业的未来。他们科学地确定目标、部署战略、监督企业的运行，并且始终按照自己所预见的未来进行调整和控制，从而减少各种可能的风险。同时，他们通过把风险转移给合伙人、投资者、债权人和利益相关者，有效地控制风险。

第四节　商业模式开发

当创业者瞄准一个创业机会之后，需要进一步构建与之相适应的商业模式。创业机会不能脱离必要的商业模式的支撑而独立存在，成功的商业模式犹如一座桥梁，富有市场潜在价值的创业机会将通过这一桥梁走向真正意义上的企业。缺乏良好的商业模式，创业机会就不能实现真正意义上的市场价值。

有一个好的商业模式，成功就有了一半的保证。那么，到底什么是商业模式？其特征是什么？有哪些常见类型呢？

一、商业模式的定义和本质

我们知道，饮料公司通过卖饮料来赚钱；快递公司通过送快递来赚钱；网络公司通过点击率来赚钱；通信公司通过收话费来赚钱；超市通过平台和仓储来赚钱等。只要有赚钱的方式，就有商业模式存在。简单地讲，商业模式就是公司或企业盈利的途径或方式。

然而，不能把盈利模式简单等同于商业模式。例如，将福建的茶叶运到俄罗斯再高价卖出是盈利模式，报纸通过低价和好的新闻扩大读者群吸引企业在报纸上做广告进而赚取企业的广告费也是盈利模式，但这样的盈利模式容易被模仿。盈利模式仅仅是商业模式的一部分，商业模式往往包含了更长链条的盈利逻辑。应该说，构成盈利的这些服务和产品的整个体系称为商业模式。

商业模式的兴起有深刻的社会背景。20 世纪末，互联网的出现使商业模式引起主流社会的关注。虽然“商业模式”这一名词在今天出现的频率极高，但是关于它的定义仍然没有一个权威的版本。Timmons 把商业模式定义为一个完整的产品、服务和信息流体系，包括每一个参与者和其在体系起到的作用，以及每一个参与者的潜在利益和相应的收益来源和方式。在分析商业模式的过程中，主要关注一类企业在市场中与用户、供应商、其他合作方的关系，尤其是彼此间的物流、信息流和资金流。

标准的企业运作流程是钱—物—钱。第一个“钱”指的是资本，包括资产和资金；“物”指的是产品，包括有形产品和无形服务；第二个“钱”是资本的增值。任何企业都是围绕钱—物—钱来进行运作的，这样才能支撑业务的循环。延展来看，不管是扩张型企业、成熟型企业，还是成长型企业、创业型企业，企业生存的根本都是创造符合客户需求的物。也就是说，要满足客户需求，最终实现客户价值，从而实现利润。在这个过程中，企业内的各种要素，如产、供、销、研、财等，都是围绕着企业的价值主张来创造价值的。同时，这个创造价值的过程还包含了从供应链、企业内部运营、分销链，一直到价值交换与转移的全过程。

商业模式正是为了满足客户需求或实现客户价值，而采取的整体解决方案等一切方案的整合，也就是实现客户价值的逻辑。比如，企业如何获得资本，用资本做什么、为谁做、用什么做、怎么做，用什么方式提供给需求者，最终获得利润的这个整体解决方案就是商业模式。

因此，可以将商业模式定义为：为实现客户价值最大化，把能使企业运行的内外各要素整合起来，形成一个完整的、内部化的、利益相关的、高效率的、具有独特核心竞争力的运行系统，并通过最优实现形式满足客户需求、实现客户价值，同时使系统达到持续盈利目标的整体解决方案。商业模式本质上是若干因素构成的一组盈利逻辑关系的链条。这些要素主要包括以下一些。

（1）价值主张：即公司通过其产品和服务所能向消费者提供的价值。价值主张确认了公司对消费者的实用意义。

（2）目标消费者群体：即公司所瞄准的消费者群体。这些群体具有某些共性，从而使公司能够（针对这些共性）创造价值。定义目标消费者群体的过程也被称为市场划分。

（3）分销渠道：即公司用来接触消费者的各种途径。它阐述了公司如何开拓市场，涉及公司的市场和分销策略。

（4）客户关系：即公司同其消费者群体之间建立的联系。通常所说的客户关系管理即与此相关。

（5）价值配置：即资源和活动的配置。

（6）核心能力：即公司执行其商业模式所需的能力和资格。

（7）合作伙伴网络：即公司同其他公司之间为有效地提供价值并实现其商业化而形成的合作关系网络。

（8）成本结构：即所使用的工具和方法的货币描述。

（9）收入模式：即公司通过各种收入流来创造财富的途径。

以上要素中，目标消费者群体、分销渠道、客户关系属于客户界面，价值配置、核心能力、合作伙伴网络属于基础设施管理，成本结构和收入模式属于财务状况。

商业模式是一个由各种要素组成的整体，必须是一个结构，而不仅仅是某个单一的组成因素。商业模式各组成要素之间必须有内在逻辑关系，把各组成部分有机地联系起来，使它们互相支持、共同作用，形成一个良性的循环。

二、商业模式和商业战略的关系

商业战略六要素包括正确的目标、价值主张、价值链、有所取舍、战略要素的匹配以及战略方向的持续性。对比商业模式的九个构成要素可以看到，商业战略和商业模式在许多要素方面相似。

商业模式和商业战略有两个共同点。

第一，商业模式和商业战略的本质是相同的，从价值活动实施前的角度看，它们都是对能够获得竞争优势的价值创造活动的规划或设计；从实施后的角度看，它们都是对带来了竞争优势的价值创造活动的描述。

第二，商业模式与战略在内容上高度一致，商业模式理论属于战略理论范畴。

商业模式与商业战略的区别主要在于关于它们的理论侧重点不同。

（1）商业模式理论与商业战略理论研究的侧重点不同。商业模式理论的主要研究对象或侧重点就是很多别具特色（职能）的战略措施体系。

（2）商业模式和战略在概念表述上不同。商业模式从战略措施层面着手研究，所以在概念表述上，除了战略方向，还包含从战略措施体系中得到的经济、运营逻辑。

（3）商业模式理论拥有战略理论所不具备的特点。商业模式常常通过案例来描述，比如国美模式、京东模式等，这赋予了商业模式理论的具体性和形象性特点，企业可以借鉴这些具体的模式来构建自己的战略措施。

（4）商业战略理论的很多重要内容是商业模式理论不具备的。如波士顿矩阵、SWOT 分析等分析工具，并未出现在商业模式理论中。另外，很多战略学派的重要战略理论或观点也是商业模式理论所未涉足的。

但是，商业模式与商业战略侧重点的不同，并不影响商业模式与商业战略在内容上的一致，只是内容的形成方法不同而已。

总之，商业模式是商业战略生成的基础，商业战略是在商业模式基础上的行为选择。商业战略指的是通过规划为企业设定一个独特而有价值的定位，包括一系列差异化的行动，强调的是层次性和可执行性。商业模式指的是企业运营的逻辑，也就是企业如何在市场上运作，并为客户创造和获取价值，它更强调结构性和逻辑性。商业模式一方面为企业提供了建立从战略到行动的内在逻辑思维框架，可以作为企业战略解析并落实到行动的很好的思维工具；另一方面也可作为企业检视自己从战略到行动的正确与否、合理与否的诊断工具，为企业下一步的变革或改进提供理论和实践依据。

三、商业模式的类别

商业模式正得到越来越多的重视，正如德鲁克所指出的，“当今企业之间的竞争，不是产品之间的竞争，而是商业模式之间的竞争”。从价值角度研究商业模式越来越成为国内外学者的共识。

商业模式分为两大类。

1. 运营性商业模式

运营性商业模式重点解决企业与环境的互动关系，包括与产业价值链环节的互动关系。运营性商业模式创造企业的价值、核心优势、能力、关系和知识，主要包含以下主要内容。

（1）产业价值链定位：包括企业处于什么样的产业链条中，在这个链条中处于何种地位，企业结合自身的资源条件和发展战略应如何定位。

（2）盈利模式设计（收入来源、收入分配）：包括企业从哪里获得收入，获得收入的形式有哪几种，这些收入以何种形式和比例在产业链中分配，企业是否对这种分配有话语权。

2. 策略性商业模式

策略性商业模式是表现一个企业在动态的环境中怎样改变自身以达到持续盈利的目的，是对运营性商业模式加以扩展和利用，包括提供给顾客特别的价值，并提供解决所有顾客的所有问题的方案等。应该说，策略性商业模式涉及企业生产经营的方方面面。

（1）业务模式：指企业向客户提供什么样的价值和利益，包括品牌、产品等。

（2）渠道模式：指企业如何向客户传递业务和价值，包括渠道倍增、渠道集中/压缩等。

（3）组织模式：指企业如何建立先进的管理控制模型，比如建立面向客户的组织结构，通过企业信息系统构建数字化组织等。

每一种新的商业模式的出现，都意味着一种创新、一个新的商业机会的出现。谁能率先把握住这种商业机会，谁就能在商业竞争中拔得头筹。

商业模式具有生命性，以前，通过赠送产品来赢得财富，是一种新的商业模式，而今天当各商家都用打折或买一送一的方式来促销时，这就不再是一种商业模式了。商业模式具有可移植性，如果今天生产剃须刀片的企业仍然通过免费赠送剃须刀来卖刀片，它就不能被称为商业模式，而当新型的网络企业通过各种免费方式赢得消费者的眼球时，就能称这种免费形式为网络企业的新商业模式。在企业的创办过程中，每一个环节上都有多种创新形式，偶尔的一个创新也许就能改变企业的整个经营模式。也就是说，企业的商业模式具有偶然性和衍生性。

四、设计商业模式的思路和方法

成功企业都是在一个有效的商业模式下运营的。只要对这些企业的商业模式进行系统的分析，就会明白这一模式是如何运用某些关键资源和关键流程，以盈利方式实现强有力的价值主张的。商业模式设计就是企业基本盈利假设和实现方式，以及由此产生的不同价值链和不同资源配置的模式，目的是使企业价值最大化。

“价值链”这一概念，是迈克尔·波特教授于1985年提出的。他认为：“每一个企业都是在设计、生产、销售、发送和辅助其产品的过程中进行种种活动的集合体，所有这些活动可以用一个价值链来表明。”企业的价值创造是通过一系列活动构成的，这些活动可分为基本活动和辅助活动两类。基本活动包括内部后勤、生产作业、外部后勤、市场和销售、服务等；辅助活动包括采购、技术开发、人力资源管理和企业基础设施建设等。这些互不相同但又相互关联的生产经营活动，构成了一个创造价值的动态过程，即价值链。

价值链在经济活动中是无处不在的：上下游关联的企业与企业之间存在行业价值链，企业内部各业务单元之间的联系构成了企业内部的价值链。价值链上的每一项价值活动，都会对企业最终能够实现的价值造成影响。创业者可以通过审视一个产品或服务的价值链来发现价值链的哪个阶段能够以其他更有意义的方式增加价值。价值链分析有助于创业者识别机会以进行商业模式的开发。

不清晰或是方向错误的商业模式对创业具有较大的破坏性，一旦发现所设计的商业模式存在失误，创业者应该尽快从其中走出来，调整发展方向，明确可行的商业模式。所以，商业模式设计既是创业机会开发环节的一个不断试错、修正的反复过程，又是分解企业价值链条和价值要素的过程，涉及要素的新组合关系或新要素的增加。施乐复印机的历史，完美地诠释了好的商业模式设计的重要性。

20世纪30年代，静电复印术问世了。这种技术复印出来的复印件既干净又整齐，速度也非常快，远远高于当时主流的复印机。然而，采用静电复印术的机器制造成本是2 000美元。

当时，复印机厂家盛行的做法是采用“剃须刀+刀片”模式：对复印机设备用成本加上一个适当的利润卖出，目的是吸引更多的客户购买；而对配件和耗材则是单独收费，并且通常会在其成本之上加很高的溢价，以获取高额利润。显然，由于设备的成本过高，静电复印术很难照搬这种商业模式。

在经受各种质疑之后，施乐最终采取了一种新的商业模式，并于1959年推向市场：消费者每个月只需支付95美元就能租到一台复印机，如果每月复印的张数不超过2 000张，则不需要再支付任何其他费用；超过2 000张以后，每张再支付4美分；如果客户希望中止租约，只需提前15天通知公司即可。

结果，效果好得出奇。由于复印质量很高，而且使用方便，用户的办公室一旦安装了这种复印机，很快复印量就超过2 000张，这意味着从月租的第二天起，绝大多数的复印机每多复印一张，就可以带来额外收入。

此后十几年，施乐公司收入增长率一直保持在41%，股权回报率一直长期稳定在20%左右。到了1972年，原本一家资本规模仅有3 000万美元的小公司已经变成了年收入高达25亿美元的商业巨头。

跟原来的“剃须刀+刀片”模式相比，施乐复印机的商业模式满足的顾客需求没有变，但在满足需求的方式上发生了变化，最终不管从交易价值还是交易成本上都发生了彻底的变革，其商业模式的价值无疑更大。

好的商业模式设计应该从定位、业务系统、关键资源能力、盈利模式、现金流结构、企业价值六个方面来进行。

1. 定位

一个企业要想在市场中赢得胜利，首先必须明确自身的定位。定位就是企业应该做什么，它决定了企业应该提供什么特征的产品和服务来实现客户的价值。

定位，首先要选择最有潜力提供长期利润增长的消费群，并确定为他们提供什么样的独特价值；其次，当这一选择不断变化，价值向新的区域转移时，定位也要跟进。定位是企业战略选择的结果，也是商业模式体系中其他有机部分的起点。

2. 业务系统

业务系统是指企业达成定位所需要的业务环节、各合作伙伴扮演的角色以及利益相关者合作与交易的方式和内容。对外，要界定企业活动范围，确定提供何种服务或产品才能抓住消费者、创造高利润、保护利润流；对内，要建立组织系统，确保内部有能力完成以上任务。

业务系统是商业模式的核心。一个高效的业务系统需要根据企业的定位识别相关的活动并将其整合为一个系统，然后再根据企业的资源能力分配利益相关者的角色，确定与企业相关价值链活动的关系和结构，围绕企业定位所建立起来的这样一个内外部各方利益相关者相互合作的业务系统形成一个价值网络。该价值网络明确了客户、供应商和其他合作伙伴在企业通过商业模式而获得价值的过程中所扮演的角色。

3. 关键资源能力

业务系统决定了企业所要进行的活动，而要完成这些活动，企业需要掌握和使用一整套复杂的有形和无形资产、技术和能力：即建立一种控制性能力，保护利润流，让顾客必须从你这里购买，称为“关键资源和能力”，这是让业务系统运转所需要的重要的资源和能力。

任何种商业模式构建的重点工作之一就是了解和明确企业商业模式有效运作所需的资源和能力有哪些，它们是如何分布的，以及如何才能获取和建立这些资源和能力。不是所有的资源和能力都是同等珍贵的，也不是每种资源和能力都是企业所需要的，只有和定位、业务系统、盈利模式、现金流结构相契合、能互相强化的资源和能力才是企业真正需要的。

4. 盈利模式

盈利模式指企业如何从为客户提供的价值中获得收入、分配成本、赚取利润。盈利模式是在业务系统中各价值链所有权和价值链结构已确定的前提下，企业利益相关者之间的利益分配格局中企业利益的表现。良好的盈利模式不仅能够为企业带来利益，更能为企业编制一张稳定共赢的价值网。

一个好的盈利模式往往可以产生多种收入来源，传统的盈利模式往往是企业提供什么样的产品和服务，就针对这种产品和服务向客户收费。现代企业的盈利模式则变化极大，经常出现的盈利模式是企业提供的产品和服务不收费，吸引来的顾客产生的价值则由其他利益相关者支付。例如，客户使用互联网上的搜索引擎不需要支付费用，但被搜索到的产品和服务的提供商却需要支付费用。同样的业务系统的盈利模式也可能不一样，例如网络游戏就有收费、免费和向玩家付费三种不同的方式。

5. 现金流结构

现金流结构是企业经营过程中产生的现金收入扣除现金投资后的状况，其贴现值反映了采用该商业模式的企业的投资价值。不同的现金流结构反映企业在定位、业务系统、关键资源能力以及盈利模式等方面的差异，体现企业商业模式的不同特征，并影响企业的成长速度，决定企业的投资价值、企业投资价值递增速度以及受资本市场青睐的程度。

6. **企业价值**

企业价值，即企业的投资价值，是企业预期未来可以产生的自由现金流的贴现值。

如果说定位是商业模式的起点，那么企业的投资价值就是商业模式的归宿，是评判商业模式优劣的标准。

企业的投资价值由其成长空间、成长能力、成长效率和成长速度决定。好的商业模式可以做到事半功倍，即投入产生效率高、效果好，包括投资少、运营成本低、收入的持续成长能力强。

五、创新商业模式

商业模式创新作为一种新的创新形态，其重要性已经不亚于技术创新。近年来，创新的商业模式以前所未有的规模和速度改变着行业格局。

商业模式创新是指企业价值创造提供基本逻辑的变化，即把新的商业模式引入社会的生产体系，并为客户和自身创造价值。通俗地说，商业模式创新就是指企业以新的有效方式盈利。商业模式创新是为公司、客户和社会创造新的价值。凭借 iPod 及 iTunes 在线商店，苹果公司创造了一个全新的商业模式，从而成为在线音乐市场的主导力量。Skype 公司基于点对点（P2P）技术上的创新商业模式，带来了相当廉价的全球通话及 Skype 客户端之间的免费通话。Zipcar 公司在付费会员制度下，通过提供计时或计天汽车租赁业务，把城市居民从自有汽车产权的模式中解放了出来。

面对这些商业模式，该如何系统地设计和实现这些全新的商业模式呢？掌握构成商业模式创新的必要条件及商业模式创新的方法有助于设计和不断更新商业模式。

1. **构成商业模式创新的必要条件**

由于商业模式构成要素的具体形态表现、相互间关系及作用机制的组合几乎是无限的，因此，商业模式创新企业也有无数种。但是不管怎样，商业模式创新企业具有几个共同特征。或者说，构成商业模式创新必须具备以下条件。

（1）提供全新的产品或服务，开创新的产业领域，或以前所未有的方式提供已有的产品或服务。如 Grameen Bank 面向低收入者提供的小额贷款产品服务，开辟了全新的产业领域，是前所未有的；亚马逊卖的书和其他零售书店没什么不同，但它卖的方式全然不同。

（2）至少有多个要素明显不同于其他企业，而非少量的差异。如 Grameen Bank 与传统商业银行不同，以贫穷妇女为主要目标客户、贷款额度小、不需要担保和抵押等。亚马逊相比传统书店，具有选择范围更广、通过网络销售、在仓库配货运送等特征。

（3）有良好的业绩表现，体现在成本、盈利能力、独特的竞争优势等方面。如 Grameen Bank 虽然不以盈利为主要目的，但它一直是盈利的。亚马逊在一些传统绩效指标方面良好的表现也表明了它商业模式的优势，如短短几年就成为世界上最大的书店，数倍于竞争对手的存货周转速度给它带来了独特的优势，消费者购物用信用卡支付时，通常在 24 小时内到账，而亚马逊付给供货商的时间通常是收货后的 45 天，这意味它可以利用客户的钱的时间长达一个半月。

2. 商业模式创新的方法

一般而言，商业模式创新有四种方法。

（1）改变收入模式。这是指改变一个企业的用户价值定义和相应的利润方程或收入模型，需要企业从确定用户的新需求入手，从更宏观的层面重新定义用户需求，深刻理解用户购买产品需要完成的任务或要实现的目标。

国际知名电钻企业喜利得公司（Hilti）就从此角度找到了用户新需求，并重新确认用户价值定义。喜利得一直以向建筑行业提供各类高端工业电钻著称，但激烈的竞争使电钻成为低利标准产品。于是，喜利得通过专注于用户所需要完成的工作，意识到用户真正需要的不是电钻，而是在正确的时间和地点获得处于最佳状态的电钻。然而，用户缺乏对大量复杂电钻的综合管理能力，造成工期经常延误。因此，喜利得随即改动它的用户价值定义，不再出售而是出租电钻，并向用户提供电钻的库存、维修和保养等综合管理服务。为提供此用户价值定义，喜利得变革其商业模式，从硬件制造商变为服务提供商，并把制造向第三方转移，同时改变了盈利模式。

（2）改变企业模式。这是指改变一个企业在产业链的位置和充当的角色。也就是说，改变其价值定义中“造”和“买”的搭配，部分由自身创造，其他由合作者提供。一般而言，企业的这种变化是通过垂直整合策略或出售及外包来实现。谷歌就是采取这种思路进行商业模式创新的。谷歌在意识到大众对信息的获得已从桌面平台向移动平台转移时，自身仅作为桌面平台搜索引擎会逐渐丧失竞争力，于是实施垂直整合，大手笔收购摩托罗拉手机和安卓移动平台操作系统，进入移动平台领域，从而改变了自己在产业链中的位置及商业模式。IBM 也是如此，它在 20 世纪 90 年代初期意识到个人电脑产业无利可寻，即出售此业务，并进入 IT 服务和咨询业，同时扩展软件部门，一举改变了它在产业链中的位置和原有的商业模式。

（3）改变产业模式。这是最激进的一种商业模式创新，要求一个企业重新定义本产业，进入或创造一个新产业。如 IBM 通过推动智能星球计划和云计算重新整合资源，进入新领域并创造新产业，提供商业运营外包服务和综合商业变革服务等，力求成为企业总体商务运作的大管家。亚马逊也是如此，它进行的商业模式创新向产业链后方延伸，为各类商业用户提供如物流和信息技术管理的商务运作支持服务，并向它们开放自身的 20 个全球货物配发中心，并大力进入云计算领域，成为提供相关平台、软件和服务的领袖。

（4）改变技术模式。正如产品创新往往是商业模式创新的最主要驱动力，技术变革也是如此。企业可以通过引进激进型技术来主导自身的商业模式创新，如当年众多企业利用互联网进行商业模式创新。当今，最具潜力的技术是云计算，它能提供诸多崭新的用户价值，从而提供企业进行商业模式创新的契机。另一项重大的技术革新是 3D 打印技术，如果能成熟并商业化，它将帮助诸多企业进行深度商业模式创新。如汽车企业可用此技术替代传统生产线来打印零件，甚至可采用直销模式，让用户在网上订货，并在靠近用户的场所将所需汽车打印出来。

当然，无论采取何种方式，商业模式创新需要企业对自身的经营方式、用户需求、产业特征及宏观技术环境具有深刻的洞察力。这才是成功进行商业模式创新的前提条件，也是最困难之处。

复习思考题

1. 什么是创业机会？
2. 创意、商业机会与创业机会有什么区别和联系？
3. 创业机会有哪些类型？如何识别？
4. 有价值的创业机会有什么特征？如何评价？
5. 创业风险的来源是什么？有哪些类型？如何识别和增强创业者的风险承担能力？
6. 商业模式的基本概念是什么？如何进行商业模式的设计？
7. 如何创新商业模式？

创业资源

学习目标

1. 掌握创业资源的含义、特征、分类。
2. 了解社会资本、资金、技术及专业人才在创业中的作用。
3. 掌握创业资源获取的途径与技能。
4. 掌握创业融资的内涵及面临的困境。
5. 掌握创业资金的测算方法。
6. 了解创业融资的渠道、原则及策略。
7. 掌握创业资源开发的原则、分类及方法。

第一节　创业资源概述

一、创业资源的内涵和种类

（一）创业资源的含义与特征

1. 创业资源的含义

创业资源有狭义和广义之分，狭义的创业资源是指新创企业在创造价值的过程中需要的特定的资产，包括有形与无形的资产，它是新创企业创立和运营的必要条件，主要表现为创业人才、创业资本、创业技术、创业机会和创业管理等；广义的创业资源是指已经显现或尚未显现、潜在的但是在将来可能会为创业者所用的一切资源。

2. 创业资源的特征

一般而言，资源就是经济主体在提供产品或服务的过程中，所有可支配的、能够实现公司战略目标的各种生产要素与支持条件。相对于既有企业来说，新企业的创业资源不仅具有资源的一般特性，而且还具有一些自身的特性，主要包括以下几个方面。

(1) 资源稀缺程度更高。创业资源的稀缺性包括两方面的含义，一是创业资源相对于创业者的创业需求而言是稀缺的；二是新企业所拥有的资源结构与所需要的往往是不平衡的。

既有企业一般是从新企业逐步成长和发展起来的。伴随着企业的发展，既有企业往往会开发出较多的资源，这个开发过程所奠定的基础往往使既有企业更容易获得外界的资源。而新企业则没有既有企业那样的资源开发的积淀，因而获取外界资源的难度更大。在一定的时空范围内，新企业资源的充裕程度、资源结构的平衡程度，都将影响新企业的规模、形式、路径的选择及创业绩效。实际上，成功的创业过程就是一个创业资源的总量逐渐丰盈、结构逐渐合理的过程。

(2) 资源外部依赖性更强。新企业创业资源稀缺，意味着新企业直接控制的内部资源不足。同时，相对于既有企业管理者，创业者往往还缺乏与企业运动相关的知识、经验及能力。因此，新企业往往存在着资源稀缺和部分资源利用不充分的双重矛盾。利用外部资源既能解决创业资源稀缺问题，又能解决部分资源利用不充分而导致的资源结构不平衡的问题，大大减少新企业的风险与成本。例如，许多创业者在创业过程中特别注意学习先进管理经验、吸引优秀的管理人才加盟创业团队，从而快速提升创业绩效和有效规避创业风险。

新企业利用外界资源的根本原因是为了解决创业资源匮乏的问题，而既有企业可能更多的是从扩张、竞争战略等方面考虑。因此，在日趋多变的商业环境下，创业者如何创造性地获取及利用外部创业资源，对于新企业的生存与发展显得越来越重要。

(3) 资源个性化特征更明显。任何企业都被深深地打上了其缔造者的烙印，只不过新企业的创业者个人特征更为明显。与既有企业相比，新企业的各种生产要素往往与创业者自身的社会网络联系在一起。例如，新企业中重要的人力资源往往是创业者的家庭或相关群体的成员；新企业的创业资金往往来自创业者自身或亲朋好友等相关群体。

(二) 创业资源的分类

1. 直接资源和间接资源

按照资源要素对企业战略规划的参与程度，创业资源可以分为直接资源和间接资源。财务资源、经营管理资源、市场资源、人才资源是直接参与企业战略规划的资源要素，可以定义为直接资源；政策资源、信息资源、科技资源这三类资源更多的是提供便利和支持，而非直接参与创业战略的制定和执行，对于创业战略的规划是一种间接作用，可以定义为间接资源。创业资源细分模型如图 6－1 所示。

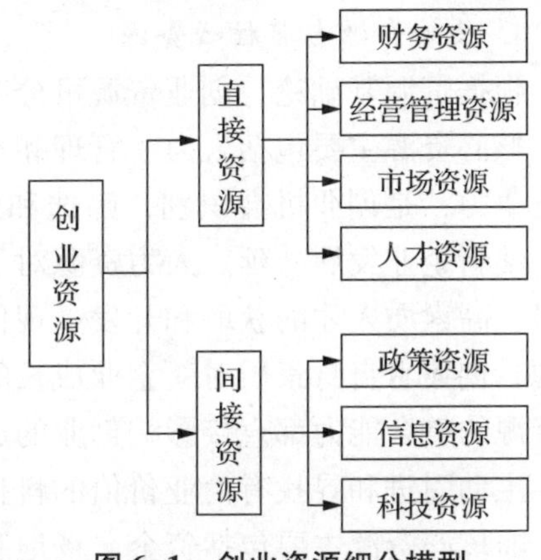

图 6-1 创业资源细分模型

2. 人力和技术资源、财务资源、其他生产经营性资源

从学者巴尼（Barney）的分类出发，根据创业时期资源的重要性，创业资源可分为组织资源、人力资源、物质资源。由于企业新创，组织资源无疑是三类资源中较为薄弱的部分。而人力资源是创业时期最为关键的因素，创业者及其团队的洞察力、知识、能力、经验及社

会关系影响到整个创业过程的开始与成功。同时，在企业新创时期，专门的知识技能往往掌握在创业者等少数人手中，因而此时的技术资源事实上和人力资源紧密结合，并且上述两种资源可能成为企业竞争优势的重要来源。对于物质资源，最初主要为财产资源和少量的厂房、设备等。从而，细分后的创业资源经过重新归纳，主要为三种：①人力和技术资源，包括创业者及其团队的能力、经验、社会关系及其掌握的关键技术；②财务资源，即以货币形式存在的资源；③其他生产经营性资源，即在企业新创过程中所需的厂房、设施、原材料等。

3. 自有资源和外部资源

自有资源来自内部机会积累，是创业者自身所拥有的可用于创业的资源，如创业者自身拥有的可用于创业的自有资金、自己拥有的技术、自己所获得的创业机会信息、自建的营销网络、自己控制的物质资源、自身的管理才能等。甚至在有时候，创业者所发现的创业机会就是其所拥有的唯一创业资源。

外部资源是创业者从外部获取的资源，如从朋友、亲戚、商务伙伴或其他投资者筹集到的资金空间、设备或其他原材料（有时是由客户或供应商免费或廉价提供的），或通过提供未来服务、机会等换取到，有些还可能是社会团体或政府的资助计划。外部资源更多来自外部机会的发现，而外部机会的发现在创业初期起着决定性作用。创业者在开始创业时面临的一个重要问题就是资源不足和资源供给不上，一方面，企业的创新和成长必须消耗大量资源；另一方面，企业自身还很弱小，无法实现资源自我积累和增值。所以，只有识别机会，从外部获取充足的创业资源，企业才能实现快速成长。这也是创业资源有别于一般企业资源的独特之处。对创业者来说，运用外部资源是一种非常重要的方法，在企业创立时和早期成长阶段尤其如此。

自有资源的拥有状况将在很大程度上影响甚至决定企业获取外部资源的结果。因此，创业者首先要致力于扩大、提升自有资源。

4. 核心资源与非核心资源

根据资源基础论，创业资源可分为核心资源和非核心资源。

核心资源主要包括人力、管理和技术资源。这三类资源是使新企业有别于其他企业的核心竞争力，是创业机会识别、筛选和运用三大阶段的主线。创业者必须以这三类资源为基点，使新企业发展外延。人力资源对于新创企业来说，主要是一种知识财富，是企业创新的源泉，高素质人才的获取和开发是现代企业可持续发展的关键。管理资源又可理解为创业者资源，创业者自身素质对新企业成长的作用至关重要，其个性、对机会的识别和把握能力、对资源的整合能力都直接影响创业的成功。技术资源是一种积极的机会资源，对于新企业来说，主动引进和寻找有商业价值的科技成果，是企业的立身之本和市场竞争之源。

非核心资源主要包括资金、场地和环境资源。有效地吸收资金资源，并保持稳定的资金周转率，实现预期盈利目标，是创业成功的关键。场地资源指的是高科技企业用于研发、生产、运营的场所。良好的场地资源能够为企业大幅度降低营运成本，提供便利的生产经营条件，使其在短期内积累更多的顾客或质优价廉的供应商。而环境资源作为一种外围资源，影响着新企业的发展，例如，信息资源可以提供给创业者优厚的场地、资金、管理团队等关键资源，文化资源可以促进管理资源的持续发展等。识别并立足核心资源，发挥非核心资源的辐射作用，实现创业资源最优组合，是创业资源运行机制的基本思路。

二、不同类型创业活动的资源需求差异

不同的创业活动具有不同的创业资源需求，创业者应该认识不同类型创业活动的资源需求差异，获取创业企业发展所必需的资源，并对自身所拥有的资源进行合理的开发和利用，以满足企业的具体需要。按照创业资源需求的不同，创业活动可以分为资合型创业、人合型创业和技术型创业。

（1）资合型创业的资源需求。资合型创业需要源源不断的资金来支持整个创业过程，常见于金融等行业内的创业。这种创业过程需要大量的创业资金，而一般大学生创业者资金相对匮乏，因此不建议进行这种类型的创业。

（2）人合型创业的资源需求。人合型创业要求创业过程中有可靠的社会资本和一定量的专业人才。创业者或者创业团队以自身所拥有的社会资本和专业人才通过非市场途径吸引其他创业资源，进行创业活动。

（3）技术型创业的资源需求。技术型创业需要在创业过程中有新颖独特的技术资源支持。对于创业者而言，技术是否具有先进性与独特性决定了其创业绩效的高低，继而决定其创业的成败。

三、创业资源与一般商业资源的不同之处

创业资源与一般商业资源不同，二者的主要区别表现在以下几个方面。

（1）创业资源比一般商业资源更加有限，其目的在于取得能力优势。创业者的可控资源比一般商业资源更加有限，但面对的市场又是不确定的，因而先前的经验和社会关系网络极其重要，整合资源和快速学习是弥补新创企业劣势的重要途径。创业资源获取的最终目的在于取得能力优势，它构成持续竞争优势的核心。企业的存量资源可以通过创业精神的持续嵌入得以活化，从而改变企业的资源流量和态势，甚至跃迁为创业资源。这就意味着组织能力优势的形成有两种渠道：一是通过外部获取；二是整合内部资源。企业内部资源对于获取持续竞争优势而言最为重要，而外部资源的获取构成了强大的支持力量。

（2）从外部获取的创业资源居多。一般商业资源获取途径既有自身资源途径又有外部资源途径，而在创业过程中尤其是企业初创期，创业者掌握的资金等资源有限，以组合自身资源的途径获取资源的难度很大，因而创业资源更多的是通过外部获取。

（3）创业资源难以模仿，难以替代。任何一个创业者可控的创业资源都不相同，不同的创业者在创业过程中的创业资源也难以模仿，难以替代。

四、社会资本、资金、技术及专业人才在创业中的作用

（一）社会资本在创业中的作用

社会资本能为新创企业提供竞争优势，为创业者提供关键性资源，影响创业决策，提高资源的利用效率。如果创业者具有特殊的社会资本，就更容易取得其他交易成本，创立新企业要求在资本有限的条件下积累大量资源。社会资本的作用主要有以下几个方面。

（1）主体培养作用。社会资本是培养创业者的摇篮，每个创业者都是在特定的创业环

境下成长起来的。首先，人的创业动机是在其所处环境的刺激下产生的。其次，在一定历史时期，客观环境要求产生大批创业者。最后，虽然创业者一开始并不具有创业者的条件和素养，但特定的社会资本不断地对其施加影响，提高其素质，磨炼其意志，将其打造成符合时代要求的合格创业者。

(2) 事业依托作用。创业活动需要一个立足之地，即一个开展经营活动的场所。创业者凭借社会资本的依托，构筑起自己的创业大厦和可靠的阵地，使自己有开展创业活动的根据地。

(3) 物质保证作用。通过对社会资本的合理利用，创业活动所需要的其他相关资源可以得到有效的安置。

(4) 精神推动作用。社会资本是创业活动的推进器，各种创业活动都是在社会资本的推动下进行的。创业活动不仅需要物质基础作为保证，也需要精神动力的支持，没有后一个条件，创业活动无法开展。

(二) 资金在创业中的作用

创业离不开资金的支持，雄厚的资金实力是企业创立、发展、壮大的坚实后盾。新创企业往往由于资产不足而缺乏抵押能力，很难弥补资金的短缺。因此，如何有效地获取资金是每个创业者都极为关注的问题。

(三) 技术在创业中的作用

在创业初期，技术是关键资源之一。创业技术的好坏决定了创业产品的市场竞争率的高低，好的创业技术能够将新产品或服务尽快投放市场，进而获得先动者优势。所以，对于技术创业者来说，是否掌握创业需要的核心技术、是否有技术的所有权，决定着创业成本的高低，决定着新创企业能否在市场中取得成功。

(四) 专业人才在创业中的作用

在创业的过程中，专业人才是创业的重要因素，由各种人才组成的创业团队对保证创业过程的顺利进行具有重要作用。创新决定创业的生命力，而人才和意识决定创新能力和水平，一个优秀的团队组合是创业所必需的条件和动力。在创业初期，其他各类资源严重匮乏，如何充分利用专业人才获取各项创业资源来开展创业活动是创业企业在创立之初的重点。可以说，新创企业能否进行人力资源的合理开发与利用以节约成本、提高效率，是企业能否顺利度过初创时期的关键。

五、创业资源获取的途径与技能

创业资源的获取是指创业者通过内部条件和外部环境来获得所需的资源。对于创业者来说，拥有新企业所必备的各种资源是进行创业的前提，缺乏这些必要的资源会让创业者举步维艰。因此，创业资源的获取在整个创业过程中处于十分关键的地位。创业者获取创业资源的途径主要有合理组合自有资源和充分发掘外界资源两种途径。

创业资源是创业过程中的关键因素，采取有效的技能可以事半功倍。

(1) 必须充分重视人力资源的获取。人力资源在创业资源中起着决定性的作用。创业者作为企业的思想和行动的领导者，必须足够优秀才能纵览全局。首先要努力提高自身素养、专业技能，对行业现状、前景有较清晰的认识，发挥领导作用。其次，要重视团队的建设，培养优秀中层管理者，使其在工作中展示各自的才华、优势互补。最后，定期让员工参加关于企业文化、业务的培训，提升员工专业技能，为企业发展助力。因此，创业初期，创业者需要花费大量的时间和资金在人力资源的培养和获取上。

(2) 以能用和够用为原则。创业者在筹集资源时应坚持能用的原则，只有满足企业需求、可以支配并使其充分发挥作用的资源，才是需要花力气筹集的资源。另外，还应该本着够用的原则，既可满足企业经营所需，又不会因为筹资过多而承担较高的成本。

(3) 尽可能筹集多用途资源和杠杆资源。一般来说，时间资源、人力资源是用途最多也是最具有杠杆性质的资源。创业者要善于进行时间管理，把有限的时间用在刀刃上，要善于授权，将精力集中于关键问题的决策上，既有效发挥团队成员的作用，也有利于利用团队成员的能力撬动更多其他资源。

第二节　创业融资

一、创业融资的内涵

管理学大师德鲁克曾说："一家新的尤其是正在成长的企业在其生命周期的头五六年中，'利润'一词只会是会计方面编造出来的东西。在这些年中，继续经营的费用对一家新企业几乎可以说是天经地义的，总是大于从昨天的经营中得来的盈余。"企业从创立初期到成长发展都会面临资金问题，而资金作为新企业最为重要的一个资源，决定着企业的生存和发展。因此，创业者在初创时期要优先考虑企业资金的来源。

二、创业融资概述

(一) 创业融资的概念

通常情况下，融资是指为支付超过现金的购货款而采取的货币交易手段，或为取得资产而采取的货币手段，是在货币资金的持有者和需求者之间，直接或间接地进行资金融通的活动。广义的融资是指资本在持有人之间的活动，是一种以余补缺的经济行为，是资本双向互动的过程，由融入、融出两部分构成，不仅包括资本的来源，也包括资本的运动。狭义的融资就是通常所说的资本来源，是企业从自身生产经营现状及资本运用情况出发，根据企业未来经营策略和发展的需要，经过科学的预测和决策，通过一定的渠道、采用一定的方式，利用内部积累或向企业的投资者、债权人筹集资本，组织资本供应，保证企业正常生产经营的一种经济行为。创业融资是指创业者（团队）在创业活动中，为保障企业生产、运营所需资金，通过各种渠道和方式获得资金的过程。

(二) 创业融资在创业管理中的地位和要求

1. 创业融资是创业管理的关键内容

创业管理是动态的、阶段性的管理，涵盖了机会识别、创业计划书撰写、获取创业资源和管理新创企业等阶段。创业融资是获取创业资源这一阶段中的一项重要内容。机会识别阶段需要创业者进行一定的调查和对机会风险的评估，也需要一定的资金支持；创业计划书的撰写阶段虽然不依赖于资金，但也需要资金解决具体撰写过程中的基本资料、分析工具和用具的开支等问题；而管理新创企业阶段毫无疑问需要大量的资金投入。在获取创业资源阶段，就社会资源、资金资源、技术资源和人才资源的关系而言，资金资源是使技术转化为生产力、创造经济价值的基础，也是形成和提升社会资源、获取人才资源的必要手段。因此，资金资源是确保创业资源有效发挥作用的重要条件。

综上所述，创业融资确保了资金资源的获取，为其他资源的有效整合和功效的提升提供了有力的物质条件，也为创业管理各阶段工作的开展提供了物质保障，是创业管理的关键内容。

2. 创业融资在企业成长的不同阶段具有不同的侧重点和要求

创业融资通常不是一次性的，伴随着创业企业的成长，会有多次融资，各阶段融资的侧重点和要求也不尽相同。创业融资的各阶段主要包括种子期、创立期和扩张期。

种子期，创业者主要进行创意的可行性研究、技术开发和市场调研，因此所需资金量不大，创业融资需求较低。但由于创业企业仍未真实存在，创业成功的不确定性较大，因此创业融资风险较大，创业者很难取得资金拥有者的投资，更多要来自自身拥有的资金。

创立期，企业需要完成正式注册、购置设备、投入试生产等一系列活动，资金需求量明显增加，创业融资需求大幅度增加。大幅增加的资金需求单靠创业者自己是难以承担的，需要大量外部资金。但此时的创业企业盈利能力和获取现金流的能力不强，很难提供良好的信誉和资产担保，使得外部融资难度较大。

进入扩张期，创业企业具有了一定的资金实力，但由于实施大力开拓市场、不断推陈出新的迅速成长战略，创业企业仍存在较大的融资需求，融资的风险依然存在，只是相较于种子期而言略有下降。而当创业企业进入扩张期后期，由于企业自身的资金实力提升了，对资金的需求不再迫切，融资需求显著减少。同时，企业开始考虑上市等更为多样的融资方式。

（三）创业融资面临困境的原因分析

1. 创业融资的困境

创业企业融资的障碍可以从企业内部和外部两个方面分析。

（1）创业融资的内生障碍因素。从内部看，我国中小企业自身在制度方面存在缺陷——中小企业群体普遍信用缺失，企业对产权的认定模糊以及创业企业发展的各种不确定因素所决定的高风险经营是造成目前中小企业融资困难的最重要的原因。

1）信用障碍。创业企业经济交易过程中信用的缺失，一方面，源于我国长期公有制条件下的计划经济体制淡化了人们之间进行经济交易所必须具有的信用意识，政府、企业和个人之间众多的经济交易都简单地演化成资金或物资商品无偿的、单方面的转移；另一方面，在进行市场经济体制改革的初期，忽视了信用制度建设对整个经济发展的重要性，所以至今还没有形成一种完善的适合我国市场经济发展的社会信用制度。

2）管理障碍。企业的创立是一个综合性的过程，需要多方面的知识，对创业者自身素质要求很高：既要懂技术，又要懂财务；既要拥有管理才能，同时要具备长远的发展眼光；还需要良好的沟通能力、交际能力和心理素质。一个全能型的具有创新精神和协作意识的管理层才能使企业渡过大风大浪，但中国创业企业存在的普遍现状是管理者素质较低，制约了企业的发展。

3）风险障碍。从企业内部经营分析，创业企业由于技术的领先性，为谋求快速成长而投资于“高风险、高回报”的项目，而且企业发展不明确，产品和市场不明确，企业运行过程中存在技术风险、资金风险、市场风险、经营风险等。从银行供给方分析，中小企业群体的信用缺失，从整体上加大了银行对创业企业的贷款风险，导致银行对中小企业的还款能力缺乏信心，这也是金融机构特别是大型金融机构面对中小企业的资金需求时难以避免的问题。

（2）创业融资的外部障碍。从外部环境看，我国中小企业融资困难主要是受经济环境影响。同时，现有金融体系不完善，不能适应中小企业的资金需求。

1）现有金融体制障碍。制度方面供给不足是造成中小企业融资困难的重要原因。我国现有的以四大国有商业银行为主体的、高度集中和垄断的金融体制，就不适合，也难为中小企业提供金融服务。而中小金融机构对创业企业的支持又十分有限，在近几年金融体制改革力度加大的环境下，原有的地方中小型金融机构也逐渐和地方政府“脱钩”，市场定位却是和国有大商业银行共同在大中城市进行竞争，若从中小企业融资需求角度看，这实际上使中小企业失去了最有可能的资金支持的现状。

2）宏观经济政策导向与法律法规障碍。改革开放之后，随着经济的不断发展，中小企业在全国各地如雨后春笋般发展，经济实力不断提升，已经成了我国国民经济增长的主要动力。但是，由于种种原因，我国客观上仍然存在着没有给予创业型中小企业足够重视和支持的现状。

2. 创业融资难的理论解释

（1）不确定性理论。不确定性是指事先不能准确知道某个事件或某种决策的结果。影响企业融资难度的关键是创业企业成长的不确定性。不确定性可以衡量一个企业或一个项目所有可能结果的分布。潜在结果越分散，不确定性也就越大。首先，商业机会本身具有不确定性。创业者的创业机会受到外部环境的影响，外部环境会随着政策、经济、文化等因素发生变化，机会也会随之改变。对于创业活动本身而言，由于创业项目尚未实施，或刚开始实施，受外界环境的影响相对于既有企业来说更大，其市场前景不够明朗。其次，新创企业的利润也具有不确定性。创业者大多缺乏相关经验，在处理企业管理、市场分析等内外部环境变化时能力不足，企业盈利的稳定性较差。最后，初创企业的寿命具有不确定性。据统计，我国初创企业的失败率为70%左右。此外，初创企业的不确定性还包括企业抵抗风险的能力、企业的发展、企业的管理文化甚至包括竞争对手、材料供给等，这些问题都是影响企业长久发展的障碍。不确定性对于资金拥有者是具有较大风险的，初创企业很难获得融资方的认可。

（2）信息不对称理论。信息不对称是指交易中的各方拥有的信息不同。在市场经济活动中，各类人员对有关信息的了解是有差异的，掌握的信息比较充分的人员往往处于比较有利的地位。信息不对称导致创业融资难的原因主要有三点。第一，创业者倾向于对创业信息进行保密。创业者在融资时，往往倾向于保护自己的商业机密，特别是进入门槛低的行业的创业者更是如此。创业者对创业信息的隐藏会增加投资者对信息甄别的时间和成本，从而影响其投资决策。第二，新创企业的经营和财务信息具有非公开性。新创企业或者处于筹建期，或者开办的时间较短，缺乏或只有较少的经营记录，企业规模一般也较小，经营活动的透明度较差，财务信息具有非公开性，使得潜在的投资者很难了解和把握创业者和新创企业的有关信息。第三，成熟的投资者群体尚未形成。中国市场的投资理念比较保守，尚未形成一个相对成熟的投资者群体，潜在投资者对行业的认识、直觉和经验等也相对缺乏，使其在选择投资项目时更为谨慎。创业者、新创企业和投资者群体之间的信息不对称，会导致创业融资时的道德风险和逆向选择。

（3）资本市场欠发达。首先，中国缺少擅长处理中小企业融资业务的金融机构和针对新创企业特点的融资产品。和发达国家相比，中国人均金融机构数目偏少，从事中小企业融资业务的金融机构更少，加上现有金融机构的创新能力不足，针对中小企业特点的金融产品较少，可供创业企业选择的融资方式有限。其次，企业上市的要求较高，投入资本的退出渠道不畅。无论主板市场还是创业板市场，对企业上市的要求都较高，使得相当一部分企业无法满足上市的条件，从而使投入资本的退出渠道不畅，影响了风险投资等投资人对新创企业的投入。最后，产权交易市场不够发达，影响投入资本的回收。国外的产权交易是投入资本回收的重要方式，统一的产权市场有利于进行跨地区、跨行业的产权交易，相对低廉的交易成本会降低投资者回收投资的代价，使其能通过产权交易的方式回收投资。但中国不但没有形成统一的产权交易市场，而且产权交易的成本比较高，加大了投资者回收投资的成本，使其在进行投资时更加谨慎。

三、创业所需资金的测算

正确测算创业所需资金有利于确定筹资数额，科学选择资本结构，降低融资成本。由于创业企业发展要经历三个阶段，每个阶段资金需求各不相同，因此，创业所需资金的测算主要包括种子期的资金测算、创业期的启动资金测算和成长期后的资金需求测算三部分。

（一）种子期资金测算

种子期资金需求较少，所需资金主要包括技术开发费、市场调研费和创意可行性论证费等。其中，技术开发费可以以产品试制实际费用支出为依据进行测算，市场调研费和创意论证费可以采取向专业调研机构询价的方式进行测算。

（二）创业期的启动资金测算

创办企业时所需的资金主要由以下几个部分组成。

（1）设备：包括生产设备、办公设备、工具以及类似项目的购置费用。

（2）建筑：包括房屋、装饰、木工和电工修理固定设施所需的费用。

（3）预付款：包括房租、营业执照及其他类似的预付费用。

（4）经营周转：至少能支付三四个月的经营资金，包括工资、广告费、维修费、偿还债款、购买材料和能源的费用等。

（5）存货：包括半成品、产成品、原材料等占用的资金。

启动资金测算步骤如下。

第一步，根据企业种类、规模大小、经营地点、竞争对手等情况，分别列示公司运营所需的设备、建筑物、办公用品的详细项目和数量，根据市场价格进行固定资产资金需要量测算。

第二步，列示所需存货市场价格测算流动资金需要量。

第三步，将启动费用按项目进行细致分类，包括注册费用、房租、人员工资、日常经营周转费、税金、保险费等，按照当前市场价进行计算汇总，测算总体的资金需要量。

第四步，考虑到存在许多不可预知因素，为确保费用估算的准确度，可以将每项实际费用多估算出一部分，以应对可能出现的意外支出需要。

第五步，合计测算出所需启动资金的总额并进行复查。

由于创业风险较大，创业者经过以上估算可以初步测算出所需启动资金的数额。为提高估算的准确性，创业者可以通过向同行、供应商、行业协会、退休企业高管、创业机构咨询所需启动资金数额，与自己测算数值进行比较，择优确定启动资金数额。

（三）成长期的资金需求测算

成长乃至成熟期，企业已经进入运营阶段，因此资金需要量可以采用营业收入比例法进行测算。营业收入比例法假设企业营业收入可以与利润表、资产负债表的各个项目建立起固定的比例关系，并假定这种比例关系保持不变，从而以此为标准，预测未来短期资金的多余或不足。其中，与营业收入保持比例关系基本不变的项目称为敏感项目，其包括敏感资产项目和敏感负债项目。敏感资产项目一般包括现金、应收账款、存货等；敏感负债项目一般包括应付账款、应付费用等。应收票据、固定资产、长期投资、递延资产、短期借款、应付票据、长期负债和投入资本通常不属于短期内的敏感项目，留用利润因受企业所得税税率和股利政策的影响，也不宜列为敏感项目。营业收入比例法的具体测算程序如下。

（1）测算营业收入、营业成本和利润，编制预计利润表。

1）计算基年利润表的各项目与营业额的百分比。

2）预测年度的营业收入预计数乘以基年利润表的各项目与销售额的百分比，得到预测年度预计利润表各项目的预计数。

3）利用预测年度税后利润预计数和预定的留用比例，测算留用利润的数额。

留存收益增加额=预计销售额×销售净利率×（1-股利支付率）

（2）编制预计资产负债表，预测外部筹资额。

1）计算基年资产负债表敏感项目与营业收入的百分比。

2）用预计营业收入乘以基年资产负债表敏感项目与营业收入的百分比，得到预计年度的各个敏感项目数。

3）确定预计年度留用利润增加额及资产负债表中的留用利润累计数。

4）加总资产负债表的两方，资产减负债和所有者权益之差，即为需要追加的外部筹资额。

上述计算方法过程相对复杂，也可采用预测模型预测外部融资额，公式如下。

资产增加=资产销售百分比×新增销售额

负债自然增加=负债销售百分比×新增销售额

留存收益增加=预计销售净利率×预计销售额×（1-股利支付率）

融资需求=资产增加-负债自然增加-留存收益增加

=新增销售额×（敏感资产销售百分比-敏感负债销售百分比）-

预计销售净利率×预计销售额×（1-股利支付率）

四、创业融资的渠道

融资渠道，指创业企业的资金来源。对创业者而言，所有可以获得资金的途径都会成为创业资金的来源。创业企业在融资之前必须慎重考虑融资渠道。对一个新企业而言，选择一个较好的融资渠道能够减少其融资成本以及企业以后的经营成本，从某种意义上来说，这甚至直接决定了其以后的竞争力。目前，新企业的融资渠道主要有以下几种。

（一）私人投资

由于各方面的原因，新企业处于融资的不利位置，较难通过传统的融资方式获取资金。所以，私人投资成为新企业融资的重要渠道。国际金融公司（IFC）对北京、成都、温州、顺德四个地区的私营企业调查表明：我国的私营中小企业在初始创业阶段几乎完全依赖自筹资金，90%以上的初始资金主要来自创业者、团队成员以及家庭，而银行、其他金融机构贷款所占的比例非常之小。私人投资大体上包含了以下三种。

1. 自我融资

当创业者在准备创业的时候，必须放弃原有的待遇，将自身所有的精力与智慧都投入新企业的管理中。此时，创业者会将自有资金的绝大部分投入创业项目上，这个过程称为自我融资。

创建新企业是一个捕捉机会与机遇的过程，在企业创立初期，融资环境恶劣，创业者越多进行自我融资，新企业在面对诸多不确定的因素时就会有越多的生存空同。同时，在采取股权融资时，创业者也能在新企业中持有较多的股份，在创业成功后会获得更大的回报。另外，自我融资也是一种变相的承诺。如果在投身创业的过程中投入自己的资金，这就向外界展示了自己对新企业的信心，而且由于这些资金都是创业者自身拥有的，在使用过程中会非常慎重。这种信号会给其他投资方一种积极的暗示，适度缓解信息不对称的负面作用，大大增加了其他投资方对新企业投资的可能性。

2. 向亲戚朋友融资

每个人都有自己的人脉资源，这种资源在创立新企业之初起到了非常关键的作用。家庭成员和亲朋好友由于与创业者的个人关系而愿意给予投资，有助于克服由于非个人投资者对创业者不了解而造成的不确定性。这种从创业者家人、亲戚、朋友获得创业所需资金的非正规金融借贷是非常高效的融资方法。

3. 天使投资

天使投资是权益资本投资的一种形式，是指富有的个人出资协助具有专门技术或独特概念的原创项目或小型初创企业，进行一次性的前期投资。美国规定天使投资人的总资产一般在100万美元以上，或者年收入在20万~30万美元。依据天使投资人投资量的大小，可以将天使投资分为以下几类。

（1）支票天使——他们相对缺乏企业经验，仅仅是出资，而且投资额较小，每个投资额为1万~2.5万美元。

（2）增值天使——他们较有经验并参与被投资企业的运作，投资额也较大，为5万~25万美元。

（3）超级天使——他们往往是具有成功经验的企业家，对新企业提供独到的支持，投资额相对较大，在10万美元以上。

我国的天使投资尚不发达，虽然近几年有所发展，但仍没有太大的起色，其中一个原因在于中国传统的储蓄观念支配着人们的行为。

（二）风险投资公司

风险投资公司是指把所掌管的资金有效地投入富有盈利潜力的新企业，并通过后者的上市或被并购而获取资本增值的企业。除了主顾是一些新企业而不是大型企业以外，风险投资公司在其他方面类似于投资公司。缺乏经验的年轻公司除了资金以外，常常还需要关于企业经营的中肯建议。对此，风险投资公司都能提供。风险投资公司主要的运作流程为将资金投资于新的企业，帮助管理队伍将公司发展到可以上市的程度，然后将股份出售给投资公众。一旦达到这一目标，典型的风险投资公司就会在售出其在公司的权益后转向下一个新的企业。

我国的风险投资行业处于起步阶段，现有的创业投资公司大部分也是由政府投资组建的，只有很小的一部分是来自机构和外资。

（三）投资银行和非银行金融机构

商业银行、证券公司、保险公司等金融机构曾是发达国家创业投资的重要资金来源，但随着创业投资基金的出现，养老金基金等各种契约性金融组织进入创业投资的比重大大增加，并成为创业资本的主要来源。

目前，我国的国有商业银行还不能成为创业投资活动的主体。美国的金融机构是在风险基金市场发展已经十分成熟的时候进入的，而其投资偏向于处于发展阶段后期的新企业，这时候的投资风险相对来说要小得多，而对于发展初期的风险企业，他们则很少问津。

（四）私募基金

私募基金是指通过非公开的方式向特定投资者、机构与个人募集资金，由投资方和管理方协商进行投资理财的基金产品。与之对应的公募基金是向社会大众公开募集的资金。

私募基金起源于美国。20世纪末，有不少富有的私人银行家通过律师、会计师的介绍和安排，向风险较大的石油、钢铁、铁路等新兴产业投资，这类投资完全由投资者个人决定，没有专门的机构进行组织，这就是私募基金的雏形。与美国私募基金的发展类似，我国对私募基金的探索也是从风险投资开始的，风险投资在我国的尝试可以追溯到20世纪80年代。1985年发布的《关于科学技术体制改革的决定》中提到了支持创业风险投资的问题，随后筹建了我国第一个风险投资机构——中国新技术创业投资公司（中创公司)。20世纪90年代，大量的海外私募基金开始进入我国，从此掀起了私募基金的热浪。充分利用私募基金，对新企业的创立与成长会产生巨大的推动作用。

（五）创业投资基金

创业投资基金是指由具有科技或财务专业知识和经验的人士操作，并且专门投在具有发展潜力并快速成长的新公司的基金。创业投资基金来源广泛，包括退休基金、保险公司、财团法人、政府创业投资基金、国外资金等。创业投资基金是一种很好的融资渠道，是现代创业资本的主流形式。虽然现阶段创业投资基金的发展面临着法律、法规和政策环境等诸多客观条件的制约，但从它对技术创新与经济发展等方面的推动作用来看，发展创业基金势在必行。

（六）政府资金

政府资金在很多国家的创业投资发展中发挥了很重要的积极作用。为了鼓励创业投资的发展，政府会向创业投资者和创业投资企业提供无偿的补助。这种补助实际上是政府与投资企业共同筹集创业资本，共同分担创业投资者的投资风险，以鼓励民间创业投资。

在我国，由国务院批准建立了用于支持科技型中小企业技术创新的政府专项资金，通过拨款资助、贷款贴息等方式，扶持和引导科技型中小企业的技术创新活动。由于中小型企业的创新项目不同，创业基金的主要支持方式有以下几种。

1. 贷款贴息

当创新项目具有一定规模时，原则上采取贴息的方式支持其使用银行贷款，以扩大生产规模，贴息总金额原则上不超过 100 万元。

2. 无偿资助

主要用于中小企业技术创新中产品的研究、开发及测试阶段的必要补助，资助金额一般不超过 100 万元。

我国各省市均设立有针对当地情况的各种基金，创业者在进入不同地区时，应加大对这些渠道的关注力度。

五、创业融资的选择

（一）企业融资前的相关问题分析

1. 融资总收益必须大于融资总成本

融资需要成本，只有确信筹集的资金所预期的收益大于融资的总成本时，才有必要考虑如何融资。企业内部融资与外部融资的性质不同，要优先考虑企业自有资金，然后再考虑外部融资。融资规模要量力而行。

2. 选择最佳融资机会

要合理分析和预测影响企业融资的各种有利和不利条件，以及可能出现的各种变化趋势，以便寻求最佳融资时机，适时制定合理的融资策略。

3. 制定最佳融资期限决策

企业在做融资期限决策时，需对短期融资与长期融资两种方式进行权衡，选择不同期限的融资方式，尽可能降低融资成本，提高融资效率。

4. 选择最有利于提高企业竞争力的融资方式

通过融资，可以壮大企业实力，增强企业的能力和发展后劲。因此，在做融资决策时，要选择有利于提高企业竞争力的融资方式。

5. 寻求最佳资本结构

融资时，必须高度重视融资风险的控制。不仅要考虑能规避风险的融资组合策略，同时还要注意不同融资方式之间的转换力，因此，企业在进行融资决策时，应当在控制风险与谋求最大收益之间寻求平衡，即寻求企业最佳资本结构。

（二）创业融资的原则

1. 兼顾效益和成本

企业进行融资的目的是获得更大的经济效益，然而通过融资获得的资金是要支付一定成本的。用不同的融资方式筹集资金，支付的成本也不尽相同。创业者在融资过程中，需要在充分考虑项目效益的前提下，综合研究各种融资方式，寻求最优的融资组合方式以降低融资成本。

2. 合理规划

创业者对资金的需求量是不断变化的，应该根据创业计划，结合创业发展阶段，运用相应的财务手段，合理预测资金需求量。同时，不同来源的资本对企业的收益和成本有不同的影响。因此，创业者应该合理确定资本结构，包括权益资本与债务资本的结构、长期资本与短期资本的结构。

3. 及时处置

创业融资必须根据企业资本投放时间安排予以划拨，及时取得资本，使融资与投资在时间上相协调，避免因资金筹集不足而影响生产经营的正常进行，防止资金筹集过多、资金闲置而造成资金使用成本上升。

4. 合法融资

由于创业者的融资活动影响着社会资本及资源的流向和流量，以及相关主体的经济权益，因此，合法融资原则要求创业者在融资时遵守国家有关法律法规，依法履行约定的责任，维护利益相关主体的权益，不能非法集资。

（三）创业融资的策略

1. 深入进行融资总收益与总成本分析

创业者在融资前首先应该考虑的是“企业必须融资吗”“融资后的投资收益如何”“融资后的收益是否大于融资成本”。只有经过深入分析，确信利用筹集的资金所得到的总收益大于融资的总成本时，才有必要考虑融资。融资成本既有资金的利息成本，还有较为昂贵的融资费用和不确定的风险成本。企业融资成本是企业融资效率的决定性因素，对创业企业融资方式的选择有重要意义。

2. 合理确定企业的融资规模与融资期限

创业者在做融资决策之初，要根据各种条件确定企业合理的融资规模。此外，创业者必须做出最佳的融资期限选择，以利于企业的发展。因为融资期限过长，会增加融资成本与融资风险；融资期限过短，会限制企业的发展。融资期限的长短主要取决于融资的用途和创业者的风险性偏好。从资金用途上来看，如果融资是作为企业流动资产，则宜选择各种短期融资方式；如果融资是用于长期投资或购置固定资产，则宜选择各种长期融资方式。从创业者的风险性偏好角度来看，创业者对风险越偏好，就越倾向于用短期资金融通永久性资产；反之，则越倾向于用长期资金融通波动性资产。

3. 尽量选择有利于提高企业竞争力的融资方式

企业融资通常会给企业带来三方面的影响：一是壮大企业资本实力，增强企业的支付能力和发展后劲，从而减少企业的竞争对手；二是提高企业信誉，扩大企业产品的市场份额；

三是增加企业规模，提高其获利能力，充分利用规模经济优势，提高企业在市场上的竞争力，加快企业的发展。但是，企业竞争力的提高程度，由于企业融资方式、融资收益的不同而有很大差异。比如股票融资，通常初次发行普通股并上市流通，会给企业带来巨大的资金融通，大大提高企业的知名度和商誉，使企业的竞争力获得极大提高。

4. 有效利用企业的金融成长周期

在中小企业创立初期，企业的信息基本上是封闭的。由于缺乏业务记录和财务审计，它主要依靠内源融资和非正式的天使融资。当企业进入成长阶段，随着规模的扩大，可用于抵押的资产增加，信息透明度逐步提高，业务记录和财务审计不断规范，企业的内源融资难以满足全部资金需求，这时企业开始选择外源融资，开始较多地依赖于来自金融中介的债务融资。在进入稳定增长的成熟阶段后，企业的业务记录和财务趋于完备，逐渐具备进入资本市场发行有价证券的资产规模和信息条件。随着来自资本市场的可持续融资渠道的打通，企业债务融资的比重下降，股权融资的比重上升，部分优秀的中小企业逐步发展成为大企业。金融成长周期理论的提出，有利于企业实行系统化和模式化的金融管理并简化融资决策程序，对于指导企业的融资实践有重要作用。

5. 慎重挑选合适的投资者

确定实际可行的融资方式以及融资策略，必须明白要寻找什么类型的投资者。创业融资是一个双向选择的过程，投资者在选择创业者的同时，创业者也在积极地挑选合适的投资者。创业者一般应选择这样的投资者：的确考虑要投资，并有能力提供相应资金；了解并对该行业投资有兴趣；能够提供有益的商业建议，并且具有此类投资经验。具有这些特质的投资者是稀缺的、有价值的、难以复制的、不可替代的，可以给企业持久的竞争优势。理想的投资者可以存在于三种投资群体中：一是友好的投资者，家人、朋友、未来的雇员和管理者、商业伙伴、潜在的客户或供应商；二是非正规的投资者，如富有的个人（医生、律师、商人）；三是风险投资产业正规或专业的投资者。

第三节　创业资源管理

一、创业资源开发

（一）创业资源开发的原则

新企业在创立初期，各方面的资源均比较匮乏，而且各项工作均处于开发阶段，需要投入大量的资源以促进其发展。如何创造性地突破资源的束缚，为推动新企业的各项工作以及后续创业活动的开展提供资源保障，成为创业者亟待解决的问题。根据资源的开发过程及新企业的特点，对创业资源的开发必须注意三个原则：资源创造性开发原则、资源高效转化原则、能力归核化原则。

1. 资源创造性开发原则

创造性是创业开发的首要原则。创业资源开发的首要原则就是把创业者所需的资源创造性地拼凑在一起。创造性拼凑包含了三层含义：第一，创业者充分利用现有的资源；第二，创造性拼凑是一种立即行动的行为；第三，强调为了解决新问题或利用新机会而重新组合资源。

2. 资源高效转化原则

资源高效转化原则主要体现在两个方面：一个是转化速度；另一个是转化的效果。有人认为创业资源的开发必须缓慢进行，因为不能做超出创业者承受能力的开发，操之过急就会欲速则不达。但是快速的资源转化方式反映并传递着一种强烈的紧迫感、使命感，表明新企业不是一个不思变革、安于现状的传统企业，其效果远远超过谨慎的资源转化策略。资源转化的方法和手段应选择那些效率最高、效益最大而代价最小的方法。

3. 能力归核化原则

新企业要获得长足的发展，就要构建其核心竞争力，形成竞争优势，这要求新企业充分利用现有的资源和能力。能力归核化强调新企业的业务与核心竞争力的相关性，强调业务向核心竞争力靠拢，资源向核心业务集中。归核化后的业务间的关联度较高，企业的经营绩效较好，竞争优势明显，竞争力增强。

（二）创业资源开发的过程

新企业在发展的不同阶段，对资源的需求是不同的。创业者在开展创业活动的过程中，应首先对创业资源进行识别，在识别的基础上获取潜在的资源，然后对创业资源进行配置，最后对创业资源进行开发利用，为创业活动提供必要的资源支持。

1. 资源的创新性协调

创业资源开发首先需要创业者协调各种资源之间的关系。协调就是把互补性资源创造性地搭配在一起，使资源间产生一种独特的联系，创造竞争对手无法模仿的价值。通过使所有员工学习这种知识并把这些知识重新运用于实践生产中，使员工进行创业活动并使创业资源各要素间的联系更加紧密，并且使各种资源发挥本身的能力。协调不仅能成为资源发挥作用的有力工具，也为下一步拓展资源奠定了基础。

2. 资源的深入性扩展

创业资源开发的第二步就是扩展资源。扩展资源是在协调资源的基础上，进一步开发利用潜在的资源为新企业所用的一个重要阶段。开发资源并不仅仅是实现财富的创造，而且是在实现资源价值的基础上扩展资源库，进一步开拓创业资源的范围和功能，为有效整合资源奠定坚实的基础，这也是新企业持续竞争优势的根本来源。

（三）创业资源的分类开发

创业资源开发是指创业者开拓、发现、利用新的资源或其新的用途的活动。开发创业资源需要一个比较完善的机制，并重点关注对企业发展较为重要的人力资源、技术资源、客户资源和信息资源。

1. 人力资源开发

（1）充实自我。创业者及其团队成员是创业企业最重要的人力资源，也是人力资源开发的核心内容。创业者及其团队成员可以通过学习能力、沟通能力、领导能力、管理能力的训练及锻炼不断提升自我，满足企业日益发展的需求。

（2）开发人脉资源。社会网络资源对于项目管理、资源筹集、风险控制等具有很重要的作用，需要构建合理的机制，进行科学的规划来开发。

1）认真规划人脉资源。在进行人脉资源规划时，应注意人脉资源结构的科学合理性，关注性别结构、年龄结构、行业结构、学历与知识素养结构等；要平衡物质和精神方面的需要，并重视心智方面的需要；同时注意人脉的深度、广度和关联度。

2）积极拓展人脉资源。一般来说，人脉资源的拓展主要有熟人介绍、参与社团、利用网络等途径。首先，熟人介绍。这是一种事半功倍的人脉资源扩展方法，具有倍增的力量，可以加快人与人信任的速度，提高合作成功的概率，降低交往成本，是人脉资源累积的一条捷径。其次，参与社团。在参与社团时，人与人的交往和互动是在自然的情况下进行的，有助于建立情感和信任。而且，通过社团里的公益活动、休闲活动，可以产生人际互动和联系。最后，利用网络。网络已经成为社会交往最便捷、廉价，也是应用范围最广的手段之一。网络使人们之间的交往更加便利，在网络上，人们会变得更加真实。因此，利用网络可以扩大自己的朋友圈，也可以了解到他人的真实需求和想法。

3）科学经营人脉资源。建立和维持人脉资源需要坚持互惠互利、诚实守信、善于分享和“2/8 原则”的原则。

互惠互利就是在人际交往中要努力做到利人利己，这是一种双赢的人际关系模式。

调查发现，在人际交往中，一般人都喜欢与诚实、爽直、表里如一的人打交道，最痛恨的是欺骗和虚伪。因此，创业者在人际交往中应坚持诚实守信的原则，将信用作为处理人际关系的必守信条。

分享是一种最好的建立人脉资源的方式，分享越多，得到的就会越多。

在开发人脉资源时，不能平均使用时间、精力和资源，而必须区别对待，对影响或可能影响企业前途和命运的20%的人“另眼相看”，在他们身上花费80%的时间、精力和资源。对于新结交的人脉资源一定要学会维持和经营，将其长期保持下去。

2. 技术资源开发

技术资源开发的方式包括企业通过提高自己的科研能力自行进行技术创新，以及通过整合社会的技术资源提高自身技术能力两种方式。

通过自主研发的方式获得创业所需资源，可能是大部分科技型创业企业采用最多的方式，尤其是高校毕业生的机会型创业。在校大学生可以将实验或钻研过程中的发现或发明创造，或参与教师或学校的课题申请的专利技术，转变成生产力进行自主创业。在高技术领域，通过自主研发的方式创业，或者说技术持有者自己创业的案例最为多见。例如，美国的戴尔电脑公司，中国的联想集团、方正集团、清华同方等，都是技术持有者自己创业的典例。如果创业者并不掌握创业所需的专门技术，就需要吸引技术持有者加入自己的创业团队。另外，挖掘失效专利技术内在的商业价值或者通过外购、合作研究的方式均可进行技术资源的开发。

3. 客户资源开发

创业企业只有找到自己的客户，成功地将产品和服务销售出去，才能够在资本市场上将投入的资源收回，并产生更大的效益。因此，客户资源开发对于创业企业有着至关重要的作用。

（1）主动开发新客户。要争取到新客户，需要创业者拥有资源或者投入更大的成本。

这种成本包括创业者的精力和时间等。为争取到重要客户，创业者往往需要亲自出马，用诚意获取客户的信任，并且可以不计成本。

创业企业可以通过向早期顾客提供广泛的服务，或者免费的辅助服务、培训等，或者向其他企业不愿提供服务的客户提供服务、雇用其他企业不愿意雇用的人的方式等，收集创业初期所需要的资源；也可以通过模仿一些大规模、更成熟的公司的外在形式，使人们对新创建企业的稳定性产生信任；或者通过精心设计沟通的语言和方式，向不同的资源拥有者展示创业者或新创企业的形象。

（2）精心维系老客户。企业可以通过增加客户的忠诚度，加大客户的转移成本，进行用户锁定等方式留住老客户。这就需要企业的产品或服务有一定的独特性，让客户不愿轻易转换为其他企业的产品或服务。

4. 信息资源开发

一般来说，企业信息资源的开发和利用可以通过信息分析、信息综合和信息预测三个步骤实现。而提高对信息资源开发利用的效率，同样需要企业采取一定的对策和措施。

（1）确立信息资源管理的理念和目标。有效开发和利用信息资源，必须确立信息资源管理的理念和目标，使其与企业的战略发展目标一致。一般来说，信息资源开发利用的目的是综合利用信息资源帮助企业的高层决策，为企业管理和决策提供有效的企业内外部信息，做到快速、准确的市场应对与决策，取得整体综合效益，使企业在竞争中立于不败之地。

（2）加大对信息人才的培养和有效利用。企业信息资源开发成功的关键在于人才和人才资源开发，企业信息化需要一支由善于交流、善于开发利用信息资源的优秀管理人员和技术人员组成的队伍。因此，企业必须投入一定的资金，加强人才培训、技术交流，同时通过与科研机构、高等院校等合作来发现、培养一批富有开拓创新意识、掌握新技术并且具有很强实践能力的高层次技术骨干。还可设立奖励基金，对信息人才的主动性和创造精神给予奖励，提高全体职工的信息知识水平。利用各种方法提高员工的综合素质，提高开发利用信息资源的有效性。

（3）开发过程中确立自己的竞争优势。企业掌握的信息资源全面、准确、及时，就能在市场竞争中赢得主动，获得胜利。信息市场中充斥着形形色色的信息公司和信息生产者，信息资源开发部门同它们竞争的主要办法就是确立自己的竞争优势。企业必须重新审视与价值链上其他相关企业的联系，掌握充分相关的信息以做出正确的分析和决策。企业可以从市场信息资源开发机构获取信息，并不断对自身信息系统进行改进、发展和完善，同时还必须进行必要的组织机构调整，做好人员安排、计划组织、资金保证等，并突出为企业生产经营服务的理念，突出信息的层次性。

（4）加大对网络信息资源的开发。网络信息资源比常规的信息资源具有更加丰富、更加便利的优势。互联网上的信息资源数量庞大、内容丰富、关联度强，不同时间（过去、现在、将来）、不同空间（企业内外、国内外）以及不同内容的信息均可在网上有效传播。企业要想获取大量的外界信息，实现信息资源共享，就要充分利用基于网络的信息服务平台，加快企业信息资源的整合，大力发展企业信息网络建设。同时，加大网络信息资源的开发深度与广度，在对其进行整合时，要将以往各行其是的非正式的信息交流、半正式的信息交流与正式信息交流汇集到一个网络上，为同一时间的查询提供便利。

二、有限资源的创造性利用

（一）资源的利用效率

经营活动的效率，就是对各种资源的利用效率。但是资源的利用效率总是达不到百分之百，即企业内部总是存在未利用资源。资源的利用效率最终体现在财务的收入上，很多财务指标可以用于衡量资源的利用效率，如单位总资产与净资产的销售收入和销售利润，劳动生产率（人均收入或人均利润），存货周转率与应收账款周转率。

（二）资源重复利用

资源重复利用包括技术资源、品牌资源、制造资源、营销网络资源、管理资源的重复利用。

1. 技术资源的重复利用

特定技能或技术的使用次数越多，就表示资源杠杆的运用越充分，资源的利用效率越高。例如，夏普将开发成功的液晶显像技术陆续应用于计算机、电子记事簿、迷你电视大屏幕投射电视及膝上型电脑；本田则将与引擎相关的创新开发成果先后用于摩托车、汽车、船舶等产品。

2. 品牌资源的重复利用

再生利用并不限于科技基础的竞争力，品牌也可以再生利用。利用高知名度的企业名称推出的全新产品，和其他默默无闻的同类新产品比起来，其已经占有一项竞争优势了。

3. 制造资源的重复利用

保持制造资源的充分弹性，即迅速调整生产线，进而制造另一种产品的能力是制造资源重复利用的前提。在网络经济下，通过把高度分散的制造能力组合成必要的制造资源以响应市场机遇的协作式伙伴关系将迅速发展。当市场机遇消失时，这些资源将同样迅速地解散。中小企业将在全球制造中扮演重要的角色，保持资源的弹性和重复利用非常重要。

4. 营销网络资源的重复利用

多个同一系列产品的中小企业可以共用一个销售网络，降低营销成本。但当产品差异化比较大时，特别是在售后服务环节存在巨大差异时，以及存在不同产品对营销网络资源有差异化的要求时，实现营销网络资源的重复利用就存在一定障碍。

5. 管理资源的重复利用

将某一工厂的作业改善经验应用于其他工厂；同一系统应用于同一产品系列；迅速广泛应用一线员工的良好构想，以改善对顾客的服务；暂调有经验的主管赴供应商处驻厂指导等，均是管理资源的重复利用。

（三）资源的快速回收

加快资源回收是资源杠杆运用的重要领域，公司越快赚到钱，回收的资源就越快，就越能再利用。如果投入的资源相同，甲公司回收利润的时间只有乙公司的一半，则表示甲公司享有两倍于乙公司的杠杆运用优势。

（四）资源的融合

通过融合不同种类的资源，各种资源的价值将随之提升。抢先进入个别科技领域并得到领导地位固然重要，但公司如执着于调和这些科技，使现有科技能力不能持续扩充，就是没有进行资源杠杆运用。

三、创业资源开发的推进方法

1. **依靠自有资源步步为营**

创业是一个突破资源限制、寻求机会创造价值的过程，可以采用步步为营的方式，精打细算，创造性地用好每一笔资源。步步为营是指在缺乏资源的情况下，创业者分多个阶段投入资源，并在每个阶段或决策点投入最少的资源。步步为营活动包括：创业者在资源受限的情况下寻找实现理想目标的途径；最低限度地降低对外部融资的需要；最大限度地发挥创业者投在企业内部的资金的作用；实现现金流的最佳使用等。创业者还可以通过入驻创业园，外包或利用临时工或实习生的方式降低资源耗费。

2. **善用资源整合技巧**

创业者将已有的资源进行整合，加入一些新的元素，与已有的元素重新组合，或是形成新的创业目的，形成在资源利用方面的创新行为，就是善用资源整合技巧的表现。创业者可以突破环境、市场等资源的约束，积极主动地突破资源传统利用方式的约束，利用手头已有的资源达成创业目标。创业者通常使用身边已有的一切资源进行创业活动，可以通过自己的独有经验和技巧，对一些效用不那么高的资源进行改造利用，并加以整合创造。整合已有的资源，快速应对新情况，是创业者创业成功的利器之一。创业者要善于用发现的眼光洞悉身边各种资源的属性，将它们创造性地整合起来。

3. **发挥资源杠杆效应**

尽管存在资源约束，但创业者并不会被限制。成功的创业者善于利用关键资源的杠杆效应，利用他人或者别的企业的资源来完成自己创业的目的。比如，用一种资源补足另一种资源，产生更高的复合价值；或者利用一种资源获得其他资源。其实，大公司也不只是一味地积累资源，它们更擅长资源互换，进行资源结构更新和调整，积累战略性资源，这是创业者需要学习的经验。

4. **设置合理的利益机制**

资源通常与利益相关，创业者之所以能够从家庭成员那里获得支持，就是因为家庭成员之间不仅是利益相关者，更是一个利益整体。既然资源与利益相关，创业者在整合资源时，就一定要设计好有助于资源整合的利益机制，借助利益机制把潜在的和非直接的资源提供者整合起来，借力发展。因此，整合资源需要关注有利益关系的组织或个人，要尽可能多地找到利益相关者。同时，分析清楚这些组织或个体和自己以及自己想做的事情有何利益关系。利益关系越强、越直接，整合到资源的可能性就越大。

复习思考题

1. 什么是创业资源？它有哪些特征？
2. 简述获取创业资源的途径。
3. 简述创业资源获取的技能。
4. 什么是创业融资？
5. 新企业进行创业融资时会面临哪些困难？
6. 简述创业融资的渠道及原则。
7. 新企业进行资源开发的原则有哪些？如何进行创业资源开发？

第七章

创业计划

学习目标

1. 掌握创业计划的基本概念。
2. 了解大学生创业中创业计划的作用。
3. 掌握创业计划书编写前的准备工作。
4. 掌握创业计划书编制的要素、结构、内容以及评价。
5. 掌握创业计划书的展示和运用。

第一节　创业计划概述

一、创业计划的概念

创业计划是商业计划的一种，是对与创业项目有关的所有事项进行的总体安排，覆盖了创业企业的各个方面，包括项目、市场、研发、制造、管理、关键风险、融资、阶段或时间表等。对这些方面的描述展现了一幅清晰的画面：本企业是什么；本企业的发展方向是什么；创业者怎样达到他的目标。总之，商业计划是企业家成功创建企业的路线图。创业计划是为创业项目制订的一份完整、具体、深入的行动指南。创业计划有四个功能：第一，分析商机，说明创业者的基本思想和期望目标；第二，分析并阐述创业者如何利用这一创业机会进行发展；第三，分析说明影响创业成功的关键因素；第四，分析并确定创业企业筹集资金的办法。

创业计划是对创业者理想和希望的具体化，一般要考虑到公司未来3~5年的发展情况，并在公司运营过程中根据需要相应地进行调整。一份创业计划应该能够有理有据地说明企业的发展目标，实现目标的时间、方式及所需资源。创业计划必须力求切合实际，包含充分的细节来论证新企业的可行性，使读者相信新企业有价值，并得到资金支持。

由于存在行业不同和经验、资源等缺乏的客观情况，创业计划对于大学生创业者而言就显得更为重要了。大学生创业初期，虽然头脑中已酝酿了一个创业项目，但不是很成熟，所以应该通过编制创业计划书来减少创业的盲目和冲动。应该说，编制一份翔实、可行的创业计划书对一个大学生创业项目而言有着事关成败的意义。

（1）通过编制创业计划书，创业者可以对创业活动有更清晰的认识，进而深入探讨项目的可行性。可以说，创业计划首先是把项目推销给创业者自己，使创业活动能有条不紊地进行。

（2）创业计划书是筹措资金的重要工具。投资者不是慈善家，投资者投资的目的在于获取投资带来的收益。投资者对投资项目的选择也是十分谨慎而苛刻的。由于投资者时间和精力都有限，对任何潜在投资项目他们不可能身体力行地去考察，因此，一份具有说服力的创业计划书就可以派上用场。具体说来，对于投资者而言，一份理想的创业计划书应该明确企业经营的构想和策略、产品或服务的市场需求规模与成长潜力、财务计划、投资回收年限以及风险等要素，这是创业者向投资者传递信息的关载体。

（3）创业计划书可以为企业的发展提供指导作用。创业计划书的内容涉及创业的方方面面，可以使创业者对产品或服务的开发、市场开拓、投资回收等一些重大的战略决策进行全面的思考，并在此基础上制订翔实清晰的营运计划，周密安排创业活动，发挥指导作用，降低创业风险。就像盖房子之前要有一个蓝图，才知道第一步要做什么、第二步要做什么。另外，创业的大环境和条件都会变动，有这份计划书在手上，就可以逐项修改，不断更新。

（4）创业计划书能帮助创业者把创办的企业推销给潜在的合伙人、银行家、供应商、销售商、行业专家、政府行业管理部门、新闻媒体。从这种意义上说，创业计划书还担负着积聚与整合潜在资源的功能。对于大学生创业者而言，创业计划书还是争取各类政府优惠与扶持政策必不可少的通行证。

二、创业计划的作用

前程无忧网创始人甄荣辉说过：“事实上，成功一点都不难！最难的是：想成功，但没有计划！如果你有一个 5 年或者 10 年的成功目标，而且能够周密地计划，坚定地执行，那么，因为计划，成功率还是很高的。”

创业计划书能使读者坚信该创业项目具有商业价值，相信新创企业必然有光明的前途。创业计划有助于提高和巩固创业者及其员工对企业战略目标的信心，也有助于树立投资者对新创企业的信心，使创业者得到充分的理解和支持。

制订创业计划是一个冷静思考的过程，是一个整理思维的过程。创业计划会客观地帮助创业者分析创业的主要影响因素，能使创业者保持清醒的头脑。可能许多创业者在刚开始投入一项事业时，凭借的仅仅是一腔热情，当真正着手做的时候，才会发现需要考虑的地方很多，这就需要制订一份创业计划书，使自己不偏离预定的方向。

制订一个正式的创业计划需要时间、精力和资源。这种投资是为了获得回报，即发挥它的作用。创业计划的作用主要体现在以下两个方面。

1. 明确创业的可行性和创业战略

创业计划的制订是基于有效的信息收集和分析的。这些信息有利于确定商业机会的价值，有利于确定创业的宗旨、目标和方法。制订创业计划的过程也是指导创业者收集什么信息和如何去收集信息，从而确定创业是否可行和达到什么目标的过程。明确创业的可行性即分析商业机会的价值，而明确创业的战略即确定如何实现商业机会的价值。

（1）分析商业机会的价值。拥有必要的信息意味着可以减少创业的风险和提高成功的可能性。同时，在实现这个商业机会的过程中也存在风险。创业者在收集信息、分析信息以确定商业机会的价值时也要考虑存在的风险，并将价值与风险进行比较，以确定去实现这个商业机会的可能性，即明确机会的价值高于风险。

（2）确定创业战略。商业计划的制订，有利于明确创业的战略，包括战略的内容和执行的过程。商业计划回答了创业战略所需要的有关问题包括对市场、顾客和竞争对手的信息收集和分析，这些提供了进行战略决策的基础。而商业计划对信息的整合则有利于进一步形成一个战略，而战略确定了企业的模式和方向。

2. 作为沟通工具

创业计划书可以使创业者发现所必需的资源，了解所需资金、设备、人员等各方面的情况。创业计划书的质量，往往会直接影响创业者找到合适的合作伙伴、获得资金及其他政策的支持。

企业成长基本上离不开外来资金，创业计划是创业者融资的基础。制订创业计划最主要的目的是将其作为向外界融资沟通的工具，几乎所有的专业投资者与融资机构都必须在看到一份可行的创业计划书以后才会展开相关的投资评估。

创业计划是创业者自我推销的文件，其阅读者包括可能的供应商、投资者、政策机构等。完善的创业计划可以使他人了解创业项目及创业构想，有利于创业者寻求外部资源的支持。创业计划有利于创业者与供应商、经销商等中介机构进行沟通，取得他们的信任和支持，为企业的发展创造良好的外部环境。创业计划书有利于创业者和下列人员沟通。

（1）投资者。在创业起步阶段或是成长阶段，外部融资将是创业者面临的一个艰巨任务。创业计划不仅要告知潜在的投资者新创的企业所具有的成长潜力和收益回报，而且要表明所包含的风险。

（2）员工。员工是创业者所需要的重要人力资源。员工将其人力资本投资于新创企业，目的是获取投资回报及个人的发展。因此，创业计划要描绘新创企业的发展前景和成长潜力，使员工对企业和个人的未来充满信心，并为了这个未来去努力。

（3）重要的客户。创业计划的沟通作用就是给客户以充分的信息，使其对创业者所提供的新产品充满信心，从而购买所提供的新产品并承诺建立长期稳定的合作关系。

（4）重要的供应商。供应商是否愿意向新创企业提供资源，以及以什么方式提供取决于其对新创企业及其前景的信心。

很多创业者在创业的时候非常仓促，根本没有投入足够的时间对创业项目进行调研，而在创业活动深入一定程度后才发现自己的经验、知识、能力和人际关系都与创业项目不吻合，甚至相差太远，最后导致失去竞争力。所以，创业者在创业初期，要本着务实的精神，踏踏实实地结合自己的实际情况和能够整合的资源，客观地制订创业计划。

第二节　编制创业计划书的前期准备

基于创业计划书的性质和作用，编制一份具有可行性的创业计划书非常必要。在创业计划书编制之前，需要对创业的环境以及创业可能遇到的问题和困难进行充分的论证。

一、编制创业计划的信息需求

1. 准确定义企业的目标

创业者应该对企业经营概念做一个快速的可行性研究，在可行性研究开始之前，应该清楚地定义企业的目标。这些目标可以确定什么是需要做的以及如何实现。目标如果定得不可行，创业计划就难以控制和实施。

2. 充分掌握市场信息

对创业者来说，首要的信息就是其产品或服务的潜在市场信息。目标市场的明确定义会使新创企业的市场规模及市场目标的确定较为容易。为了对市场的潜力进行正确的评价，创业者应该考虑从贸易协会、政府报告以及已经发表的有关研究成果中收集信息。

3. 提供必要的财务信息

在准备创业计划书之前，创业者必须对企业的盈利能力有一个完整的评价。判断创立一个新企业的可能性，一般需要三个方面的财务信息。

（1）起步阶段三年的预计销售额及支出费用。

（2）起步阶段三年的现金流数据。

（3）起步阶段三年的资产负债预估表。

二、分析创业可能遇到的问题和困难

1. 对创业扶持政策知之甚少

创业者对扶持创业的具体内容不甚了解，如想办理相关注册手续，但不知从何下手，也不知哪一项有优惠。

2. 在创业方向上感到迷茫

创业者在创业前可能对社会不够了解，所以在创业项目、创业方向的选择上还是感到比较迷茫，即使选择了创业之路，也不一定能走得长远。

3. 专业知识难以发挥

据统计，选择自主创业的创业者，尤其是大学生，选择与本专业联系密切的相关行业较少，从事非专业创业的占绝大部分。目前，大学生毕业后创业的行业与专业不对口非常普遍。

4. 经验与胆识不足

创业是一种全面的素质挑战，创业者在处理社会事务时，可能由于经验不足、眼光有限，难免欠考虑。调查发现，经验与胆识不足是创业者的最大软肋。

5. 缺乏创业资金

资金不足是当前创业者遇到的最头痛的问题。很多创业者都是白手起家，很多有创业念

头的创业者因缺乏启动资金停止了创业脚步。

三、开展必要的市场调查

1. 市场调查的主要内容

(1) 经营环境调查。

1) 政策、法律环境调查。调查有关政策和法律信息，了解国家是鼓励还是限制所开展的业务、有什么管理措施和手段，当地政府如何执行有关国家法律法规和政策、对业务有何有利和不利的影响。

2) 行业环境调查。调查所属行业的发展情况、发展趋势、行业规则及行业管理措施。比如，从事美容美发行业，应该了解该行业在国内及本地区的发展状况，国际国内流行趋势和先进美容技术，该行业的行业规范和管理制度等。进入一个新行业，应充分了解和把握该行业信息，这样才有助于尽快实现从外行到内行的改变。

3) 宏观经济状况调查。宏观经济状况直接影响老百姓的购买力。如果企业效益普遍不好，经济不景气，生意就难做，这就叫大气候影响小气候。因此，把握大气候的信息，是做好小生意的重要基础。经济景气宜采用积极进取型经营方针，经济不景气也孕育着潜在的市场机遇，关键在于如何把握和判断。因而，了解客观经济形势，把握经济状况信息，是经营环境调查的一项重要内容。

(2) 市场需求调查。如果要制作或经销某一种产品，应对这一产品的市场需求量进行调查。也就是说，通过市场调查，对产品进行市场定位。譬如经销某种家用电器，应调查市场对这种家用电器的需求量，有无相同或相类似的产品，市场占有率是多少。如提供一项专业的家庭服务项目，应调查居民对这种项目的了解和需求程度，需求量有多大，有无其他人或公司提供相同的服务项目，市场占有率是多少。

市场需求调查的另一重要内容是市场需求趋势。了解市场对某种产品或服务项目的长期需求态势，了解该产品和服务项目是逐渐被人们认同和接收、需求前景广阔，还是逐渐被人们淘汰、需求萎缩，以及该种产品和服务项目在技术和经营两方面的发展趋势等。

(3) 顾客情况调查。这些顾客可以是原有的客户，也可能是潜在的顾客。顾客状况调查包括两个方面的内容。一是顾客需求调查，例如购买某种产品（或服务项目）的顾客大都是哪些人（或社会团体、企业），他们希望从中得到哪些方面的满足和需求（如效用、心理满足、技术、价格、交货期、安全感等），现在哪些产品（或服务项目）能够以及为什么能够较好地满足他们这些方面的需要等。二是顾客的分类调查，重点了解顾客的数量、特点及分布，明确目标顾客，把握他们的详尽资料，如果是某类企业和单位，应了解这些单位的基本情况，如进货渠道，采购的管理模式，联系电话和办公地址，某项业务负责人具体状况和授权范围，对某种产品和服务项目的需求程度，购买习惯和特征等。如果顾客是消费者个人，应了解消费群体种类，即目标顾客的大致年龄范围、性别、消费特性、消费标准，对某种产品和服务项目的需求程度，购买动机、购买心理、使用习惯等。

(4) 竞争对手调查。在开放的市场经济条件下，做独家买卖很难。在开业前，也许已有人已经做过相同或类似的业务，这些就是现实的竞争对手。也许开展的业务是全新的，有独到之处，在刚开始经营的时候，没有现实的对手；一旦生意繁荣，立刻就会有许多人学习，竞相加入，这些就是潜在对手。“知己知彼，方能百战不殆”，了解竞争对手的状况，包括竞争对手的数量与规模、分布与构成、优缺点及营销策略，做到心中有数，才能在激烈的市场竞争中占据有利位置，有的放矢地采取策略。

（5）市场销售策略调查。重点调查目前市场上经营某种产品或开展某种服务项目的促销方式、营销策略和销售方式，调查这些经营策略是否有效，有哪些缺点和不足，从而为决策提供依据。

2. 常见的市场调查方法

（1）按调查范围不同，市场调查可分为市场普查、抽样调查和典型调查。市场普查，即对市场进行一次全面性调查，这种调查量大、面广、费用高、周期长、难度大，但调查结果全面、真实、可靠。抽样调查，即从调查对象中随机抽取一部分进行调查，据此推断整个总体的状况。比如经销一种小学生食品或用品，完全可选择一两个学校的一两个班级的学生进行调查，从而推断小学生群体对该种产品的需求情况。典型调查，即从调查对象的总体中挑选一些典型个体进行调查剖析，据此推算出总体情况。如对竞争对手的调查，可以从众多的竞争对手中选出一两个典型代表，深入研究，分析它的内在运行机制和经营管理的优点、价格水平和经营方式，而不必对所有的竞争对手都进行调查。

（2）按调查方式不同，市场调查可分为访问法、观察法和试销（或试营）法。访问法，即事先拟定调查项目，通过面谈、信访、电话等方式向被调查者询问，以获取所需要的调查资料。这种调查简单易行，有时也不用很正规，在与人聊天时就可以把调查内容穿插进去，完成市场调查。观察法，即调查人员亲临现场，直接观察和记录顾客的类别，购买动机和特征，消费方式和习惯，商家的价格与服务水平，经营策略和手段等，这样取得的一手资料更真实可靠。试销（或试营）法，即对拿不准的业务，通过产品试销来了解顾客的反应和市场需求情况。

第三节 创业计划书的编制

选定了创业目标与确定了创业动机之后，若资金、人脉、市场等各方面的条件都已准备妥当，这时候就必须编制一份完整的创业计划书。创业计划书是整个创业过程的灵魂，主要详细记载了一切有关创业的内容，包括创业的种类、市场分析、营销规划、产品实现、融资与财务分析、风险评估、内部管理规划等，这些都是创业的过程中不可或缺的元素。具体如何系统、规范地撰写创业计划书以及如何向潜在利益方推介已完成的创业计划书，这些都是创业者接下来面临的紧迫任务与重大挑战。

创业之初，创业者制作创业计划书可以使创业者厘清自己的创业思路。一个项目在脑海中酝酿时，创业者会有抑制不住的创业冲动，在这时候，创业者可以把这个思想以创业计划书的形式写出来，然后使头脑冷静下来，把反面的理由也写进去，从正反两个角度反复进行推敲，就可以发现自己的创业理想是否真正切实可行，这个项目是否具有诱人的商业前景。通过创业计划书，创业者才会对自己的创业有比较清晰的认识。

一、编制创业计划书的基本步骤

创业计划书的撰写不是一蹴而就的事情，创业者需做好大量的前期准备工作，并在编制过程中遵循一定的写作步骤与写作原则。

首先，成功的创业计划书应有周详的前期准备与启动计划。由于创业计划书涉及的内容较多，编制之前必须进行充分的准备、周密的安排。第一，通过文案调查或实地调查的方式，准备关于创业企业所在行业的发展趋势、同类企业组织机构状况、同类企业报表等方面的资料；第二，确定计划的目的和宗旨；第三，组成专门的工作小组，制订编写计划，确定创业计划书的种类与总体框架，以及编写的日程安排与人员分工。

在前期准备完成后，接下来是创业计划的初步拟定阶段，全面编写创业计划各部分内容，包括创业项目、创业企业、市场竞争、营销计划、组织与管理、财务计划、融资方案以及创业风险等，初步形成较为完整的创业计划方案。

在完成创业计划书的草拟后，创业者应广泛咨询各方面的意见，进一步补充、修改和完善草拟的创业计划书，这是创业计划书的完善阶段。编制创业计划书的目的之一是向合作伙伴、创业投资者等各方人士展示有关创业项目的良好机遇和前景，为创业融资、宣传提供依据。所以在这一阶段要检查创业计划是否完整、务实、可操作，是否突出了创业项目的独特优势及竞争力。创业计划书应该包括创业项目的市场容量和盈利能力，创业项目在技术、管理、生产、研究开发和营销等方面的独特性，创业者及其管理团队成功实施创业项目的能力和信心等，力求引起投资者的兴趣，支持创业项目。

由于创业计划书的专业性较强，撰写优秀的创业计划书对于一部分创业团队而言存在一定的难度，因此，创业团队经常会考虑聘用一些外部专业人士来准备创业计划书，以便使自己可以专心从事融资和企业创建工作。但实际上，聘请外部专业人士并不是好主意，创业者或创业团队应该亲自撰写创业计划书。一方面，在撰写创业计划书的过程中，可以检验不同的战略和战术所产生的后果以及创建企业对人员和财务的要求。另一方面，商业计划一个很重要的结果是使创业团队统一创业思路与行动纲领。由于创业计划书涉及的内容很多，创业者应积极按照创业计划书撰写的基本步骤，做好计划工作，使写作过程有条不紊地进行，团队内部成员各负其责，最后由组长统一协调定稿，以免计划书零散、不连贯、文风相异。

二、编写创业计划的要素与格式规范

如何写创业计划书？成功创业计划书的关键内容又是什么？这两个问题的答案一定是站在潜在投资者的角度，采取换位思考的方式确定的。应该说，投资者对项目最关心的问题集中在项目是否能够成功、能否保障自我资金的安全与回报两个方面。那些既不能给投资者以充分的信息，也不能使投资者激动起来的创业计划书，最终结果必然不理想。

“天时不如地利，地利不如人和。”同理，成功的创业计划也可以积极围绕产品、市场与竞争、团队三个关键要素展开，即产品优势的“天时”、市场环境与竞争优势的“地利”以及成功实现创业活动的人力资源的“人和”。另外，出色的创业计划书还应该考虑撰写结构、文字组织等方面对潜在投资者的影响。

1. 编写创业计划书的关键要素

(1) 产品与服务。在创业计划书中，应提供所有与企业的产品或服务有关的细节，包括企业实施的所有调查。这些问题包括：产品正处于什么样的发展阶段？它的独特性怎样？企业分销产品的方法是什么？谁会使用企业的产品，为什么？产品的生产成本是多少？售价是多少？企业发展新的现代化产品的计划是什么？等等。创业计划书应通过言简意赅的语言对产品进行阐述，让出资者相信产品的价值。

(2) 市场与竞争。创业计划书要给投资者提供企业对目标市场的深入分析和理解。要细致分析经济、地理、职业、心理等因素对消费者选择购买本企业产品的影响，以及各种因素所起的作用。创业计划书还应包括一个主要的营销计划，计划中应列出本企业打算开展广告、促销以及公共关系活动的地区，明确每一项活动的预算和收益。

(3) 团队。一个好的创业团队，需要团队成员之间才能互补、知识互补、性格互补，彼此之间团结和谐，并原意为统一的目标和标准奉献。在创业计划书的团队介绍中，需要体现出团队的这几点特征。

2. 创业计划书的格式规范

由于创业计划书面对的读者往往是具有专业背景的投资专家，因此，创业者也需同时关注创业计划书的撰写格式与规范。

(1) 简洁明了。人们在阅读一份创业计划时，应能立即找到问题及其解决办法，因此，对于可能会引起读者兴趣的主题都应该全面而简单地阐述。一般说来，商业计划最佳篇幅为25～35页。

(2) 写作风格要适中。好的创业计划书既不能太平淡无奇，引不起读的胃口；又不能太花哨，煽动性太强。计划书要有冲击力，能够抓住投资者的心。创业计划书既不是报告，也不是文艺作品，它是一篇实实在在的说明书。

(3) 尽量客观。创业计划书应当客观，应当用事实说话。凡是涉及数字的地方一定要定量表示，提供必要的定量分析。一切数字要尽量客观、实际，切勿凭主观意愿估计。有些创业者在讲述自己的创意时会得意忘形，虽然有时需要以一种充满激情的方式讲述，但应该尽量使自己的语气客观，使投资者有机会仔细地权衡论据是否有说服力。在创业计划书中，创业者应尽量陈列出客观、可供参考的数据与文献资料。像广告一样的创业计划书并不能起到很好的吸引投资者的作用，反而会引起对方的逆反心理，引起投资者的怀疑、猜测，使他们无法接受。

三、创业计划书的基本结构

一般来说，创业计划书分为三大部分：首先是形式部分，包括创业计划书的封面、扉页、目录等，是创业计划的外部包装；其次是本体部分，就是创业计划的主要内容；最后是补充部分，比如专利证明、专业的执照或证书，或者是意向书、推荐函等。

1. 封面与扉页

封面可以根据相关行业、公司特性进行设计，应该包括创业计划书名称、单位名称、撰写人、撰写日期、执行日期、联系方式等内容，这些信息应置于封面醒目的位置。因为封面和创业计划书内页可能分离，最好是同时在这两处都留下联系信息。如果计划书是给投资商看，最好将住宅电话也列上。他可能是最先接触你的人，读过计划书后很可能希望通过电话同你讨论一些有关的问题。封面底部可以放置警示读者保密的事项，当然，这个内容也可以放在扉页。如果公司已经有独特的商标，那么应该把它放在靠近封面顶部中间的位置。创业计划书的封面设计如图 7-1 所示，创业者可根据具体情况予以适当调整。

项目编号：20××第×号

创业计划书

项目名称：__________

项目联系人：__________

联系方式：__________

图 7-1 创业计划书封面

如果封面没有放置警示读者保密的事项，则有必要设计扉页。在保密承诺中，要注明创业计划书属于商业机密，所有权属于某公司或某项目，未经同意，其他任何人不得将计划全部或部分予以复制、影印、泄露或散布给他人。必要时，可以要求接受创业计划书副本的负责人签字承诺保密。创业计划书扉页如图 7-2 所示。

保密承诺

(请收到本创业计划书的贵公司相关负责人签署)

本创业计划书内容涉及商业秘密，仅对有投资意向的投资者公开，本公司要求投资公司项目经理收到本创业计划书时做出以下承诺：

妥善保管本创业计划书，未经本公司同意，不得向第三方公开本创业计划书涉及的商业秘密。

承诺人签字：

年 月 日

图 7-2 创业计划书扉页

2. **目录**

一份创业计划书最好要有目录，这样可方便检阅，目录的样式及页面的设计可根据计划书主题进行设计。目录是一份“导游图”，引导战略伙伴或投资者浏览创业计划，并最终得出应该为这个创业项目提供资金的结论。如果这份导游图模糊不清，结局可能会使战略伙伴或创业投资者失望甚至放弃投资。

创业计划的每个主要部分均应列入目录，并标出所在页码。页码编排有两种方式，一种是直接顺序编排，如 1，2，3，…，9，10。这种编码方式适用于篇幅不长、涉及问题不复杂、寻求资金数量中等的比较简单的创业计划书。第二种是按章编页码，即页码前加上章号，这是最常见的编码方式，如图 7-3 所示，以“管理能力”为题的第七章的页码是从 21 页到 24 页。由于不影响整体页码编号，这种编码方式便于编写时插入新材料。

第一章 执行概要

第二章 公司介绍

第三章 产品/服务介绍

第四章 市场机会分析

第五章 营销计划

第六章 财务计划

第七章 管理能力

第八章 融资计划、投资回报与退出机制

第九章 创业风险

第十章 经营预测

附件

图 7-3 创业计划书目录

3. 创业计划书的正文内容

创业计划书正文包括创业计划的实施概要，企业、产品或服务介绍，市场预测，营销策略，生产（经营）计划，组织与管理，财务计划，风险评估，退出战略等。

4. 附录

创业计划书一般应该有附录，附录中包含了不必在正文中列明的补充资料，通常主要包括：主要人员简历、专利技术的证明文件、协议与合同、专业术语的解释、相关资料的说明及来源、一些供应商的相关资料等。附录包括与创业计划相关但不宜放在扉页和正文的内容。附录对于提高创业计划书的质量有重要的作用，对于创业者获取外部资源的支持有着特殊的意义。

一般来说，附录的内容可分为附件、附表和附图三部分。当然，一份创业计划书没有必要全部包括以上所有部分，只从其中选取一些对自己的创业计划具有佐证价值的材料即可。附件包括营业执照复印件、主要经营团队名单及简历、董事会名单及简历、公司章程、专利证书、注册商标、鉴定报告、企业形象设计、场地租用证明、产品说明书、市场调查资料、专业术语说明、简报及报道、宣传资料等。附表包括主要产品目录、主要客户名单、主要供货商及经销商名单、主要设备清单、市场调查表、预估分析表、现金流量预测表、资产负债预测表、损益预测表等。附图包括产品市场成长预测图、企业的组织结构图、工艺流程图、产品展示图、产品销售预测图、项目选址图等。

四、创业计划书的内容

由于每一份创业计划书需要强调和突出的重点不同，因此创业计划书并没有硬性规定的格式。但是人们经过不断的实践总结，在创业计划书的制订过程中也逐步形成了约定俗成的基本内容。一般说来，一份完整的创业计划书大致包括以下几个主要部分。

1. 计划摘要

计划摘要列在创业计划书的最前面，它是浓缩了的创业计划书的精华。计划摘要涵盖了计划的要点，以求一目了然，以便读者能在最短的时间内评审计划并进行判断。

计划摘要一般包括公司介绍、主要产品和业务范围、市场概貌、营销策略、销售计划、生产计划、管理者及其组织、财务计划、资金需求状况等内容。

在介绍企业时，首先要说明创办新企业的思路、新思想的形成过程以及企业的目标和发展战略。其次，要交代企业现状、过去的背景和经营范围。在这一部分中，要对企业以往的情况做客观的评述，不回避失误。中肯的分析往往更能赢得信任，从而使人认同企业的创业计划书。最后，还要介绍一下自主创业者自己的背景、经历、经验和特长等。企业家的素质对企业的成绩往往起着关键性的作用。在这里，企业家应尽量突出自己的优点并表示自己强烈的进取精神，给投资者留下一个好印象。

在计划摘要中，企业还必须回答下列问题：企业处于什么行业；企业经营的性质和范围是什么；企业主要产品的内容有哪些；企业的市场在哪里，谁是企业的顾客，他们有哪些需求；企业的合伙人、投资人是谁；企业的竞争对手是谁，竞争对手对企业的发展有何影响。

摘要要尽量简明、生动，特别要说明自身企业的不同之处以及企业获取成功的市场因素。

2. 企业描述

企业描述主要是对创业企业或创业者拟建企业的总体情况介绍，主要是明确阐述创业背景和发展的立足点，包括企业定位、企业战略及企业制胜的因素等内容。这一部分的主要内容包括以下一些。

（1）企业定位。企业定位是指创业企业的行业选择、业务范围以及经营思路的确定，是创业企业的现实状况的必要说明，是计划书其他部分的基础，也是企业设立的必要性和适当性。

企业定位是对企业进行介绍的最便捷的方式，先从描述创业机会入手，着重讲述为什么要设立一个企业，以及设立企业最合适的时间、地点等；接着阐述拟采用的企业形态，以及为什么要采用这种形态等；然后是竞争优势分析和商业模式概述。

（2）企业的目标和发展战略。企业的战略是公司生产、销售策略的总体概括。创业者应该对如何成功地经营创业企业并使之与众不同有一个指导性的原则，要对创业企业的历史、现状及未来的发展有完整而清晰的阐述，重点说明创办新企业的思路、新思想的形成过程及企业的目标和发展战略，清晰明了地描述公司的全盘战略目标，提出最终盈利的目的，使投资人能充分了解并信任其所投资的创业公司。

（3）企业的股权结构。本部分应首先介绍新创企业的股权结构，包括管理团队成员之间的关系。对新企业而言，最常见的问题就是没有清晰界定权责关系，当两个或多个创业者地位相当时更容易发生这种失误。为了表明创业者已解决了这个问题，计划书中必须加上组织结构图，同时配以简要的文字来说明结构图中的重要关系。

3. 产品与服务

在进行投资项目评估时，投资人最关心的问题就是创业企业的产品、技术或服务，能否以及在多大程度上解决现实生活中的问题，或者创业企业的产品（服务）能否帮助顾客节约开支、增加收入。因此，产品介绍是创业计划书中必不可少的一项内容。通常，产品介绍应包括产品的概念、性能及特性，主要产品介绍，产品的市场竞争力，产品的研究和开发过程，发展新产品的计划和成本分析，产品的市场前景预测，产品的品牌和专利等内容。

在产品（服务）介绍部分，创业者要对产品（服务）进行详细的说明，说明要准确，也要通俗易懂，使非专业人员的投资者也能明白。

（1）产品（服务）的特点和竞争优势。该项说明创业者的产品（服务）与竞争对手的产品（服务）相比有哪些优缺点和特色，顾客为什么会选择本企业的产品（服务）。创业者应对其描述得尽可能清晰，具体应突出产品（服务）的特点、潜在竞争优势、是否适应现有消费水平、对市场前景准确合理的判断等。

（2）产品（服务）的市场前景预测。该项是说明创业者的产品（服务）预计能获得多大的市场，为什么能获得较大市场，为什么用户会大批量地购买。产品（服务）要有商业价值，必须以市场为导向，而不能以纯技术为导向，因为有市场机会的创意才有价值，才能够满足目标市场领域的要求。

（3）产品（服务）的知识产权保护。企业为自己的产品采取了何种保护措施？企业拥有哪些专利、许可证，或与已申请专利的厂家达成了哪些协议？知识产权是塑造创业企业价值和竞争优势的基础，除高度机密信息外，应该列出企业拥有的所有重要专利、商标和版权。对于高度机密的内容，企业可以宣称出于知识产权考虑，它还处于秘密运作阶段。这些措施对创业者来说，越多越好。

(4) 产品（服务）的研发情况。该项说明创业者产品的研究与开发目前处于一种什么样的状态，包括创业者在技术开发方面已经投入的资金总额是多少（列表说明每个周期开发人员的工资、办公费用、广告费用、贷款利息、原料成本以及与开发有关的其他费用），计划再投入多少开发资金。如果未开始实际研究和开发产品，则应说明企业或主要创业技术骨干的研究与开发成果及其技术先进性，包括技术鉴定情况，获国际、国家、省、市及有关部门和机构奖励的情况。

(5) 产品的生产计划。该项是说明企业对生产活动进行的统筹安排，是企业生产活动有序进行的基本依据，是企业生产经营计划的重要组成部分。生产计划针对的是有关生产方式、生产设备、质量保证等方面的问题。创业者拟订生产计划，有利于充分利用市场机会，满足社会和市场需求；有利于充分利用盈利机会，实现生产成本最低化；有利于充分利用生产资源，最大限度地减少生产资源的闲置和浪费。所以，产品的生产计划要说明为什么企业的产品定价可以使企业产生足够的利润，为什么用户会大批量地购买企业的产品，企业采用何种方式去改进产品的质量、性能，企业对发展新产品有哪些计划等。

产品（服务）介绍的内容比较具体，因而写起来相对容易。撰写过程中应注意几个问题。第一，写作时应将自己置于客户的位置，站在客户的角度来评价产品和服务。第二，集中于最重要的产品，突出重点，避免本末倒置。第三，避免过多的技术细节，投资者往往不是技术专家，因此，计划书没有必要进行详细的技术论证，如果必须加入相关技术论证，也要采取通俗易懂的语言，避免过于专业隐晦。第四，避免过度地夸大与承诺，企业家和投资家所建立的是一种长期合作的伙伴关系，如果企业不能兑现承诺，不能偿还债务，企业的信誉必然要受到极大的损害，给创业活动造成严重影响。

4. 市场分析

清晰的市场机会是对创业风险投资商最具吸引力的方面，机会分析是投资者决定是否进入市场的关键因素。为了保证其准确性，创业者应尽量采用多个专业的机会分析渠道，可以委托不同专业的市场分析公司分别做出严密科学并具权威性的调查报告，并综合尽可能多的数据，做出最终的论证方案，最大限度地规避风险。

(1) 环境分析。当企业要开发一种新产品或向新的市场扩展时，首先要对政治经济、社会文化、政策等环境进行分析，从宏观上分析此创业项目是否有机会实施。

(2) 行业与市场分析。如果分析与预测的结果并不乐观，或者分析与预测的可信度让人怀疑，那么投资者就要承担更大的风险，这对多数风险投资家来说都是不可接受的。市场分析首先要对需求进行预测。市场是否存在对这种产品的需求？需求程度是否可以给企业带来所期望的利益？新的市场规模有多大？需求发展的未来趋向及其状态如何？影响需求的因素有哪些？

(3) 竞争者分析。创业计划书还要对市场竞争的情况及企业所面对的竞争格局进行分析。市场中主要的竞争者有哪些？是否存在有利于本企业产品的空白市场？预计市场占有率是多少？本企业进入市场会引起竞争者怎样的反应？这些反应对企业会有什么影响？等等。

5. 公司组织

有了产品、市场预测之后，创业者就要集结一支有战斗力的管理队伍。企业管理的好坏，直接决定了企业经营风险的大小。而高素质的管理人员和良好的组织结构则是管理好企业的重要保证。因此，风险投资家会特别注重对管理队伍的评估。企业的管理人员在专业、经验，乃至性格上都应该是互补的，而且要具有团队精神。一个企业必须具备负责产品设计与开发、市场营销、生产作业管理、企业理财等方面的专门人才。在创业计划书中，必须要对主要管理人员加以阐明，介绍他们所具有的能力，他们在本企业中的职务和责任，他们过去的详细经历。此外，这部分还应对公司结构做简要介绍，包括公司的组织机构图、各部门的功能与责任、各部门的负责人及主要成员、公司的报酬体系、公司的股东名单、公司的董事会成员、各位董事的背景资料。

6. **市场营销**

营销是企业经营中最富挑战性的环节，影响营销策略的主要因素有消费者的特点、产品的特性、企业自身的状况、市场环境方面的因素。最终影响营销策略的是营销成本和营销效益因素。

在创业计划书中，营销策略应包括市场机构和营销渠道的选择、营销队伍管理、促销计划和广告策略、价格决策。对创业企业来说，由于产品和企业的知名度低，很难进入其他企业已经稳定的销售渠道。因此，企业不得不暂时采取高成本、低效益的营销战略，如上门推销、商业广告、向批发商和零售商让利，或交给任何愿意经销的企业销售。对发展企业来说，它一方面可以利用原来的销售渠道，另一方面也可以开发新的销售渠道，以适应企业的发展。

营销计划应该承接市场分析部分，并提供有关新企业产品销售的详细信息。营销计划主要是对如何达到销售预期状况进行描述分析，需要详细说明发掘创业机会和竞争优势的总营销战略。创业计划必须详细说明为了扩大产品销售所需的资金数量，同时，应该阐述其他的营销组合，包括价格、渠道和促销，以及对销售人员的激励方式和有效促销策略。投资者阅读完这个部分后，应该对企业进入其目标市场的总体策略充满信心，同时也能感觉到企业的产品战略、价格战略、渠道和促销战略互相补充，并能够起到实效。

7. **生产计划**

创业计划书中的生产计划应包括产品制造和技术设备现状、新产品投产计划、技术提升和设备更新的要求、质量控制和质量改进计划。

在寻求资金的过程中，为了增大企业在投资前的评估价值，自主创业者应尽量使生产计划更加详细、可靠。一般的生产计划应回答以下问题。

（1）企业生产制造所需的厂房、设备情况如何？

（2）怎样保证新产品在进入规模生产时的稳定性和可靠性？

（3）资源的需求量多大？

（4）生产周期标准以及生产作业计划如何编制？

（5）物料需求计划是什么及如何保证？

（6）质量控制的方法是什么？

8. **财务计划**

财务是战略伙伴和创业投资者最为敏感的问题，因为要从中判断自己的投资能否获得预期的回报，所以提供清晰明了的财务报表是对创业者最基本的要求。创业者应对资金需求的额度具备足够的认识，必要时还可以请教专业人士。

战略伙伴和创业投资者最关心企业经营的财务损益情况，这是决定战略合伙人加盟、创业投资者投资的关键因素。财务计划需要花费较多的精力来做具体分析，创业者要根据创业计划、市场计划的各项分析和预测，在全面评估市场信息和公司财务环境的情况下，提供公司今后三年的预计资产负债表、损益表及现金流量表。创业者要将预测的依据、预测的前提假设以及预测的方法一一列明，以增加预测的可信度。

流动资金是企业的生命线，因此企业在初创或扩张时，对流动资金需要有周详的计划和对过程的严格控制。损益表反映的是企业的盈利状况，它是企业在运作一段时间后的经营结果。资产负债表则反映在某一时刻的企业状况，投资者可以用从资产负债表中的数据得到的比率指标来衡量企业的经营状况以及可能的投资回报率。

财务计划一般要包括创业计划书的条件假设、预计的资产负债表、预计的损益表、现金收支分析、资金的来源和使用过程。一份创业计划书概括地提出了在筹资过程中自主创业者需做的事情，而财务规划则是对创业计划书的支持和说明。因此，一份好的财务规划对评估企业所需的资金数量、提高创业企业取得资金的可能性是十分关键的。那么如何制订好财务规划呢？这首先要取决于创业企业的远景规划是为一个新市场创造一个新产品，还是进入一个财务信息较多的已有市场。

着眼于一项新技术或创新产品的创业企业不可能参考现有市场的数据、价格和营销方式。因此，它要自己预测所进入市场的成长速度和可能获得的纯利，并把它的设想、管理队伍和财务模型推销给投资者。而准备进入一个已有市场的创业企业则可以很容易地说明整个市场的规模和改进方式。创业企业可以在获得目标市场信息的基础上，对企业第一年的销售规模进行规划。

企业的财务计划应保证和创业计划书的假设一致。事实上，财务规划和企业的生产计划、营销计划等是密不可分的。要完成财务规划，必须明确下列问题。

（1）产品在每一个期间的发出量有多大？

（2）什么时候开始产品线扩张？

（3）每件产品的生产费用是多少？

（4）每件产品的定价是多少？

（5）使用什么分销渠道？预期的成本和利润是多少？

（6）需要雇用哪几种类型的人？

（7）雇用何时开始？工资预算是多少？

9. **管理能力**

据统计，中小企业98%的失败来自管理的缺失，其中，45%是因为管理缺乏竞争力。风险投资者非常注重管理能力，将其列为最为关注的要素之一。可以说，没有好的管理就不可能取得成功。管理能力在创业计划书中体现在以下方面。

（1）核心管理者。该项应该包括管理团队中每个核心成员的简要介绍，包括他们的职务、工作经历和经营业绩、受教育程度、管理背景和能力等，特别是有关专业知识、技能和成就。如果管理者的简历中包含有特别信息，应该在附录中详细说明。如果管理团队成员之间曾经有过共事经历，就应该强调这些经历。在投资者看来，与彼此陌生的管理团队相比，曾有过成功共事经验的管理团队的风险更小。

（2）管理团队。该项主要介绍创业团队成员所具有的教育及工作背景、具体分工情况、产权和股权划分情况、创业信念、风险识别及反映实施计划能力的情况，重点展示管理团队的凝聚力和战斗力，使战略伙伴或创业风险投资者了解企业的管理团队由一批具有丰富的管理经验和较高的职业道德的人士组成。优秀的管理团队将确保企业紧紧抓住好的创业机会，以有效的方式实现企业的经营目标。团队的结构应该完整，拥有技术、管理、财务、法律、语言和写作等方面的人才或各有专长的组织成员，并且还应充分考虑内部成员能力互补的问题。

（3）人力资源。该项要考虑现在、半年内、未来三年的人事需求，并且具体考虑需要引进哪些专业技术人才、全职或兼职、薪水如何计算、所需人力资源管理成本等。该项还应说明企业准备设立哪些机构，各机构配备多少人员，人员年收入情况如何；是否考虑员工持股问题，如果考虑，就需要说明股票期权实施办法和红利分配原则；企业如何加强对员工的持久激励。同时，阐明企业的内部约束机制和外部约束机制等。

（4）公共关系。这个部分应该列出与企业打交道的专业服务机构名单，包括法律公司、咨询公司和会计公司，应说明这些专业机构将如何帮助企业达到创业目标。创业者应该尽量列出一些这样的关系机构，以显示自己的成熟和社会认同度。

10. 经营预测

在创业计划书中最好分别提出近期计划、远期规划等，提出响亮而务实的阶段目标。阶段目标是指创业后的短期目标、中期目标与长期目标，主要是让创业者明白自己事业发展的可能性与各个阶段的目标。这些目标和预测必须建立在现实、客观、具体的数据上，经过统计分析推导出来。只有这样，才能建立起战略伙伴和创业投资者对创业者的认同。

11. 关键风险、问题和假设

创业计划总会包括一些相关的隐含的假设，因此，创业计划书必须描述一些有关所在行业、公司、人员、销售预测、客户订单、创立企业的时机和融资的风险及其负面结果的影响。识别并讨论创业项目中的风险，可以证明创业者作为一名经理人的才能，增加创业者和创业项目在投资者心目中的可信度。主动分析与讨论风险也有助于创业者对创业项目完成风险评估与对策研究，“未雨绸缪”方能降低创业风险。

创业者应首先客观地讨论创业计划中的假设和隐含风险，如市场假设、竞争假设、销售假设、研发风险以及生产能力风险等。在此基础上，创业者还应指出哪些假设或风险对企业成功最关键，并描述将采取哪些针对性措施使不利于企业成长的各种影响降到最小。

五、凝练创业计划的执行概要

执行概要是为了吸引战略伙伴与创业投资者的注意，好的概要能使战略伙伴或创业投资者一开始就对创业者留下一个良好的印象。执行概要并非创业计划的引言或前言，它是对整个创业计划的高度浓缩，是整个创业计划的精华。执行概要将创业计划的核心提炼出来，列在创业计划的最前部分。

创业计划的阅读者往往首先只索要一份计划的执行概要，在概要有足够说服力时，才会要求阅读创业计划的正文。因此，概要必须涵盖计划的要点，简明扼要、条理清晰地阐明创业的基本思路、目标及其优势。创业者要反复推敲，精益求精，使概要结构完美，语句清晰、流畅且富有感染力，便于读者在最短的时间内一目了然地评审并做出判断。执行概要最好是一页，无论如何不要超过两页。

1. 概要的内容

概要应该特别突出的是富有吸引力的鲜明个性、明确的目标以及创业者自身所具备的优势等，让投资人能在最短的时间里全面了解整个创业计划。在概要中，创业者一般要突出以下重要内容：

（1）是否已经成立公司，公司目前的状况，产品/服务进入市场的准备程度。如果企业已经投入运营，要提供过去的成功业绩和当前交易情况，以及现有的主要人员。

（2）将要推出的产品/服务及销售对象，尤其是竞争优势的详细分析。市场需要这种产品/服务的原因，市场规模，预计销售量。

（3）利润和现金流动的预测，需要资金数量，提供资金的投资者或贷款人何时以何种方式得到收益。

（4）创业者的长远和近期的目标，以及达到这些目标将要采取的战略和策略。

概要虽然列在创业计划的最前面，但它是在其他部分定稿之后才撰写的，因为只有这样，才能形成对创业计划的准确概述。

2. 概要的关键元素

投资人在阅读商业计划书时都喜欢先看前两页的概要。如果你的概要像是一份光亮的营销单，文字分栏排列，配一些相关的图片，就能更好地吸引投资人的注意力，否则他们可能会懒得看下去。在撰写执行概要时要注意以下关键元素。

（1）问题和你的解决方案。这些是你用来“钩”住投资人的“钩子”，最好在第一段就描述清楚。陈述你的价值定位、你要给谁提供什么特别的东西。

（2）市场大小和增长机会。投资者们都在寻找巨大的、处在增长期的市场。用几句话写一下基本的细分市场、市场大小、增长情况和市场动态，有多少人或多少公司、多少产值，增长速度如何，是什么因素驱动这个细分市场。

（3）你的竞争优势。辨别出你的持续竞争优势，如独特的优势、成本节约或行业关系。至少，你要写出当前你是如何与别人的解决方案竞争的。投资者很可能已经看过很多跟你的方案类似的商业计划书。

（4）商业模式。谁是你的客户、产品如何定价、一件产品的成本是多少？目前是否有真实客户，是否正在发展阶段？概括你的销售和营销策略（直接营销、销售渠道、潜在客户开发等）。列出一些关键数字，如：客户量、授权量、产品数量和利润等。

（5）执行团队。要记住投资者投资的是人而不是创意。为什么你的团队有能力成功？他们以前做过什么？解释一下每个人的背景、角色、工作过的公司。如果你的创业导师或顾问有相关的行业经验，也可以在团队介绍里提出来。

（6）财务预测和融资。你需要展示 3 ~ 5 年的收入和花费预测。投资者要知道你现在想融多少钱、你能给他们什么样的回报。这样的融资需求通常是为了实现你的商业计划书中下一个重要里程碑所需要的最少金额。

以上这些概括要点并不是商业计划书概要的硬性要求，或是教条。没有能涵盖所有创业项目的执行概要，但是你要确保每一条关键问题都要提到。你要想想在你的创业项目中哪些是关键点，要特别强调你的优势。如果关键点被忽略了，就会是一个危险信号。投资人对你的第一印象会转向负面。

最后一个重要的元素不是在执行概要上，而是你发给投资人邮件中的公司介绍那一段。在这儿，少即是多，所以要写一些吸引眼球的东西，展现出你的激情和承诺。最后记得要询问一下见面机会或具体的反馈意见，这是确认你能否引起投资人兴趣的方法。

六、创业计划书的评价

创业计划书完成以后，要先对创业计划书进行评价。创业计划书的评价者一般有三方：第一方为创业者，主要判定创业计划是否具有吸引力或操作性；第二方为资源提供方，如创业投资者、潜在创业合作伙伴；第三方为独立于计划制订及使用方的咨询机构或其他机构，受人委托对创业计划进行公正性评价。创业计划竞赛中的评价，主要是作为第三方的独立于计划制订及使用方的教育机构的评价。

在了解投资者的评价、行为模式的基础上，创业者应采取积极的应对措施。因此，在创业计划书写完之后，创业者应对计划书进行自我评估、检查，评估计划书是否能准确回答投资者的疑问。

1. 评价要素

一份成功的创业计划，应该能够简洁清晰地展示市场前景，把握市场的需要，解释创业投资者为什么会投资这个创业项目，并要有一个投资退出策略。如果过分乐观，或拿出的数据与行业标准相去甚远，或忽视竞争风险，或进入了一个拥挤的市场，则是一份失败的创业计划。投资者对创业计划书最关注的内容有以下几点。

（1）简明清晰的执行概要。执行概要将是创业者写的最后一部分内容，却是投资者首先要看的内容，它将从计划中摘录出与筹集资金最相关的细节，包括对公司内部的基本情况、公司的能力和局限性、公司的竞争对手、公司的营销和财务战略、公司的管理团队等情况的简明而生动的概括。

（2）优越的产品（服务）。在创业计划书中，应提供所有与企业的产品（服务）有关的细节，包括创业者实施的所有调查。把投资者拉到企业的产品（服务）中来，这样，投资者就会和创业者一样对产品有兴趣。编写创业计划书的目的不仅是要使投资者相信企业的产品会产生的影响，同时也要使他们相信企业有实现它的能力。

（3）有把握的市场机会。创业计划书要给投资者提供企业对目标市场的深入分析和理解，要细致分析经济、地理、职业以及心理等因素对消费者选择购买企业产品这一行为的影响，以及各个因素所起的作用，使投资者对这一市场有信心。

（4）领先的竞争优势。在创业计划书中，应细致分析竞争对手的产品与企业的产品相比有哪些相同点和不同点，以及竞争对手所采用的营销策略。要明确每个竞争者的销售额、毛利润、收入及市场份额，然后再讨论企业相对于竞争者所具有的竞争优势，要向投资者展示顾客偏爱企业的具体原因。在创业计划书中，创业者还应阐明竞争者给企业带来的风险以及企业所采取的对策，要使计划书的读者相信，企业不仅是行业中的有力竞争者，而且将来还会是确定行业标准的领先者。

（5）可行的战略计划。企业的行动计划应该是无懈可击的。创业计划书中应该明确下列问题。

1）企业如何把产品推向市场？

2）如何设计生产线？

3）如何组装产品？

4）企业生产需要哪些原料？

5）企业拥有哪些生产资源？还需要什么生产资源？

6）生产和设备的成本是多少？

7）企业是买设备还是租设备？

8）与产品组装、储存有关的固定成本和变动成本是多少？

（6）强有力的管理团队。把一个创意转化为一个企业，其关键就是要有一支强有力的管理团队。这支队伍的成员必须有较多的专业技术知识、较高的管理才能和丰富的工作经验，管理者的职能就是计划、组织、控制和指导公司实现目标。创业团队的成员应该是互补型的，而且要具有团队精神。在创业计划书中，应首先介绍一下整个管理团队及其职责，对于主要管理人员，要介绍他们所具有的能力、在本企业中的职务和责任、过去的详细经历及背景。

2. 评价标准

创业计划的评价标准应该根据计划书的读者而定。创业计划编写的目的不同，评价的标准也不同。表 7-4 是从创业投资基金或投资者角度设计的参考标准。

表 7-4　从创业投资基金或投资者角度设计的参考标准

评价要素	参考标准	权重	赋分
计划概要	清晰简洁、重点突出、具有吸引力	10 分	
公司介绍及预计目标	企业的性质符合发展规模，具有创新和求实的创业理念及可行的战略目标	10 分	
产品/服务介绍	技术含量高或具备创新性，具有优异的性能、特征和较高的商业价值，重视产权保护	15 分	
市场机会分析	通过宏观环境、行业和竞争者的分析，运用专业的分析方法，得出了机会存在、机会的大小等结论	15 分	
营销计划	市场定位明确，市场前景广阔，拥有优秀的核心市场营销能力，能获取持续的竞争优势，并有可行的实施方案	10 分	
财务计划	预估的经济效益好，财务报表清晰明了，各种数据具有较强的证明力和说服力	10 分	
管理能力	拥有一支有效的管理团队，或具有相关经验和背景，能够有效地发展企业	10 分	

续表

评价要素	参考标准	权重	赋分
融资计划，投资回报与退出，投资风险	资金筹措方案可行、投资价值高，并具备有效的风险规避措施、合理的投资退出方式	10 分	
写作	报告完整全面、简洁清晰、逻辑明确，约有 25 页，不冗余	5 分	
专家推荐	有专家或权威机构的推荐	5 分	
合计		100 分	

创业计划书的制订者也可以根据这个评价标准进行自我评价，以尽早排除编写中的错误。在检查整个创业计划书时，创业者应站在读者角度判定新企业的可行性等关键性指标。

3. 创业计划常犯的错误

（1）过分强调技术而忽略市场。创业者在制订创业计划书时，常常过分强调所熟悉的技术而刻意忽略不熟悉的市场或管理。一位技术出身的创业者，可能会花费一半以上的篇幅描述技术功能，而只用不到一页来说明市场营销。有的创业计划书中，创业者指出将运用营业额的 25% 从事研究开发，这个比例较同行业平均水平高出 10 倍。或许这位创业者对于事业发展与技术研发有远大的理想，但创业投资者不可能将资金投入不知何年才能够回收的投资方案。

（2）计划目标、市场定位界定不明。创业计划的目标不明确并且未经过系列分析和论证，如对成立什么样的企业形态、筹集多少注册资本、进行何种领域的产品或服务开发、目标市场定位是什么、企业不同时期的发展目标是什么等问题不明确。

（3）因对市场估计过高、调查研究不够而进入了一个拥塞的市场。对于市场占有率做大而化之的粗略假设，也是创业者常犯的另一项毛病。在创业计划中分析产业与市场活动时，最好先做一些市场调查研究，并引证官方或学术研究机构的客观统计资料，同时对于目标市场消费特性的描述，也要有确实的证据。如果已有具体产品原型，应考虑先进行消费者使用测试，以及取得专家的检验意见，这样会有助于提高创业计划的品质与可信度。

（4）缺少有效的执行方案和管理团队。创业计划经常缺乏落实计划目标的具体执行方案，这常常表现在没有具体的工作计划、没有优先次序和工作重点、责任和分工不明确、缺乏规范的管理制度等。而投资者比较关心，却常被创业者忽略的课题就是如何保证这份创业计划书能被有效地执行，以及如何回收投资资金。有效执行的关键在于经营团队的组成，如果创业者能让经验丰富的经理人加入经营团队，对于投资者而言将是一项有力的保证。

（5）缺少风险分析和投资回收方案。创业计划书应有详细的财务预测分析与投资报酬率的预估，这些分析必须依据具体的市场预测资料，同时还要包括敏感度与风险分析在内。风险性投资者对于投资报酬的要求要高于一般水平，对于创业投资报酬的要求更高达 50% 以上。因此创业者需要提出一份能够具体实现高报酬的创业计划书与财务规划，才有可能吸引创业投资者的兴趣。此外，创业者应该提出未来投资资金的回收方式，创业投资者对这部分比较在意，主要考察是否与自己的资金安排契合。一般回收的方式包括转让、收购、上市等，而且回收时间也是重要的考察因素。

第四节 创业计划书的展示

创业计划书准备就绪之后，接下来的主要挑战就是如何将计划书介绍、推广、投送给相关者。在大部分情况下，口头介绍是推荐给潜在投资者最普遍也是最关键的一步。创业者应该清晰地认识到，口头表达能力不仅对推介创业计划书与筹集资金至关重要，它还是创业者在新产品开发、买卖交易、巩固合作关系、招聘员工等一系列活动中达成协议的基本工具。

创业计划书的推介主要包括前期准备、展示创业计划及访谈三个基本环节。

一、前期准备

口头表达与书面表达存在巨大的差异，其要点是快速地切入主题，恰当地解释创业项目，语言内容需要好好地斟酌，同时不乏风趣灵活，结构上需要体现较强的系统性与逻辑性；同时，在表达过程中可以自由添加或改变某些点进行拓展，一份背下来的介绍是无法激发投资者兴趣的。

创业者在做创业计划推介准备时，首先要训练自己言简意赅的表达能力，训练自己用一分钟来表达、阐述创业企业的性质与职能。正如《创业的艺术》作者盖伊·川崎所说："如果一位企业家来找我，一开始只知道谈论他想如何筹集资金；如果一个非营利机构的负责人来找我，开口就要赞助，那么我根本就没有耐心从头到尾听完他们的谈话，我希望他们能够利用头 15 分钟时间，向我简述他们的人生故事。如果你不这么做，你的听众不可避免地会产生这样的疑问：他的公司是做什么的呢?"现实推介过程中，创业者往往会用自传式篇幅与方式来介绍企业，想当然地认为只要自己说这么一通开场白，听众自然会明白新创公司从事的行业与提供的产品或服务。创业者可以利用定时器，训练自己在一分钟内阐述公司性质与目前状况，并请听众写出一句表达公司性质与职能的话。把他们的答案收集起来，与自己说的内容进行比较，通过对比结果修正自我表达方式与内容。

在前期准备中，创业者还应积极了解与分析推介对象。创业者往往认为出色发言的基础在于激起听众的热情。实际上，出色发言的基础源于推介前对推介对象所进行的调研。首先，创业者应了解究竟什么对推介对象来说比较重要。可以通过事先向主办者或中介方提出诸如：最想了解公司的三件重要事情是什么、什么促使对方对创业项目产生兴趣、可能会问什么特殊或尖刻的问题、会议参与人员年龄多大以及背景与特长如何等问题。创业者还可以通过网络搜索、资料收集、业内打听等方式了解并通过换位思考、团队讨论的方式，群策群力、集思广益地梳理各种可能性，为推介工作做好前期调研工作。

创业者还应该依照"10/20/30"原则做好推介内容、长度、文字表现的准备工作。"10/20/30"原则指通过 10 张幻灯片、20 分钟时间、30 磅的文字字体来指导推介演讲。演讲过程中，推荐使用较少的幻灯片，大约 10 张，表面上看起来少了一些，但是你挑选出来的 10 张幻灯片具有真正的实质内容。可以再稍微增加几张，但一次演讲的幻灯片绝不能超过 20 张。需要的幻灯片越少，讲述的内容越引人注目。创业者可以用商业模式、项目优势与独特性、市场营销、竞争、管理团队、财务计划与主要指标以及目标实现时间与资金的使用作为幻灯片的核心标题，以此进行内容的组织。

一般展示会议时间为一个小时。因此，创业者应该在20分钟内完成陈述与演讲。这样，一方面可以加强创业者对推介会议的时间控制；另外，也可以让与会人员有更充足的时间进行交流与讨论。创业者应在推介前，通过内容提炼、积极准备与反复预演，使自己在介绍活动中将陈述内容集中在10张幻灯片和20分钟时间以内。

严格上讲，幻灯片文字内容不能用较小的字体，确保不将过多的细节内容写在幻灯片中；另外，也给风险投资商带来阅读上的便利，特别是一些上了年纪的投资商。因此，创业者应该认识到使用幻灯片的目的是吸引听众，而不是让听众阅读更多的信息。创业者应该通过使用口头表达的方式对内容做进一步的阐述及补充。由于人们阅读的速度比说话的速度快，所以大篇幅的内容与细节在创业者讲完之前已经被阅读完毕，自然无法激起风险投资者的倾听兴趣。

在演示创业计划之前，创业者还应该完成会场布置与设备准备。创业者必须事前检查、确认相应设备（如手提电脑、投影仪等）是否到位，并检查它们的兼容性与使用可靠性。创业者要备份演讲文稿并检查演讲文稿是否能在手提电脑、投影仪等设备中正常运行，同时还应准备打印机，以备万一设备出现问题，将需讲述的内容打印出来。这些工作需要创业者在演示前一天准备就绪。创业者必须认识到，倘若会议一开始就陷入乱糟糟的地步，再想把它好好地恢复起来几乎是不可能的事情。

二、展示创业计划

展示创业计划是创业者展示自己能力的大好机会，同时也是创业投资者考察创业者的关键阶段。虽然项目好坏才是创业投资者考虑的主要方面，但在大多数情况下，创业投资者不会将资本交给一个连自己的创意都表达不清楚的人。

在做好包括推测对方可能提出的问题、如何应付展示期间可能出现的意外以及确定展示重点等前期准备工作后，进入实质展示阶段。

展示开始后，可以通过诸如“我能够占用各位多长时间”“各位最需要我回答的三个问题是什么”“我可以先完成我的演示内容，然后再回答大家的问题吗？如果各位认为确实需提出问题，也可以随时打断我”等开场白，表达对推介对象的尊重与双向交流的意愿，加上事先布置的讲台，可以营造良好的开端并带动投资者参与的积极性。在展示过程中，应该保持条理清晰的风格。要有针对性，突出市场前景，以吸引投资者的注意力。如果没有特殊要求，不要过分强调技术因素或故意使技术环节复杂化。

此外，创业者还需要注意掌握几个细节：①不要发放有关管理经营费用的材料，包括在展示前；②在展示中用热情洋溢的语言表达；③积极与投资者互动，但不要与投资者发生争执；④展示即将结束时，插入一些表格资料向与会者说明公司的财务状况；⑤在展示休息时间，在投资者离场后，简短总结展示的效果以及需要改进之处；⑥展示期间积极记录，展示后重新整理会议记录与讲演内容等。

创业计划展示过程中还应该注意的一个问题是不要出现喧宾夺主的情况。大学生创业者心中往往抱有这样的念头：想让更多的人参与进来，因为众人的参与能体现出所谓的团队精神，在这种推理下，创业团队每个人都应当在会议上扮演一个角色，只有这样才能表明团队精神得到了贯彻。这种逻辑下的推介会往往会呈现“轮流坐庄”“救驾”不断的局面。实际上，这恰恰给推介对象一种创业团队缺乏凝聚力的印象。在演示会中，创业领袖（核心）或公司 CEO 应占全部讲话的 80% 以上，其他高层人员（不应超过 2 位）可以在 20% 的会议时间讲述一两张幻灯片内容或回答提问，这些内容与问题都应该是他们各自专业领域的内容。如果创业领袖或 CEO 不能在会上利用大部分时间亲自发言，他就应当提前进行演练，直至自己能够轻松地在会议上唱主角。

三、访谈新企业的开办

访谈也是创业计划推介的重要环节。对于通过初步审查的创业项目，下一步就是推介对象与创业者直接交流。由于创业者的素质是决定创业能否成功的关键，所以必须对创业者进行访谈，以达到三个目的：一是面对面地考察创业者的综合素质；二是根据审查创业计划的情况，核实创业项目的主要事项；三是了解创业者愿意接受何种投资方式和退出途径，以及投资者能以何种程度参与企业决策与监控。

为了取得良好的访谈与创业计划推介效果，首先，创业者要制订访谈计划，包括明确访谈的最低目标、中间目标及最高目标；拟定访谈的进程；选择合适的谈判时间和地点；确定参与访谈的人员及分工。其次，做好访谈的心理准备，即准备应对大量提问、应对投资者对管理的查验、准备放弃部分业务以及准备做出妥协。最后，掌握一定的访谈技巧，比如展示自己实力时采取暗示的办法，为了增强访谈的吸引力，要给对方心理上更多的满足感，访谈中多听、多问、少说，等等。创业者可以在日常生活中积累这些技巧，必要时也可以进行相关技巧的培训。

总之，创业计划展示常犯的错误都源于准备不充分。在制订创业计划时创业者要全身心投入、反复斟酌，并请创业合作伙伴或团队一齐参与。计划中每一个细节都要尽量考虑周全，计划的假设前提条件都交代清楚，可能的情况下把风险和困难也列明，并说明有什么替代方法可供选择。

★拓展阅读

商业计划书中的 21 条必备

商业计划书是找风险投资者的敲门砖，没有一块有分量的敲门砖，敲不开风险投资者的大门。

但是，商业计划书只能打开风险投资者的门，进门以后的事情还很多，还要继续努力。

商业计划书要把一个项目的要点讲清楚，不必太在乎排版、美术设计。

简单地说，风险投资者在商业计划书中要看出三大要点及其证据。

第一，你到底是谁（Who）？

第二，你要做什么（What）？——你的产品/服务有什么价值？

第三，怎么做（How）？——你是不是有执行能力和成功的把握？

商业计划书不必写得十全十美，但是字里行间，风险投资者能看出你是否认真、是否下足了功夫。只要风险投资者对项目有兴趣，即使计划书里缺些什么，他们中的大多数还是会来和你沟通，甚至设法帮助你。

有效的商业计划书要涵盖以下二十一个方面，分为“七项基本内容”“七项必不可少的内容”和“七项建议性的内容”。

【七项基本内容】

(1) 项目简介。

一页纸的项目简介是商业计划书中最重要，也是最挑战笔杆子功夫的内容。好比广告，如果不能在15秒钟内引起观众的兴趣，观众就会按遥控器更换频道。

虽然项目简介像商业计划书的“迷你版”，但它并非要包含商业计划书的每一个方面。

用一句话来清晰地描述你的商业模式——你的产品/服务；

用一句话来明确表述为什么你的创新解决了用户的问题，填补了市场的空块；

用一句话（包括具体数字）来描述巨大的市场规模和潜在的远景；

用一句话来概括你的竞争优势；

用一句话来形容你和你的团队；

用一句话（包括具体数字和时间）来概述你将如何在最短的时间内让投资人赚钱；

用一句话来陈述你希望融多少钱、主要用来做什么。

(2) 产品/服务。

产品和服务就是你的商业模式，换言之，你的公司将靠什么盈利。

(3) 市场。

市场可以从三个方面看：宏观的市场、微观的市场以及你如何开发自己的市场。

对于宏观市场数据，风险投资者大都一清二楚。重要的是与产品直接相关的市场数据，即微观市场、力所能及的市场，这些数据越详细越好。

然后，要说明如何来行之有效地做市场，比如可以说：“我们已经和联想达成意向，通过他们的渠道进行捆绑，在全国推广……”

(4) 竞争对手。

比如，你研发了一种全新的节能空调，风险投资者会去海尔那里打听，看看海尔是不是有同类的产品，或者问问海尔为什么不研发这类产品，再让海尔谈谈对这类产品的看法和观点等。

如果竞争对手也是创业公司，只要你的产品比竞争对手的更先进，投资者也会支持你。

(5) 团队。

对于名牌学校的毕业生而言，这自然是一个千载难逢的亮相机会，海归也不例外。每个人的工作经历也是重要的内容，如果你在大公司比如谷歌、微软工作过，人们会对你的能力比较肯定。不过，常常最能引起投资者注意力的是那些以优异成绩考入名牌大学，然后留级、逃学、退学、辍学的人，比如比尔·盖茨和乔布斯，他们的脑子里常常会有奇特的创意。

如果你既没有进过名牌大学，也没有在著名大公司里工作过，可以具体挖掘一下自己的真实才能，比如你是学习什么专业的，曾在公司里担任什么职位、做过些什么项目等。团队也是风险投资者重点关注的内容，除了自己以外，也要把团队成员介绍详细。

(6) 里程碑。

创建公司就像盖一座高楼，什么时候地基落成、什么时候封顶、什么时候交钥匙都是工程中的关键点。

对于早期的创业公司来说，创业者最关心的是什么时候公司的产品能够顺利通过各种测试从而推向市场，什么时候公司开始有收入，什么时候公司达到盈亏平衡。

当然，持平并不是创业者的最终目的，公司收支持平了，就有信心去扩大规模、进一步发展。创业者应该明白，无论创立什么样的公司，账面收支平衡越早越好。一个公司盈亏持平，说明它是有盈利潜力的。只有具有盈利能力的公司，才是真正有价值的公司，才会有更多的风险投资者来投资。

仔细想好未来投资的每一个重要步骤，确定公司在走向成功和辉煌道路上的每一个重要的时间节点。

(7) 财务计划。

财务预测是商业计划书中最重要的部分之一。但是在早期的创业企业中，这是最容易被忽视的方面，这里只是先做一些重点提示。

除了在PPT中有大概的财务计划介绍外，通常风险投资者对有兴趣的项目一定会要求详细的Excel文档。至少做三年的财务计划，最好做五年，把重点放在第一年。写清楚三张表：假设、收支预测表、现金流量表。

【七项必不可少的内容】

上面七项内容其实与给客户看的公司介绍差不多，但是商业计划书是写给投资人看的。读者不同，内容、定位、写法、要求都不一样。以下七项内容都是投资人特别关心和敏感的。

(1) 股权结构。

投资人想知道自己将来可能要和哪些人一起共事，所以最好一开始就介绍清楚。

(2) 公司的组织结构。

这个问题有两层含义。

第一，公司在哪里注册？海外还是在国内？有哪些分公司、子公司、关联公司？投资人的钱从哪里注入？公司的架构关系到股东利益如何体现，最好画一张图表来表达清楚。

第二，公司是如何运转的？有哪些部门？CEO、销售经理、技术总监是否分工明确，各就各位？最好也能提供一张详细的图表。

(3) 目前公司的投资额。

如果你自己一分钱都没有投入，风险投资者通常会怀疑你对这个项目的信心和创业态度。

不要怕丢脸，如果你自己只投入了仅有的几块钱积蓄，但是已经把事业做得像模像样，投资者会把你当成英雄。

(4) 合约和订单。

最好有合同、意向或者订单之类的证明材料。

(5) 收入模式。

对于一个创业公司来说，没有任何东西比收入更重要。

投资者不在乎你未来能不能成为一个亿万富翁，他最关心的是你什么时候从什么地方赚进你的第一块钱。

(6) 估值。

这也是一个创业者和投资人不可回避的问题。想好自己需要多少钱、准备出让多少股份，不管你的心理价位是多少，都应该明确提出你的要价。

(7) 资金用途。

即使你有详细的财务预算，建议在商业计划书里有一张清晰的列表，把主要的资金用途罗列出来。

【七项建议性的内容】

(1) 商业计划书到底是用 Word 的形式好还是 PPT 的形式好?

没有差别。

(2) 商业计划书最好写多少页、多少字?

字数没有限制，核心要点说明清楚就好，不必多写。至于页数，14 页就足够写出一份出色的商业计划书，外加 1 页封面、1 页封底（联系方法)，共 16 页。但是，以上内容都要包含进去，一条也不能少。

(3) 怎样才能找到风险投资者?需不需要有人引荐?

自己找风险投资者和有人引荐的效果的差别，至多是如果是熟人介绍的商业计划书，风险投资者可能会找时间快点儿读而已，但对于是否会投资这个项目，引荐人起不到关键作用。

风险投资者是一个非常小的圈子，千万不要将商业计划书用群发的形式发给所有人，最好稍微花点时间做点功课：到这些风险投资者的网站上去看一下他们各自的投资方向和领域。找风险投资者就是在私募市场上兜售自己公司的股份，就像卖一件产品一样，要精准营销。不过做好思想准备，只有很小一个圈子里的很少一部分人会对你的项目有兴趣。

(4) 可以让财务顾问代写商业计划书吗?

通常，财务顾问对你的行业并不熟悉，也没有运营的经验，他们只能对财务方面的问题做一些解答和帮助，比如在做财务计划时，如果你对此不太熟悉的话，可以找一个财务顾问咨询，但是万万不可将商业计划、财务计划，甚至融资这件大事统统承包给财务顾问。

建议即使使用了财务顾问，也要把他们安排在幕后，自己出面和风险投资者演示与谈判，不要让财务顾问成为你和风险投资者之间的一堵挡风墙。

(5) 是否要带律师去见风险投资者?

否。律师的工作要在收到风险投资协议以后才有必要。

(6) 把商业机密发给风险投资者，他们会偷走我的想法吗?

有些创业者会要求风险投资者签保密协议之后才发出商业计划书，这样做会过滤掉很多风险投资者，其中不乏正在寻找你的风险投资者。如果创业者提出这样的要求，一些风险投资者可能就此拒绝掉；一些风险投资者会要求签他们的标准版本保密协议，而不是你律师为你起草的那一份；有些风险投资者甚至明文规定不能签任何保密协议。

为什么风险投资者不愿意签所谓的“保密协议”，原因很简单：如果这个风险投资者桌子上有 5 份太阳能的项目计划书，如果和 A 签了保密协议，结果投资了 B 的项目，A 到时候会不会把这风险投资者告上法庭呢?

(7) 怎样才能知道风险投资者对我的项目是否有兴趣?

可以准备三份文件：其一，1 页纸的项目简介；其二，16 页的商业计划书；其三，完整的财务预测计划。

1）根据找到的风险投资者名单，写一封简短的邮件，附上项目简介发出去。

2）如果风险投资者马上有回信，问你有没有更加详细的商业计划书，把16页的商业计划书发出去。

3）发出商业计划书之后，如果风险投资者又主动和你联系，问你有没有详细的财务计划，此时把详细的财务计划发出去，很可能这位风险投资者过几天就会来主动邀请你去他的办公室面谈。

4）如果在两个星期以内风险投资者对你的项目简介没反应，可以再次发邮件，并主动附上商业计划书。

5）如果该风险投资者有正面回复，可以重复3）的步骤。如果两个星期内该风险投资者对你的商业计划书没反应，不妨主动再发一个邮件询问对商业计划书的反馈意见。如果还是没有反应，说明对方对你的项目没兴趣。

复习思考题

1. 什么是创业计划书？为什么要写创业计划书？
2. 创业计划书的作用是什么？
3. 创业计划书编制前需要做哪些准备工作？
4. 创业计划书编制的要素、结构、内容是什么？如何评价一份创业计划书？
5. 如何展示创业计划书？

第八章

新企业的开办

学习目标

1. 了解企业的组织形式。
2. 掌握建立企业的流程。
3. 理解新企业成立的相关法律问题。
4. 掌握新企业的独特性。
5. 了解企业成长的驱动因素。
6. 了解新企业成长管理的措施。
7. 了解新企业不同成长阶段的风险来源及化解措施。

第一节　成立新企业

一、企业组织形式选择

企业组织形式是指企业财产及其社会化大生产的组织状态，表明一个企业的财产构成、内部分工协作与外部社会经济联系的方式。我国的企业组织形式很多，主要包括股份有限责任公司、有限责任公司、外资企业、中外合资企业、中外合作企业、乡镇企业、股份合作制企业、合伙企业、个人独资企业、个体工商户、农村承包经营户等。大学生创业企业主要以微小企业为主，最常见的微小企业的组织形式包括个体工商户、个人独资企业、合伙企业和有限责任公司四种形式。

（一）个体工商户

自然人从事工商业经营，经依法登记，为个体工商户。个体工商户还可以起字号，并以其字号进行活动。农村承包经营户是指农村集体组织的成员，依法取得农村土地承包经营权，从事家庭承包经营。《中华人民共和国民法通则》明确规定，个体工商户和农村承包经营户的合法权益受法律保护。他们的债务，个人经营的，以个人财产承担；家庭经营的，以家庭财产承担。如果创业活动是主要以本人或家庭成员的劳动为基础的小商品零售、餐饮、理发、报刊零售等社会服务业，可以申请登记成为个体工商户。个体工商户资金没有法定要求，注册方便，其经营收入归公民个人或家庭所有。但个体工商户不属于经济组织，不具有法人资格，要对债务承担无限连带责任，也应当注意控制风险。

个体工商户是个体工商业经济在法律上的表现，具有以下特征，如表 8-1 所示。

（1）个体工商户是从事工商业经营的自然人或家庭。自然人或以个人为单位，或以家庭为单位从事工商业经营，均为个体工商户。根据法律有关规定，可以申请个体工商户经营的主要是城镇待业青年、社会闲散人员和农村村民。此外，国家机关干部、企事业单位职工，不能申请从事个体工商业经营。

（2）自然人从事个体工商业经营必须依法核准登记。个体工商户的登记机关是县以上工商行政管理机关。个体工商户经核准登记取得营业执照后，才可以开始经营。个体工商户转业、合并、变更登记事项或歇业，也应办理登记手续。

（3）个体工商户只能经营法律、政策允许个体经营的行业。

表 8-1　个体工商户的特征

业主数量和注册资本	成立条件	经营特征	利润分配和债务责任
• 业主是一个人或家庭 • 无资本数量限制	• 要有相应的经营资金 • 要有经营场所 • 要起字号	• 资产归私人所有 • 业主既是所有者，也是劳动者和管理者	• 利润归个人或家庭所有 • 由个人经营的，以其个人资产对企业债务承担无限责任 • 由家庭经营的，以家庭财产承担无限责任

（二）个人独资企业

个人独资企业是最古老、最简单的一种企业组织形式，是指依照《中华人民共和国个人独资企业法》在中国境内设立，由一个自然人投资，财产为投资人所有，投资人以其个人财产对企业债务承担无限责任的经营实体，主要盛行于零售业、手工业、农业、林业、渔业、服务业和家庭作坊等。其主要特点为以下四点，如表 8-2 所示。

（1）企业的建立与解散程序简单。

（2）经营管理灵活自由。企业主可以完全根据个人的意志确定经营策略，进行管理决策。

（3）业主对企业的债务负无限责任。当企业的资产不足以清偿其债务时，业主以其个人财产偿付企业债务，有利于保护债权人利益，但不适宜风险大的行业。

（4）企业的规模有限。独资企业有限的经营所得、企业主有限的个人财产、企业主一人有限的工作精力和管理水平等都制约着企业经营规模的扩大。

(5) 企业的存在缺乏可靠性。独资企业的存续完全取决于企业主个人的得失安危，企业的寿命有限。在现代经济社会中，独资企业发挥着重要作用。

表 8-2　个人独资企业的特点

业主数量和注册资本	成立条件	经营特征	利润分配和债务责任
• 业主是一个人 • 无资本数量限制	• 投资者是一个自然人 • 有合法的企业名称 • 有申报的出资 • 有必要从业人员 • 有固定的生产经营场所	• 财产为投资人个人所有 • 业主既是投资者，也是经营管理者	• 利润归个人所有 • 投资人以其个人资产对企业债务承担无限责任

(三) 合伙企业

根据《中华人民共和国合伙企业法》，合伙企业是指依法在中国境内设立的由各合伙人订立合伙协议，共同出资、合伙经营、共享收益、共担风险，并对合伙企业的债务承担无限连带责任的营利性组织。合伙企业分为普通合伙企业和有限合伙企业两种形式。

1. 普通合伙企业

普通合伙企业是由两个或两个以上的自然人通过订立合伙协议，共同出资经营、共负盈亏、共担风险的企业组织形式。

以专业知识和专门技能为客户提供有偿服务的专业服务机构，可以设立为特殊的普通合伙企业。特殊的普通合伙企业，一个合伙人或者数个合伙人在执业活动中因故意或者重大过失造成合伙企业债务的，应当承担无限责任或者无限连带责任，其他合伙人以其在合伙企业中的财产份额为限承担责任。合伙人在执业活动中非因故意或者重大过失造成的合伙企业债务以及合伙企业的其他债务，由全体合伙人承担无限连带责任。

2. 有限合伙企业

有限合伙企业由普通合伙人和有限合伙人组成，普通合伙人对合伙企业债务承担无限连带责任，有限合伙人以其认缴的出资额为限对合伙企业债务承担责任。

合伙企业没有最低注册资金的限制，允许以劳务出资，注册方便，特别是有限合伙企业，可以吸引有资金但不想承担无限责任的投资者，对缺乏资金、有专业特长的创业者来说，是不错的选择。但合伙企业合伙对外债务承担无限责任，法律风险较大。

合伙企业具有以下特点，如表 8-3 所示。

(1) 有两个以上所有者（出资者）。

(2) 合伙人对企业债务承担无限连带责任，包括对其他无限责任合伙人集体采取的行为负无限责任。

(3) 合伙人通常按照他们对合伙企业的出资比例分享利润或分担亏损。

(4) 合伙企业一般不缴纳企业所得税，其收益直接分配给合伙人。

表 8-3　合伙企业的特点

业主数量和注册资本	成立条件	经营特征	利润分配和债务责任
• 业主有两个人以上 • 无资本数量限制	• 有两个以上的合伙人，并且都依法承担无限责任 • 有书面合伙协议和实际出资 • 有合伙企业的名称 • 有经营场所	• 依照合伙协议，共同出资，合伙经营，共享收益，共担风险	• 按照合伙协议分配利润，并共同对企业债务承担无限连带责任

（四）有限责任公司

有限责任公司，简称有限公司，中国的有限责任公司是指根据《中华人民共和国公司登记管理条例》的规定登记注册，由五十个以下的股东出资设立，每个股东以其所认缴的出资额为限对公司承担有限责任，公司法人以其全部资产对公司债务承担全部责任的经济组织。有限责任公司包括国有独资公司及其他有限责任公司。创业者在组建有限责任公司的过程中，应在法律的范围内，规范股东之间的股份分配、权利义务，规范公司的运作，降低风险。

有限责任公司具有以下特点，如表 8-4 所示。

（1）有 1 ~ 50 个出资者。

（2）有限责任公司不能公开募集股份，不能发行股票。

（3）有限责任。股东对公司的债务承担有限责任，倘若公司破产清算，股东的损失以其对公司的投资额为限。

表 8-4　有限责任公司的特点

业主数量	成立条件	经营特征	利润分配和债务责任
• 由五十个以下的股东共同出资设立	• 股东符合法定人数 • 股东出资达到法定资本最低限额 • 股东共同制定公司章程 • 有公司的名称并建立相应的组织机构 • 有固定的生产经营场所和必要的生产经营条件	• 设立股东会、董事会和监事会 • 由董事会聘请职业经理人管理公司、经营业务	• 股东按出资比例分配利润 • 以出资额为限承担有限责任

二、企业注册流程

企业注册是指创业者根据国家法律法规相关规定获得合法经营手续的行为。为规范企业行为，保护企业和股东的合法权益不受侵害，维护社会经济秩序，促进社会主义市场经济健康发展，新企业必须到国家机关进行依法登记，领取营业执照。未经国家登记的，不得以公司或者企业的名义从事经营活动。

新企业注册流程具体如下。

（1）核名。注册公司第一步就是公司名称审核。创业者需要通过市工商行政管理局进行公司名称注册申请，由工商行政管理局进行综合审定，给予注册标准，并发放盖有市工商行政管理局名称登记专用章的企业名称预先核准通知书。此过程中，申办人需提供法人和股东的身份证复印件，并提供 2 ~10 个公司名称，写明经营范围、出资比例。公司名称要符合规范，由地区名+企业名+行业名+类型组成。

（2）经营项目审批。新创企业的经营范围中涉及特种行业许可经营项目，需报送相关部门审核盖章。例如旅馆、印铸刻字、旧货、典当、拍卖、信托寄卖等行业，需要得到消防、治安、环保、科委等行政部门的审批。特种行业许可证办理，根据行业情况及相应部门的规定，分为前置审批和后置审批。

（3）入资。可以到办理大厅的入资银行窗口直接入资，也可以通过银行转账汇入银行入资账户。如果是通过银行转账汇入银行入资账户，汇款后必须到入资银行窗口领取入资单，取入资单时可以由股东带上身份证原件及汇款单亲自办理，也可由代理人办理。

（4）公司公章备案。企业办理工商注册登记过程中，需要使用图章，由公安部门刻出。公司用章包括：公章、财务章、法人章、全体股东章、公司名称章等。

（5）申请三证联办。三证包括工商营业执照、税务登记证、组织机构代码证，需到工商局相关部门办理。应提供的材料包括：名称（变更）预先核准申请书原件；法人代表身份证原件及复印件；公司或企业章程原件及复印件；房产证明复印件，并加盖产权单位公章或产权人签字；内资申请书产权人签字或盖章；申请多证联办（三证合一）指定（委托）书；指定委托书等。

（6）银行开户。新创办企业需设立基本账户，企业可根据自己的具体情况选择开户银行。银行开户应提供的材料包括营业执照正本、法人身份证、公司公章/法人章/财务专用章等。

（7）划资。需要准备的材料有：工商行政管理部门开具的划资单、入资银行入资时开具的股东账户入资信息卡片、开户银行许可证原件及复印件、公章和营业执照副本原件等。

（8）工商所报到。领到执照后，还需要到辖区工商行政管理部门报到。

三、企业注册相关文件编写

企业注册成立时，不同的组织形式需要提交的登记材料也不同。

（一）个体工商户设立登记应该提交的材料

（1）申请人身份证复印件。

（2）个体工商户设立登记申请书。

（3）名称预先核准通知书。

（4）经营场地证明（租赁合同和房产产权证明）。

（5）法律、法规规定报有关部门审批的，提交有关部门的批准文件、证件。

（6）登记机关要求提交的其他文件。

（二）个人独资企业设立登记应提交的材料

（1）投资人签署的个人独资企业设立登记申请书。

（2）投资人身份证明，包括投资人的居民身份证或户籍证明。

（3）企业住所证明。投资人自有的住所，应当提交房管部门出具的产权证明；租用他人的场所，应当提交租赁协议和房管部门的产权证明，没有房管部门产权证明的，提交其他产权证明。企业住所在农村，没有房管部门颁发产权证明的，可提交村委会出具的证明。

（4）国家市场监督管理总局规定提交的其他文件。

（三）合伙企业设立登记应提交的材料

（1）全体合伙人签署的合伙企业设立登记申请书。

（2）全体合伙人的主体资格证明或者自然人的身份证明。合伙人为自然人的，提交居民身份证复印件；合伙人是企业的，提交营业执照副本复印件。

（3）全体合伙人指定的代表或者共同委托的代理人的委托书。

（4）全体合伙人签署的合伙协议。

（5）全体合伙人签署的对各合伙人认缴或者实际缴付出资的确认书。

（6）主要经营场所证明。合伙人以自有经营场所作为出资的，提交房管部门出具的产权证明；租用他人的场所，提交租赁协议和房管部门的产权证明。没有房管部门产权证明的，提交其他产权证明；在农村，没有房管部门颁发的产权证明的，提交场所所在地村委会出具的证明。

（7）全体合伙人签署的委托执行事务合伙人的委托书；执行事务合伙人是法人或其他组织的，还应当提交其委派代表的委托书和身份证复印件。

（8）合伙人以实物、知识产权、土地使用权或者其他财产权利出资，经全体合伙人协商作价的，提交全体合伙人签署的协商作价确认书；经全体合伙人委托法定评估机构评估作价的，提交法定评估机构出具的评估作价证明。

（9）法律、行政法规规定设立特殊的普通合伙企业需要提交合伙人的职业资格证明的，提交相应证明。

（10）办理了名称预先核准的，提交名称预先核准通知书。

（11）法律、行政法规或者国务院决定规定在登记前须经批准的项目，提交有关批准文件。

（四）有限责任公司设立登记应提交的文件材料

（1）公司法定代表人签署的公司设立登记申请书。

（2）全体股东签署的指定代表或者共同委托代理人的证明（股东为自然人的由本人签字，自然人以外的股东加盖公章）及指定代表或委托代理人的身份证复印件（本人签字）。应标明具体委托事项、被委托人的权限、委托期限。

（3）全体股东签署的公司章程（股东为自然人的由本人签字，自然人以外的股东加盖公章）。

（4）股东的主体资格证明或者自然人身份证明复印件。股东为企业的，提交营业执照副本复印件；股东为事业法人的，提交事业法人登记证书复印件；股东为社团法人的，提交社团法人登记证复印件；股东为民办非企业单位的，提交民办非企业单位证书复印件；股东为自然人的，提交身份证复印件。

（5）依法设立的验资机构出具的验资证明。

（6）股东首次出资是非货币财产的，提交已办理财产权转移手续的证明文件。

（7）董事、监事和经理的任职文件及身份证复印件。

（8）法定代表人任职文件及身份证复印件。

（9）住所使用证明。

（10）企业名称预先核准通知书。

（11）法律、行政法规和国务院决定规定设立有限责任公司必须报经批准的，提交有关的批准文件或者许可证书复印件。

（12）公司申请登记的经营范围中有法律、行政法规和国务院决定规定必须在登记前报经批准的项目，提交有关的批准文件或者许可证书复印件或许可证明。

四、注册企业必须考虑的法律与伦理问题

（一）法律问题

企业初创期，必须考虑的问题就是法律问题，对法律问题的忽视或者失误将会使企业运转困难甚至破产倒闭。因此，创业者在企业运营过程中需要不断学习并累积法律法规，遵守与企业经营相关的法律法规，确保企业不做违法违规之事，保证自己和他人的合法利益不受非法侵害。创业者在创建、经营企业的过程中，会涉及诸多法律问题。例如，企业设立、组织、解散的法律；有关知识产权的法律；劳资关系的法律；解决纠纷的法律；企业市场交易活动的法律；创业活动的法律；国家宏观调控的法律等。

（1）企业设立法律。创业者在设立企业之前，需要了解企业设立的条件、程序、组织机构的设置以及规章制度等，保证企业顺利完成注册，例如，《中华人民共和国公司法》《中华人民共和国个人独资企业法》《中华人民共和国合伙企业法》《中华人民共和国公司登记管理条例》《中华人民共和国企业破产法》等。

（2）知识产权法律。掌握知识产权法律不仅可以帮助创业者维护自身企业的知识产权，也可以有效防范自身企业侵犯他人的知识产权，例如，《中华人民共和国专利法》《中华人民共和国商标法》《信息网络传播权保护条例》等。

（3）劳资关系法律。创业者应按照国家法律相关规定办理入职手续，保障劳动者的合法权益，妥善处理好与劳动者之间的关系，调动员工的积极性，助力企业的长远发展，例如，《中华人民共和国劳动法》《中华人民共和国劳动合同法》《社会保险费征缴暂行条例》《工伤保险条例》《中华人民共和国就业促进法》《中华人民共和国仲裁法》《中华人民共和国劳动争议调解仲裁法》等。

（4）企业纠纷法律。在企业运营过程中，势必会因为各种原因产生纠纷，了解和学习相关法律法规不仅可以解决纠纷，也可以在企业运营中有效规避矛盾，例如，《中华人民共和国民事诉讼法》《中华人民共和行政诉讼法》《中华人民共和国仲裁法》《中华人民共和国劳动争议调解仲裁法》等。

（5）市场交易法律，例如，《中华人民共和国合同法》《中华人民共和国担保法》《中

华人民共和国产品质量法》《中华人民共和国反不正当竞争法》《中华人民共和国反垄断法》《中华人民共和国广告法》《中华人民共和国消费者权益保护法》等。这部分法律法规主要解决企业合法经营、公平交易的问题。

(6) 国家调控法律。规范国家宏观调控行为的法律包括《中华人民共和国环境保护法》《中华人民共和国对外贸易法》《中华人民共和国企业所得税法》《中华人民共和国外商投资法》等。国家宏观调控视角下，政府是调控者，企业是被调控的对象。企业如果对政府的行为有异议，可以通过行政复议、行政诉讼等途径申诉自己的权利。

(二) 伦理问题

"伦理"(ethics) 一词来源于希腊文 ethos，意思是人们心目中认可的社会行为规范。伦理也可以对人与人之间的关系进行调整，只是它调整的范围包括整个社会。创业与伦理有很强的内在联系和相关性，因为创业活动是人类社会活动的一种形式，当然离不开伦理的规范作用。

1. 新企业人员之间的伦理问题

人与人的关系因素是一个企业创立过程中最复杂的因素。所以，对人与人之间相互关系的伦理考量就成了决定具体的商业行为或者决策是否合乎伦理的关键。在政府和社会的共同参与下，一个十分微小的道德问题会以迅雷不及掩耳之势引发一场激烈的法律争辩，最终演化为诉讼。在新企业创立时，需要考虑的人际关系伦理问题主要有以下几种。

(1) 创业者与原雇主之间的伦理问题。有些创业者刚刚走出大学校门就开始创业，不存在与原雇主之间的问题。但是大部分的创业者都是在工作了一段时间后选择创业。当他离开原企业的时候必然会在某种程度上损害原雇主的经济利益，从而给原雇主带来损失。比如，离开时没有与老板进行沟通，突然离开使他们措手不及；离开时把原企业的生产技术带走，发展自己的新企业，使自己的企业成为原雇主企业的竞争对手；离开时把原企业的人力资源带入自己创立的新企业，等等。

(2) 创业团队之间的伦理问题。创业团队共同创立企业，每个人都会在企业的利益与自身的利益中抉择，他们的某些行为会给新企业带来沉重的打击，甚至导致新企业的毁灭。例如，在新企业危难之际撤资；在利益分配时为获取更多的利润与合作伙伴钩心斗角；故意隐瞒重大信息，导致团队合作受挫等。

(3) 创业者与其他利益相关者之间的伦理问题。新企业的其他利益相关者包括公司员工、供应商、消费者等。侮辱或胁迫行为是员工最常见的伦理问题，如人身威胁、诬告栽赃、辱骂等。对于供应商来说，最重要的就是诚信问题，如果供应商不讲诚信，不通知就中断企业的货源，对于一个新企业来说将是一个致命的打击。诚信对于消费者来说也是重要的，有些企业会在消费者面前虚报信息，诱使消费者上当受骗。

2. 新企业在商业领域中的伦理问题

在商业领域中，伦理问题包括贿赂、泄露情报、歧视等。贿赂是指行为人为谋取不正当利益，给予他人财物的行为。商业贿赂是指经营者以排斥竞争对手为目的，为使自己在销售或购买商品、提供服务等活动中获得利益，而采取的向交易相对人及其职员或其代理人提供或许诺提供某种利益，从而实现交易的不正当竞争行为。

在拥有发达技术的现代，泄露公司情报的问题成为一个十分严峻的问题。盗取公司情报的主要行为包括：直接取下装有情报信息的计算机硬盘，然后复制到另一个计算机上；雇用网络黑客盗窃；翻找垃圾；电话窃听；挖走企业的重要员工。

歧视是指对他人就其缺陷、缺点、能力、出身等以不平等的方式对待。虽然现代社会人人平等的观念已经深入人心，但是在新企业招聘员工的时候，歧视行为会不自然地表现在招聘者的举止行为之中，包括只招收长相良好的员工、只招收男员工等。

3. 新企业在企业环境之外的伦理问题

在企业环境之外，最大的伦理问题就是环境问题。有些新企业在成立之初，由于资金的匮乏与利益的驱使，不太注意企业生产对外界环境造成的损害，再加上行政部门监管力度不够，一些企业有机可乘，最终导致包括水污染、空气污染、能源污染等各种污染问题的产生。

过去，一个企业最主要考虑的是利润问题，而不是如何减少伦理问题。而在现今的社会，由于互联网技术的发展，人类生活水平的提高，社会舆论的自由化，人们越来越重视社会责任。获得社会认同，对于一个企业特别是新企业来说已经成了其发展战略当中必不可少的内容。

五、新企业选址策略和技巧

新企业的选址是指如何运用科学的方法来决定设施的地理位置，并使之与企业整体运营系统有机结合，以便有效、经济地达到企业的运营目的。选址决策直接关系着企业发展目标与方向的实现。

（一）影响选址因素

新企业选址需要综合考虑政治、经济、社会文化、技术、自然等影响因素。

（1）政治因素。政治因素是指企业所在地的稳定状况和国家基本政策，包括产业政策、税收政策、政府订单和补贴政策等。选择新企业的地址，创业者应重视政府在市场发展、产业发展等方面的相关规定，研究政府已经出台的法律法规对新企业产品或服务销售价格和营销策略等的影响，研究政府在不同时期发展产业的重点和优惠政策，可将新企业建在政府支持该产业的地区与社区，抢占市场先机。

（2）经济因素。经济因素一般是指影响企业获利能力和支出的选址因素，主要有所选地址周围消费者人员构成状况、消费者收入与支出状况、经济发展状况，以及房屋的租金。企业在选址时首先考量该区域或社区的消费主力人群及其购买力；其次要注意所选区域是否形成了具有竞争力的“团簇现象”；最后，新企业地址选在与自身产品和服务相关联的机构相对集中的地区较容易获得成功。

（3）社会文化因素。社会文化因素是指社会上各种事物，包括社会结构、社会交往、道德规范、国家法律、社会舆论、地域文化、宗教信仰、风俗习惯等。创业者应考虑新企业地址所在城市的影响力、所在地区的社区文化和商业文化，分析新企业产品或服务的目标消费群体的文化品位与消费心理。不同文化背景的消费者，由于生活态度与价值取向不同，导致他们对健康、营养、安全与环境的关注程度不同，会直接影响企业产品或服务的市场需求与市场拓展。

（4）技术因素。前沿技术支撑可以帮助企业获得新的生命力量，特别是高精尖的企业在选址时应优先选择以科学研发与生产为项目方向的地址，创业者可考虑将新企业建在技术研发中心附近，或建在新技术信息快速传递的地区与社区，使新企业及时了解和掌握国内外新技术发展变化的新规律、新特点和新趋势，避免技术本身进步的难以预测性和技术市场变化的不确定性对高科技新企业带来的影响。

（5）自然因素。自然因素是指不以人的意志为转移的、随时间的推移慢慢积累下来的因素。新企业选择地址，创业者应关注所选地址的地质状况、水力资源的利用性、气候变化等自然因素是否符合新企业生产与经营的客观需要。同时，应考虑地理环境对选址是否有利，包括交通便利与畅通的程度、卫生与硬件设施状况，以及繁华的程度。新企业地址选在卫生环境好且处在车站附近、商业区域或人口密度高的地区或同一行业集中的街上，将具有较大的优势。

（二）策略与技巧

1. 选址的原则

（1）收集与研究市场信息相结合的原则。市场信息对新企业选址的影响是不可忽视的，决定创业者能否正确地做出选址决策。根据影响企业选址的多方面因素，创业者可自己或借助专业的中介机构收集市场信息，并对收集的多方面市场信息进行定性与定量的科学分析，在此基础上进行科学选址。

（2）考察与评估相结合的原则。创业者要对多个备选地址进行实地考察，并采用科学的定量分析的方法对备选地址进行评估。按照新企业“必需的”和“希望的”选址条件，对备选地址进行详细的比较分析后，选择出最佳地址。

（3）听取建议与咨询相结合的原则。创业者经过咨询有经验的企业家或相关人士，把备选方案与最佳地址呈现出来，听取他们的意见与建议，获得有益的帮助；并综合分析各种信息、意见和建议，绘制详细的备选地址优势与劣势对比表，按照新企业所进入的行业产业特点与新企业的市场定位等特征，综合运用选址的评估方法，最终做出新企业的选址决策。

2. 选址的策略与技巧

创业企业都需要有经营场所，企业的选址与未来的经营发展有着很大的关系。对于创业者来说，将创业的地点选在哪个城市、哪个区域是一件先决性的事情。尤其是以门店为主的商业或服务型企业，店面的选择往往是成功的关键。好的选址等于成功了一半。大多数创业者都会选择在熟悉的地方（家乡或者学习的城市等）开展创业。在选定目标城市后，还需要进一步选择具体的经营地点。不同类型的创业企业，在选址上优先考虑的因素是不同的。

（1）生产性质的创业企业选址。这类创业企业在选址时要考虑生产条件，比如交通方便，便于原料运进和产品运出；生产用电要满足，生产用水要保证；生产所使用的原料基地要尽量离企业不远；使用量大的劳动力资源要尽量就地解决；考虑当地税收是否有优惠政策等。如果是一些可能对环境造成影响的生产项目，还须考虑环保因素。

（2）商业性质的创业企业选址。这类创业企业在选址时应考虑创业地的实际情况、客流量、店铺租金等。如在城市，商业圈往往带动圈内商业的规模效应，选择在商业圈内会较易经营。但与繁华商圈的消费能力相对应，店铺租金或转让费也寸土寸金，这往往会让创业者备感困难。因而可以在商业圈内利用联合经营、委托代销等方式，或者在商业圈边缘选址，转向“次商圈”，将节约下来的资金用于货品升级、提升服务等。在选址时要有“借光”的意识，比如在体育馆、展览馆、电影院旁边选址等。如果选择商圈之外的经营场所，则要注意做出特色，形成自己独特的风格，以达到“酒香不怕巷子深”的效果。

(3) 服务性质的创业企业选址。这类创业企业在选址时要根据具体的经营对象灵活选择，但对客流量要求较高。客流一定意义上就等于财流。在车水马龙、人流量大的地段经营，成功的概率往往比在人迹罕至的地段要高得多，但也应结合企业的目标消费群体特点，如针对居民的应设在居民区附近，针对学生的则应设在学校附近。如果以订单为主，低成本、高效能的办公楼则是首选。

在选择经营场地时，各行业的考虑重点各不相同，其中有两项因素是不容忽略的，即租金给付的能力和租约的条件。经营场地租金是最固定的营运成本，即使休息不营业，也得支付。有些货品流通迅速、空间要求不大的行业，如精品店、高级时装店、餐厅等，负担得起高房租，就设于高租金区；而家具店、旧货店等，因为需要较大的空间，最好设在低租金区。

六、新企业的社会认同

★小案例

徐州“90后”大学生卖米线创业成功后不忘回馈社会

创业仅两年，“90后”大学生刘大白的徐州云香米线店和徐州中正电子科技公司已经获得了超过50万元的营业额。创业成功的她不忘回报社会，支持大学生创业。

2013年，21岁的刘大白从北京理工大学毕业后，曾在徐州一家商贸公司上班。后来，一心想创业的她辞掉工作，以大学生创业的名义，在徐州淮海文化科技产业园大学生创业园申请了两间免费办公室，并注册了徐州中正电子科技有限公司。

一年下来，她所拥有的两个微信公众号粉丝量均突破了7万。粉丝多了，广告收入也多了，仅此一项，她每月的收入就在2万以上。经过艰苦创业，她掘取了人生第一桶金。成功所带来的喜悦并没有让刘大白感到满足，她开始筹划新的目标。几个月前，她和一个拥有调制米线秘方的朋友合伙，在云龙山北门东50米路南侧，开了家名叫云香的米线店。

她的米线店除销售卤鸡爪、鸡翅、猪蹄、牛肉外，还有徐州人爱吃的把子肉，再加上米线店装修风格新颖、服务热情、干净卫生，吸引了大量食客。一传十，十传百，大家都说她家的米线好吃。

现如今，刘大白在徐州的米线行业内已小有名气，不少人想加盟，但都被她婉言拒绝，因为她想将这个机会留给那些想要创业的大学生。

“现在，有的大学生创业想做餐饮，但由于加盟费太高等原因，只好打消了这个念头。”刘大白说，凡是打算开米线店的大学生，只要主动找上门来，她都会对其进行技术指导，且不收取任何费用。

除此之外，为了扶持贫困大学生创业，她还设置了“大学生创业基金”，以此来资助贫困大学生创业。为了解决资金问题，她每销售一碗米线，都拿出2元钱存入“大学生创业基金”。

经过几个月的积攒，基金里已有了3万多元的积蓄。“凡是符合条件的大学生，均可向我公司提出申请。审核通过后，以现金的形式发放，整个过程公开、透明，并请社会各界知名人士监督。”刘大白说。

刘大白说，她的上述做法招来了不少闲言碎语，有人说她傻，还有人说她想图个啥。她倒不这样认为，她觉得自己之所以能够成功，离不开政府和社会各界的帮助。“当初我陷入困境的时候，若得不到帮助，很难渡过难关。现在条件好了，理所当然应回报社会，我心无旁骛。”她说。

新企业成立之初，需要取得包括消费者、供应商和投资者等在内的利益相关者对其产品及服务或商业模式，乃至企业组织自身的理解和认识，即获得社会认同。为此，需要做到以下几点。

（1）建立合理的制度规范。新企业能否取得成功，不仅仅取决于创业者对创业机会的把握程度，还取决于创业活动能在多大程度上符合现有制度规范的要求，或是建立的新的制度规范的合理程度。合理的制度规范可以帮助企业获得利益相关者、一般公众和社会整体制度的认可和接受。

（2）遵循相应的道德法则。为了使新企业健康发展，创业者应该制定专门的原则帮助其在成长过程中采取正确的步骤。如雇用最合适的人员，建立相应的管理和考核标准，创业者严格遵守道德法则，并将自己融入企业之中，建立和雇员的融洽关系等。

（3）承担必要的社会责任。通过制定实施体现企业社会责任的竞争战略，把社会责任融入企业文化建设中，并把社会责任的理念落实到实实在在的行动，承担相应的社会责任。

新企业良好的社会认同是企业可持续发展的保障，更有利于新企业对社会经济的可持续发展负责。

第二节　新企业的生存管理

全球创业观察（GEM）报告中的新企业指的是成立时间为42个月以内的企业。而新企业的成长可分为三个阶段，即初创期、调整期和快速发展期。据美国《财富》杂志报道，美国中小企业平均寿命不到7年，大企业平均寿命不足40年。在中国，中小企业的平均寿命仅2.5年，集团企业的平均寿命仅为7~8年。美国每年倒闭的企业约10万家，中国这个数据为100万家，是美国的10倍。这其中，有很大一部分企业在创立初期就陷入了种种困境中。作为创业者，需要认清企业发展和成长的规律，重视企业初创时期的发展，不断摸索企业生存管理方式，促进企业的可持续发展。

一、新企业管理的特殊性

新企业创立成功后，即将进入创业企业发展时期，因为所从事的项目、产业不同，处于发展期的时间也不同，短则2~3年，长则6~7年，甚至更久。初创期，创业者拥有创新精神，敢于冒险，对事务处理有较强的灵活性，但可控性相对较弱。初创期的企业以生存作为第一要务，在管理新企业时应认真分析其特殊性。

（1）以企业生存为主要目标。新企业的经营运作需要一个从无到有的过程，包括一切从零开始，建立相应的内部流程并获得外界的认可。新企业面临的首要任务是提高生存能力，在激烈的市场竞争中生存下来，让企业的利益相关者确信新企业是值得依赖的，使消费者认识和接受新企业的产品或服务。企业在这一阶段，生存是第一位的，一切都围绕生存运作，避免一切危及生存的做法。企业在保证生存的前提下，才能进入下一阶段。

（2）以自有资金创造自由现金流。新企业创立初期，需要大量的资金用于购买机器、厂房、办公设备、生产资料等，而该时期企业的资金来源有限，风险承受能力有限，产品刚投入市场，销路尚未打开，造成产品积压，现金的流出经常大于现金的流入，资金相对匮乏。企业没有过去的经营记录和信用记录，从银行获取贷款的可能性和向新投资者获取权益性资金的可能性均很小，主要依靠创业者自己或朋友亲戚的资金资助，创业者要掌握现金的流入、流出数量，密切关注现金流状况，通过增收节支、加速资金周转等方式创造自由现金流，以解决企业的生存问题。

（3）以群体管理为主要特征。新企业中存在“所有的人管理所有的事”的现象，主要原因在于企业刚成立不久，内部管理流程、管理机制、任务分配等方面尚不完善，往往一人从事数人工作，在工作之中强调合作，员工之间职位区分不大，计较个人得失的局面较少，都以完成工作任务为主要目标。这种氛围，看似“混乱”“无章法”，却是高度“自治”“有序”的状态。一旦企业出现工作任务，团队所有人能齐心协力完成。创业者要了解每位员工在知识、技术、资源、能力等方面的独特之处，做好优势互补，强调员工彼此间的合作。

（4）创业者深入运作细节。深入运作细节，要求创业者在企业初创时期完全参与经营运行，亲自去订货、验货、与供应商谈判、向消费者推销产品，亲自装车、卸货，亲自跑银行，亲自制订工资计划，亲自策划新产品方案。此外，创业者也会面对经销商的欺骗、消费者的当面训斥等问题。这些事件新企业的创业者都可能经历与体验，正是由于创业者对企业经营状态与经营全过程了如指掌，新企业才能获得成长。在新企业初创期，创业者这种亲力亲为、亲自示范的行为，有利于把握经营全过程的细节，使生意越做越精，也使员工获得巨大的精神力量。随着创业的成功和创业过程的结束，创业者如果仍然在这种亲力亲为、亲自示范的轨道中运行，过度注重细节，则有可能忽视决定企业向纵向发展的战略规划和战略实施。

二、新企业成长的驱动因素

创业企业要想在今后健康高效发展，需要深入了解促进企业成长的“四驾马车”——创业者、创业团队、市场、组织资源。

1. 创业者

创业者的素质与能力是创业成功的第一要素。拉瑞·葛雷纳（Larry E. Greiner）认为，新企业创立初期是因为创新而成长，这时候靠的是领导人或合伙人的领导魅力。创业者是新企业的决策者和领导者，对新企业成长的驱动具有重要作用。

（1）创业者的能力驱动。创业者勇于向环境挑战、识别和把握机会的能力使其能把各种资源从生产率较低、产量较小的领域转到生产率较高、产量较大的领域，能让新企业具有创新的优势，并赢得快速成长的机会。

（2）创业者的成长欲望驱动。新企业生产产品并投入市场，在获得一定利润后，创业者一般并不满足于企业经营现状，而是利用利润进行再投资，使新企业快速成长，更多地占领市场。创业者创办企业勇往直前的激情使其在实现企业目标时更加坚决、乐观和持之以恒，这种高成就动机不仅能使消费者、资源提供者及企业员工深深信服，更能激发团队成员的工作热情，进而实现企业的快速发展。

2. 创业团队

创业团队是影响新企业成长的重要因素。创业团队的特征主要表现在创业精神、专业水平、组织方式三个方面。

(1) 创业团队的创业精神驱动。创业精神在精神层面上表现为创业欲望、决心和干劲等，在本质层面上彰显着创业价值观。创业价值观作为创业精神的核心，对新企业的价值取向起引领和支配作用，并在企业成长中，形成创业战略与创业文化，从而决定新企业的发展方向。

(2) 创业团队的专业水平驱动。专业水平主要是指创业团队在技术、营销、管理方面的专业素质和能力水平，属于技术层面的特征。专业水平是创业团队推动新企业成长的实践能力，在很大程度上体现了创业团队的价值。创业团队的专业水平越高，对新企业发展的促进作用越大。

(3) 创业团队的组织方式驱动。组织方式主要体现为创业团队的组织形式和治理结构，属于运作机制和制度范畴层面的特征，对创业团队起着激励创业热情、管理创业活动、提高创业能力的功能保障作用。实践表明，创业团队的组织方式能在战略制定、经营管理、人才吸引和技术创新等方面，为新企业的成长提供强大的促进作用。

3. 市场

在市场经济背景下，市场是企业的根本。初创企业进入成长期，面临着更加激烈的市场竞争，其成长与发展举步维艰。但供应商的竞价力、消费者的满意度、新进入企业的威胁、替代品的冲击、行业内竞争者的竞争等因素，驱动着新企业的成长。

(1) 供应商的竞价力驱动。供应商主要通过提高价格与降低单位产品质量来影响产品竞争力与新企业的盈利能力。供应商驱动力量的强弱主要取决于他们所提供给企业的投入要素，如原材料的稀缺程度、不可替代程度等。这种状况促使新企业找多家供应商，保证企业供应渠道畅通稳定，实现新企业的成长。

(2) 消费者的满意度驱动。消费者通过压价或要求企业提供较好的产品或服务来影响新企业产品的竞争力与盈利能力。消费者对新企业成长的驱动力量主要取决于消费者对产品或服务偏好的变化、消费者所需产品的数量、消费者购买其他替代产品所需的成本和消费者所追求的购买目标。这就促使新企业提供消费者所追求的产品或服务，不断提升消费者满意度，从而促进新企业成长。

(3) 新进入企业的威胁驱动。新进入企业的威胁程度取决于两个方面，一是新企业进入新领域的障碍，二是市场现有企业对于进入企业的反应情况。但新进入企业的威胁会使新企业调整经营策略和营销方式，扩大批量生产，降低生产成本，促进新企业成长。

(4) 替代品的冲击驱动。替代品进入市场，一方面，现有企业可能被替代品的出现所限制，企业的盈利能力降低，企业的成长受到制约；另一方面，替代品生产企业的进入，迫使新企业提高产品质量，进行产品改良，实现产品创新，提高产品价值空间，不断提高消费者的满意度，促进新企业快速成长。

(5) 行业内竞争者的竞争驱动。行业内竞争者的出现，促使新企业密切关注消费者不断变化的需求，调整企业的产品、服务和营销方式，加大创新力度，逐步实现产品的多元化和系列化，增强市场竞争力，促进新企业成长。

4. 组织资源

新企业的成长取决于其所控制和能够利用的组织资源。组织资源一般是指企业的正式管理系统，包括企业的组织结构、作业流程、工作规范、信息沟通、决策体系、质量系统以及正式或非正式的计划活动等。组织资源与新企业的市场占有率、销售量和现金流量有直接的关系。一个新企业应有效控制和科学利用组织资源，关注组织资源基本要素之间的契合度，在趋于合理的组织结构、再造整合的作业流程、日益科学的工作规范、准确有效的信息沟通等要素的共同作用下，形成企业竞争的优势，获得企业产品或服务的市场占有率和销售业绩的提升，使新企业不断成长与发展。

三、新企业成长管理的技巧和策略

新企业的成长与发展是一个动态的过程，通过创业者对各种资源的不断累积、整合，从而实现企业的持续发展。新企业进入成长阶段，创业者需要了解企业成长规律，充分认识企业成长过程中的不确定性和复杂性，掌握企业成长管理技巧和策略，保障企业的持续发展。

(1) 注意整合外部资源，追求外部成长。企业的成长与发展需要创业者学会整合外部资源，发挥资源的杠杆效应，促进企业的发展壮大。按照企业之间的整合方式，可将外部资源分为三种形式。

第一种，纵向整合。纵向整合是处于一条价值链上的两个或者多个厂商联合在一起结成利益共同体，致力于整合产业价值链资源，创造更大的价值。

第二种，平台整合。平台式资源整合是将企业作为一个平台，在此基础上整合供应方、需求方甚至第三方的资源，同时增加双方的收益或者降低双方的交易成本，自身也因此获利，例如，专做化妆品的聚美优品、京东的第三方店铺等。

第三种，横向整合。横向整合是把目光集中在价值链中的某一个环节，探讨利用哪些资源、怎样组合这些资源，才能最有效地组成这个环节，提高该环节的效用和价值。横向整合是一种较好的快速扩张、扩大市场占有率的方法。

(2) 从筹集资源到管好、用好资源。创业初期，企业各种资源均十分稀缺，需要动用各种关系筹集资源保障企业的运营。企业过渡到发展、成长期后，初期发展所需的资源基本已经到位。此时，创业者的重心需要从筹集资源到管好、用好资源转变。创业者在企业的生产经营过程中树立创造资源、管理资源和利用资源并重的管理理念与经营思想，建立企业资源管理制度和资源利用监督机制，加强对企业核心技术人员、企业核心技术、企业设备、企业客户关系、企业技术信息的管理等，管好、用好企业已创造的资源，可以使企业的核心竞争力得到提升，使企业利润保持在稳定的水平上，在同行业中赢得认可并占据优势。

(3) 形成比较固定的企业价值观和文化氛围。企业价值观是企业文化的核心，是企业在长期生产经营活动中逐渐形成的，由企业管理者和员工共同创造并认同的价值观念，是企业成长与发展的灵魂。企业价值观主要体现在企业宗旨、精神、经营理念、员工价值观等方面，渗透在企业经营管理的方方面面。企业文化氛围是指笼罩在企业整体环境中，体现企业所推崇的特定传统、习惯及行为方式的精神格调。企业文化氛围是无形的，以其潜在运动形态使全体成员受到感染，体验到企业的整体精神追求，从而产生思想升华和自觉意愿。因此，企业文化氛围对于企业成员的精神境界、气质风格的形成都具有十分重要的作用。

（4）注重用成长的方式解决成长过程中的问题。企业成长意味着企业在不断壮大，规模效果也在显现，同时也意味着企业在经营管理、业务发展、员工积极性等方面临着些许困难。因此，企业者要克服影响企业发展的障碍，实现企业的持续发展。

首先，创新人力资源管理。人力资源是企业实行变革、创新的重要因素。采取人才“走出去、引进来”的战略，将企业内部优秀人员送去培训、学习，开展人才引进机制，吸引优秀的人才到企业工作；建立企业内部培养、激励机制，精心培养有才能、有技术的员工，对技术过硬、业绩出色的员工进行奖励。

其次，注重系统建设。企业步入正常轨道之后，日常的业务经营活动量会增强，日常管理工作烦冗，科学管理系统有助于日常工作有序开展、使各部门高效工作、提高企业的工作效率。

最后，掌握变革和创新的切入点。英特尔公司创始人之一的葛洛夫（Andy Grove）有一句话：“当一个企业发展到一定规模后，就会面临一个战略转折点。”就是说，要改变自己的管理方式、管理制度、组织机构，否则就难以驾驭和掌控企业，更不用说持续经营。所以，在企业管理中要正确把握企业成长的各个阶段，针对各个阶段的不同特点和企业实际情况进行重点管理，采取新的管理方式和手段，平稳转折、实现突破。

四、新企业的风险控制和化解

★小案例

悟空共享单车——连接人和车

2016 年，全国共享单车用户数为 426 万人，单车日订单超过 300 万个。随着共享单车热潮的兴起，很多人以为等到了“风口”，于是数百家、数千家共享单车平台兴起，五颜六色的共享单车随处可见，悟空单车正是其中之一。

悟空单车是由重庆战国科技有限公司研发的，属于生活类 App，创始人为雷厚义。雷厚义是一位性格直爽的“90 后”创业者。2011 年，雷厚义考上大学，学的是机械设计专业，可是他对这个专业并不感兴趣，于是申请换专业，学校驳回了他的要求后，他选择退学。之后在北大当过保安，从事互联网金融工作之前做过社区销售及软件开发。2016 年，共享单车开始火热起来，这让雷厚义开始有了目标，他毫不犹豫地开始进入这个风口。凭借辛苦寻找的 50 万元投资和自己此前挣下的“老本”，雷厚义说干就干。2016 年 12 月 9 日，雷厚义着手开发“悟空单车”项目。至于为什么取这个名，他觉得自己在共享单车模式下起步得比较晚了，所以一定要“短、平、快”，即周期要短，见效要快，收益要好。“重庆有一个猪八戒，再有一个大师兄，这样营销成本会低一些，扩充起来快一些。”雷厚义说。

由于没有融到资金，雷厚义想通过合伙人的模式撬动市场。他希望通过招募个人或小商家以众筹单车的形式，解决资金和区域运营的问题，每辆车标价为 1 100 元，个人或商家均可认购，未来可获得运营收益的70%。雷厚义对他自己独创的合伙人模式非常自信。“当时我很乐观，目标几十亿元，甚至也想过上百亿元。”2016年12月，悟空共享单车启动“合伙人计划”，并且在全国范国寻求投资合伙人，这个模式将大大降低投资门槛，投资者可以根据自身情况选择投资车辆的数量。但他很快发现，不论是地推还是线上，都没有人报名。“小商家的钱来得不容易，安全意识很重，他们觉得收不回来，要等我们盈利了才愿意进来。但是共享单车早期是不能盈利的，我们也证明不了自己能盈利。”最终，雷厚义通过这个模式只筹集到13万元。“个人或小商家的风险承担能力太弱了，他们害怕投入的每一笔钱出现哪怕一点点的亏损，所以，我们的资金链很快就断了。”雷厚义说。

悟空单车官方微博资料显示，2017年1月7日，悟空单车进入重庆市场，首批投放的200辆车分布在两江新区等主城区。这些车采用了机械锁的模式，不过前期因为投放的车辆比较少，加上城市太大，维护单车比较困难，到后来收回的单车数目不多，悟空单车计划逐步扩大覆盖范围。他对外宣布，悟空单车投入市场后，将以每天500辆的速度完成布局，并逐步扩大覆盖范围，最终将有10万辆悟空单车全面覆盖重庆城区。同时，悟空单车除了深耕重庆本土及周边区县外，还将进入全国各大城市，在全国334座城市设立超过10 000个共享单车站点，年内投放超过100万辆单车。而且，悟空单车率先实施“贴纸计划”，计划在10万辆单车上贴上走失儿童信息，携手社会爱心人士，一同点亮走失儿童回家的路。

然而，实际情况要艰难很多。首批投放到市场的悟空单车主要是测试用户需求，树立行业品牌，从效果来看还是不错的，每天单车注册量有六七个人，但是单车损害也非常大，光是坏掉的就占40%～50%。悟空单车第二批投放了1 000辆，同时对单车质量进行了升级：坐垫改为可升降，充气胎也改成了防炸防爆的实心胎，还在车子前面加了车筐。虽然成本迅速增加，但是损害程度也相应减少。

同时，单车的成本也从200多元提升到800多元，他预定了10 000辆，结果只拿到1 000辆，还因此损失了200万元。而且，新的问题又出现了，因为用的是机械锁，单车的被盗率直线上升。于是雷厚义索性“下血本”，将第三批投放的单车全部换上智能锁，可以自动定位。但重庆大多是阴雨天，智能锁电池最多能撑20天。为了解决这一问题，雷厚义又计划研发智能锁。但就在研发团队到位、产品发布会举行后，项目就因为缺少资金而停滞。

悟空单车没有资金支持，合伙人模式失败，很快就撑不下去了。2017年6月13日，悟空单车的运营方重庆战国科技有限公司宣布，由于公司战略发生调整，自2017年6月起，将正式终止对悟空单车提供支持服务，退出共享单车市场。经营仅半年的悟空单车成为中国第一家倒闭的共享单车公司。

新企业在生存与成长过程中，将面临因企业外部环境突变和内部决策不当等而导致的各种风险，将直接影响新企业的成败。创业者要在创业初期就意识到创业风险贯穿于创建企业的全过程，尤其在创业初期，要了解新企业成长发展可能遇到的创业风险，提高自身风险控制与化解的能力，为成长中的新企业保驾护航。

（一）新企业生存阶段的风险来源

新企业生存阶段的风险是指从新企业正式运营到新企业实现收支平衡期间产生的风险。

1. 新企业生存阶段的风险来源

新企业生存阶段的风险主要来自以下方面。

(1) 缺乏流动资金。创业者的创业资金不充分，或将过多的资金投在企业固定资产等方面，导致处于起步阶段的新企业缺乏流动资金，必然会影响新企业的生存与发展。

(2) 缺乏日常管理。新企业在起步阶段，各项生产经营活动齐头并进，团队成员均忙于各项事务，创业者疏于日常管理，加上创业者自身管理能力不强，新企业难以摆脱混乱、无序的局面，给新企业生存带来困难。

(3) 缺乏支持系统。为了新企业经营活动的顺利起步，创业者需要与政府管理部门、投资商、供应商、股东和消费者等主动接触与沟通，并形成有利于新企业生存的社会网络系统。如得不到各方面的支持，创业者就会失去竞争优势。

(4) 缺乏消费市场。新企业处于起步阶段，生产经营活动的成功与失败取决于市场对其产品或服务的检验结果。若创业者判断不正确，过高地估计企业产品或服务的市场前景，造成产品或服务的销售收入与预期目标相差甚远，就会使新企业收支持续不平衡。

2. 新企业生存阶段的风险控制与化解

新企业生存阶段的风险控制与化解可使用以下几种方法。

(1) 建立人事管理制度。人事管理制度的完善是新企业生存与发展的重要因素之一。创业者要遵循国家对员工管理各方面的法律法规，建立人事管理基本制度，如员工考勤制度、业绩考核制度、薪酬分配制度、奖励惩罚制度、保密协议制度等，调动员工参与新企业生产经营的创造性与积极性，凝聚员工为实现新企业发展目标的力量，避免因不同层面员工的变动对新企业造成不必要的损失。

(2) 建立财务管理制度。财务管理制度的完善是新企业生存与发展的又一个重要因素。创业者要编制财务计划，制定并实施报销制度，现金流量、预算、核算和成本控制制度，资金使用效益监督制度；建立财务管理激励机制与评估体系，加强对流动资金的管理，不断提高新企业流动资金的周转率、变现能力与短期内偿还债务的能力，有效化解财务风险。

(3) 防范市场风险。创业者要对新企业产品或服务的功能性指标与非功能性指标进行调研，收集目标消费者试用产品或服务的意见；通过召开咨询会或研讨会等，听取相关人士对新企业产品或服务在市场定位和市场竞争方面的建议，进而完善新企业产品或服务的技术环节或工艺流程，建立应对市场风险的行为策略。

(4) 保持新企业持续盈利。新企业要度过其生存最危险的起步阶段，重要的是使其有持续的盈利。创业者要通过各种合法的生产经营活动积累资金，确立一个简单实用的商业模式，设计一个适合新企业内部条件与外部环境的盈利模式，形成企业经营的盈亏平衡与持续盈利的好势头，实现稳定的现金流，确保企业的生存与发展。

(5) 适当调整经营内容。在市场经济条件下，新企业经营目标与企业内部条件、外部环境之间的动态平衡是其开展生产经营活动的关键。创业者要根据新企业生产经营活动取得预期效果的可能性或产品服务的市场需求、市场竞争变化趋势，适当调整经营业务，重点发展体现核心竞争力的经营活动，重点开展盈利多的经营项目，使企业稳步成长。

(二) 新企业成长阶段的风险控制与化解

新企业成长阶段的风险是指从新企业实现收支平衡到产生巨额利润期间的风险。

1. 新企业成长阶段的风险来源

新企业成长阶段的风险主要来自以下方面。

（1）团队管理机制不完善。新企业发展到成长阶段，经营业务、经营规模、员工队伍不断扩大，由于缺乏有效的管理团队，难以及时解决员工在企业生产经营、发展战略、产品开发、产品技术升级问题上的矛盾与分歧，不利于聚员工之智慧、汇员工之力量推动新企业成长。管理团队的缺位，使新企业缺乏生产经营技术研发、财务管理、人力资源管理等方面的专业人才，新企业的市场运作就会失去核心竞争力与市场拓展力。

（2）财务监控机制不完善。新企业经过起步阶段各种资源与资金的积累，商业模式与盈利模式的调整，经营范围和地域不断拓展，管理层次增加，管理幅度扩大，各种费用支出明显增加，对新企业生产经营成本的控制等财务问题增多，财务监控难度加大。此时，创业者忙于新企业成长的相关事务，无法对财务执行情况进行评估决策和有效监督。

（3）经营决策与管理机制不完善。进入成长阶段的新企业发展初具规模，创业者易被暂时性或区域性的企业知名度和产品知名度迷惑，经营理念不能与时俱进，目光短浅，看不到产品或服务经营的广阔市场；对市场反应迟钝，不能根据市场的变化及时调整企业产品或服务，缺乏对新产品或服务的创新动力；经营决策思路超越新企业经营能力和现有实力，盲目追求多元化发展和扩大企业经营规模，不经充分论证改变经营方向与业务，尤其是盲目投资自己不熟悉的行业，采用高额广告费快速提升企业知名度等，都将给新企业长远发展埋下隐患。

2. 新企业成长阶段的风险控制与化解

新企业成长阶段的风险控制与化解可使用以下几种方法。

（1）完善组织架构，学会授权。根据新企业既定的发展目标与发展阶段，更新与变革组织管理机构，有利于新企业更好地发展。完善组织架构的工作可委托企业外部咨询公司或职业经理人帮助完成，也可由创业者自己完成。以简化管理层级为原则，设计与调整组织管理部门。在此基础上，进一步完善企业员工管理与财务管理等规章制度。如完善激励机制，既要鼓励老员工与合伙人的积极性，保障其既得利益，通过培训提高其能力；又要凝聚优秀人才，特别是企业发展急需的紧缺人才，采用感情、事业和重金多管齐下的方式，给员工以强大的奋斗动力。组织机制调整后，创业者要学会授权，将财务预算、生产计划、营销计划、财务报表签字和人事安排以外的其他工作，授权给中层管理人员，便于创业者把更多的时间和精力用于解决新企业战略发展等问题上。

（2）建立风险责任机制，监督决策。风险责任机制的建立，对于有效监督新企业各项决策的制定与执行有重要意义。新企业进入成长阶段，要建立与完善风险控制目标体系和风险报告制度，企业内部各风险管理运作主体要严格按照既定目标和具体标准从事相应的监控和管理。创业者要主动预测风险，及时分析企业在投资或贷款等重大决策上可能造成的负面影响；积极控制风险，加强对企业投资或贷款等重大决策过程的监督，建立健全企业知识产权、财务管理、合同管理等各项规章制度。同时，创业者要学会减少或转嫁风险，对于即将出现的风险，如企业无法承受，可通过放弃眼前利益或局部利益渡过难关；对于无法回避的风险，应设法分解和转移，如风险重大，需要牺牲企业的某些利益甚至是全部利益，可申请破产保护以求得再生。

（3）确立企业发展战略，竞争有力。确立与选择一个正确的发展战略，逐步形成稳定、持久的竞争优势是新企业持续、快速成长的关键。企业要保持竞争优势，必须不断培育和发展核心竞争力，并重点提高营销能力和管理水平，在产品或服务、技术营销、品牌、人力资源、企业文化等方面拥有其他企业所没有的优势资源。生产型中小企业应坚持生产增长与市场开发“两手抓”，“两手都要硬”，解决好增产与市场开拓的矛盾；巩固企业的竞争优势，增加资源回收，使企业的利润保持在盈亏平衡线以上，实现规模扩张。创业者要根据新企业市场优势的不断变化，及时研究、调整与确立发展战略，形成企业竞争优势，让竞争对手难以学习、难以模仿，从而立于不败之地。

复习思考题

1. 什么是有限责任公司？它有哪些特点？
2. 企业的组织形式有哪几种？
3. 简述注册企业的流程。
4. 新创办的企业具有哪些特殊性？
5. 企业成长的驱动因素有哪几方面？
6. 简述新企业成长管理的具体措施。
7. 简述新企业不同成长阶段的风险来源及化解措施。

第九章

新创企业管理

学习目标

1. 掌握战略管理的一般性思路和方法，理解企业不同阶段战略管理的侧重点。
2. 理解人力资源管理对新创企业的重要意义，掌握人力资源管理的基本内容。
3. 理解新创企业现金流控制的重要意义。
4. 了解新创企业寻求法律维护的主要途径。

第一节　战略管理

企业战略是指对企业发展进行的重大的、全局性的谋划。所谓重大，是指对企业来讲涉及资源多、影响时间长、影响范围大的问题，战略决策事关组织的生死存亡、发展和稳定。所谓全局性，是指与组织整体相关，不是局部的问题。营销、技术、财务、人力资源、设备管理中的任何一项都是局部问题。整体规划指导局部计划，局部服从和支持整体规划。

美国战略学家明茨伯格（Henry Mintzberg）认为企业战略应该包括五个方面的内容，即5P 战略：计划（Plan）、计谋（Ploy）、模式（Patterm）、定位（Position）和观念（Perspective）。该战略至今仍然被广泛引用。

战略是一种计划（想一想怎么做）。战略是企业精心构建的行动或一套准则，是一种有意识、有预计、有组织的行动程序，是解决一个企业如何从现在的状态达到将来位置的问题，如发展方向和目标、发展途径、处理某种特定情况的方针政策。战略的这个定义具有两个特点：一是战略是在企业经营活动之前确定的，战略先于行动；二是战略是有意识、有目的地开发和确定的计划。战略与其他计划不同，战略计划时间跨度长、涉及范围广、包含内容多，是企业经营成功的保障。

战略是一种计谋（如何才能更好）。企业战略是一种设计的计谋，是要在竞争中战胜竞争对手，或令竞争对手处于不利地位及受到威胁的智谋。战略既可以作为要付诸实施的计谋，也可作为一个恐吓手段，但可能不付诸实施。从根本上来讲，企业战略是指企业如何在竞争中获胜。

战略是一种模式（你是怎么做的）。企业战略是指企业一系列行动或行为的模式，或是与企业行为相一致的模式。所谓模式，是指战略可以体现为企业一系列的具体行动和现实结果，而不仅仅是行动前的计划或手段，即无论企业是否事先确定了战略，只要有具体的经营行为，就有事实上的战略。所谓一系列行动，是指企业为实现基本目的而进行竞争、分配资源、建立优势等的决策与执行活动。这“一系列行动”一类是先前计划的，一类是应急的。该定义的意义在于，选择战略时要充分考虑并尊重企业原有的行为模式，因为它会在很大程度上决定企业未来战略的选择和战略实施的有效性。若要改变企业的行为模式，首先必须充分认识到推行这种变革的难度。

战略是一种定位（公司的定位与角色）。战略是一个组织在其所处环境中的位置，对企业而言，就是自己在市场中的位置。企业的定位应基于对外部环境的理解、对自身资源和能力的认识、自己的价值观等因素。该定义的意义在于，把战略看成一种定位就是要通过正确地配置企业资源，形成有力的竞争优势，如奔驰公司的定位：汽车行业、服务高端市场、安全和舒适。

战略是一种观念（公司的价值观）。观念决定行为，行为产生结果。企业中存在员工的个人价值观念，更需要在企业中形成共同的价值观念。该定义的意义在于，找到行为的标准——价值观，协调组织价值观与个人价值观，以实现企业的顺利发展。

5P 战略从不同的角度对战略特征进行解释和认识，它们的重要性并没有差异。了解这些不同的定义，有助于对战略的全面理解。

一、新创企业竞争战略选择

竞争战略是指在给定的一个业务或行业内，新创企业用于区分自己与竞争对手业务的方式，或者说是新创企业在特定市场环境中如何营造、获得竞争优势的途径或方法。

竞争战略应适用于企业所有活动，而不仅仅适用于市场营销。新创企业求得发展壮大，要么把成本控制到比竞争者更低的程度；要么在企业产品和服务中形成与众不同的特色，让顾客感觉到你提供了比其他竞争者更多的价值；要么致力于服务于某一特定的细分市场、某一特定的产品种类或某一特定的地理范围。为此，波特提出三种竞争战略，即成本领先战略、差异化战略和集中化战略，如图 9-1 所示。实施这三种战略所需的资源和技能不同、价值观不同，激励机制不同。

1. 成本领先战略

成本领先战略是新创企业针对不同规模的市场，成为整个行业中成本最低的制造商的战略。采用该战略的新创企业能更好地承受缩水的利润，这样，当竞争对手从市场中消失时，企业可以留在行业中担当行业的领头羊，会比供应商和购买者具有更强的实力。如果企业和竞争对手以同样的价格出售产品，可以获得高于竞争对手的利润率；如果企业获得和竞争对手一样的利润率，则可以以较低的价格出售产品。

		竞争优势的基础	
		低成本	差异化
竞争范围	整体产业	成本领先	差异化
	细分市场	集中成本领先	集中差异化

图 9-1　竞争战略示意

低成本可能并不会减少消费者从产品中获得的价值。成本领先战略的优势包括四点。①可以抵御竞争对手的进攻。低成本使企业可以制定比竞争者更低的价格，并仍然可以获得适当的收益。②具有较强的对供应商的议价能力。成本领先战略往往通过大规模生产和销售建立起成本优势，较大的购买量往往使这类企业对供应商具有较强的议价能力，从而更增强了其成本优势。③形成了进入壁垒。成本领先战略充分利用了规模经济的成本优势，使得无法达到规模经济的企业难以进入该行业。④成本领先者有可能获得高于平均水平的投资回报。

成本领先战略主要适用于：①市场中存在大量的价格敏感用户；②产品难以实现差异化；③购买者不太关注品牌；④消费者的转换成本较低，可以自由转换供应商，使价格竞争更充分。

企业应当力求成为产业中的低成本生产者，使产品价格低于竞争者，以提高市场份额。但新创企业要采用成本领先战略，必须具有一定的资源和技能，包括：①建立生产设备来实现规模经济，如生产汽车零部件，通过扩大规模，可以降低成本；②采用简单的产品设计，通过减少产品的功能但同时又能充分满足消费者需要来降低成本，如快餐企业提供食物，减少服务；③采用最新的技术来降低成本和（或）改进生产力，或在可行的情况下采用廉价的劳动力，如把工厂转移到劳动力价格低的地区；④专注于生产力的提高，如通过改变生产流程来节省成本（如将生产阶段改成自动化）；⑤在高科技行业和在产品设计、生产方式方面依赖于劳动技能的行业，充分利用学习曲线效应（表示单位产品生产时间与所生产的产品总数量之间关系的一条曲线）；⑥将制造成本降到最低；⑦获得更优惠的供应价格。

当然，新创企业采取成本领先战略也面临着诸多风险：①大量竞争者可能模仿，使得整个产业的盈利水平降低；②技术变化导致原有的成本优势丧失；③消费需求发生了变化，购买者开始关注价格以外的产品特征；④与竞争对手的产品产生了较大差异，如竞争对手的产品具有了某些对客户更有价值的特性，如质量更高、功能更强、外观更漂亮等；⑤采用成本集中战略者可能在细分市场取得成本优势，如洗发液市场中新创企业以大包装向理发馆供货。

2. *差异化战略*

差异化战略是指新创企业针对大规模市场，通过提供与竞争者存在差异的产品或服务以获取竞争优势的战略，核心是取得某种对顾客有价值的独特性。

一家具有较强优势的供应商企业出现在市场时，可以通过避免直接的价格竞争来避免承担价格压力。差异化使企业的产品更受客户青睐，使企业获得更高的价格，或更大的销售量，有可能获得比成本领先战略更高的利润率。实现该战略的条件是：独特的口味；可靠的服务；物超所值；工程设计和性能；名望和特异性；高质量的制造。

差异化战略针对价格不敏感客户，主要适用于：①产品能够充分实现差异化，且为顾客所认可；②顾客的需求是多样化的；③企业所在产业技术变革较快，创新成为竞争的焦点。

新创企业实施差异化战略，应具备的资源和技能包括：①强大的研发能力；②较强的产品设计能力；③创造性；④很强的市场营销能力；⑤在质量和技术方面领先；⑥能够获得销售商的有力支持。

新创企业采取差异化战略时，面临的风险包括：①竞争者可能模仿，使得差异消失；②产品或服务差异对消费者来说失去了重要意义；③与竞争对手的成本差距过大；④采用差异化集中战略者能够在细分市场实现更大的差异化。

3. 集中化战略

集中化战略是针对某一特定购买群、产品细分市场或区城市场，采用成本领先或差异化方式获取竞争优势的战略。集中化战略一般是新创企业采用的战略，可分为两类：集中成本领先战略和集中差异化战略。

集中化战略主要适用于：①企业资源和能力有限，难以在整个产业实现成本领先或差异化，只能选定个别细分市场；②目标市场具有较大的需求空间或增长潜力；③目标市场的竞争对手尚未采用统一战略。

实施集中化战略的风险包括：①竞争者可能模仿；②目标市场由于技术创新、替代品出现等需求下降；③由于目标细分市场与其他细分市场的差异过小，大量竞争者涌入细分市场；④新进入者重新细分市场。

新创企业在实践中，很难在上述三种竞争战略之间又快又准地选择，甚至出现概念性的困扰。如在成本领先战略下，企业只聚焦于内部措施不是市场需求，它假设低成本意味着较低的产品定价，适用于整个行业中只有一家企业能通过该战略获得成功；在差异化战略中，差异产品不一定总能以高价出售，在竞争对手的选择上难以做出决定，对差异化的来源难以定论；集中化战略难题可能比较少，因为它与市场细分的理念融合得非常贴切。

新创企业需要清晰认识上述战略的内涵、适用条件和可能带来的各种风险。在此基础上，企业还应进行三个方面的评价分析。一是评估战略在实践中会如何运行，例如，是否有足够的资源使战略得以实施？是否有足够的资金？是否可获得相关技术的支持？员工的能力是否足够？二是评估战略的收益结果是否可被接受，例如，战略产生的利润或增长是否足以达到高级管理者、投资者及其他权益持有者的期望？是否接受该战略所涉及的风险水平？该战略的实施是否需要对企业结构进行重大改变？三是评价备选战略在多大程度上适用于战略分析中所识别出的问题，如该战略是否充分利用了企业的优点、克服或避免了企业的缺点并且应对了环境方面的威胁？它是否有助于企业实现目标？

二、新创企业战略实施与控制

1. 保持组织结构与企业战略的匹配关系

组织结构通过管理行为实现共同目标，因而适当的组织结构对企业战略的有效实施起着关键作用。组织结构是企业采用的按不同任务或职位来划分和调配劳动力的方法，即企业在职、责、权方面的动态结构体系，其本质是为实现企业战略目标而采取的一种分工协作体系。组织的复杂性、规范性和集权度是小企业组织结构的主要组成部分。

（1）明确新创企业组织结构的主要影响因素。企业组织的各种活动总是要受到组织内外部各种因素的影响，不同的组织具有不同的结构形式，也就是说，组织结构的确定和变化都受到许多因素的影响。这些因素称为“权变”因素，即权宜应变的意思，组织结构随着这些因素的变化而变化。

1）企业的战略目标。中小企业战略的发展经历四个阶段，即数量扩大、地区开拓、纵向或横向联合发展和产品多样化，不同的战略发展阶段具有不同的战略目标。企业战略目标与组织结构之间是作用与反作用的关系。有什么样的企业战略目标就有什么样的组织结构，同时，企业的组织结构又在很大程度上影响企业的战略目标和政策。因此，企业在进行组织结构设计和调整时，只有对本企业的战略目标及其特点进行深入的了解和分析，才能正确选择企业组织结构的类型和特征。

2）企业经营所处的环境。新创企业面临的环境的特点，对组织结构中职权的划分和组织结构的稳定有较大的影响。如果企业面临的环境复杂多变，有较大的不确定性，就要求在划分权力时给中下层管理人员较多的经营决策权和随机处理权，以增强企业对环境变动的适应能力。如果企业面临的环境是稳定的、可把握的，对生产经营的影响不太显著，则可以把管理权较多地集中在企业领导手里，设计比较稳定的组织结构，实行程序化、规模化管理。

3）企业所采用的技术及企业的规模。根据制造技术复杂程度，企业生产可以分为单件小批量生产、大批量生产和流程生产。企业生产所采用的技术也影响着组织结构的确定，如批量化的生产技术通常适合采用集权式的组织结构。一般而言，企业规模小，管理工作量小，为管理服务的组织结构也相应简单；企业规模大，管理工作量大，需要设置的管理机构多，各机构间的关系也相对复杂。可以说，组织结构的复杂性是随着企业规模的扩大而相应增加的。

4）企业的人员和文化。如果企业员工的专业素养很高，具有良好的企业文化，强调共同的价值观，通过分权可以调动员工的生产经营积极性，达到改善企业生产经营管理的目的，如技能熟练的、责任心强的专业人员可以采用分权式管理；技能不熟练的、责任心不强的人员可以采用集权式管理。

（2）选择适宜的企业组织结构类型。本着组织中的相互适应、自行调整、直接指挥、直接控制、工作过程标准化、工作成果标准化、技艺（知识）标准化和共同价值观等要求，新创企业可以选择的组织结构包括以下几种。

1）创业型组织结构。创业型组织结构是多数小型企业的标准组织结构模式，是一种最早、最简单的组织结构。这种组织结构没有职能机构，从最高管理层到最低层实现直线垂直领导。企业的所有者或管理者对若干下属实施直接控制，并由其下属执行一系列工作任务。这一结构类型的组织弹性较小并缺乏专业分工。

优点：结构比较简单，责任分明，命令统一。

缺点：弹性较小，缺乏专业分工，依赖于人员的个人能力；组织结构简单，运行不规范，集权度高。它要求行政负责人通晓多种知识和技能，亲自处理各种业务。这在业务比较复杂、企业规模比较大的情况下，把所有管理职能都集中到最高主管一人身上，显然是难以胜任的。

适用范围：只适用于规模较小、生产技术比较简单的小型企业，对生产技术和经营管理比较复杂的企业并不适宜。

2）职能制组织结构。职能制组织结构是一种按职能划分部门的纵向职能结构，即U型结构。企业内部按职能（如生产、销售、开发等）划分成若干部门，各部门独立性很小，均由企业高层领导直接进行管理，即企业实行集中控制和统一指挥。如在厂长下面设立职能机构和人员，协助厂长从事职能管理工作。这种结构要求把相应的管理职责和权力交给相关的职能机构，各职能机构就有权在自己业务范围内向下级行政单位发号施令。因此，下级行政负责人除了接受上级行政主管指挥外，还必须接受上级各职能机构的领导。

优点：按职能划分的组织形式有明确的任务和确定的职责，并且由于从事类似工作、面临类似问题的人们在一起工作，相互影响和相互支持的机会较多；职能形式可以消除设备及劳动力的重复，可以实现资源最充分的利用。这种形式也适合发展专家及专门设备；各部门和各类人员实行专业分工，有利于管理人员注重并能熟练掌握本职工作的技能，有利于强化专业管理，提高工作效率；每一个管理人员都固定地归属于一个职能机构，专门从事某一项职能工作，在此基础上建立起来的部门间的联系能够长期不变，这就使整个组织有较高的稳定性；管理权力高度集中，便于最高领导层对整个企业实施严格的控制。

缺点：按职能划分会导致一种狭隘的观点，只注重整体工作中的某个部分，而不是将组织的任务看作一个整体。横向协调差，高度专业化分工使各职能部门的眼界比较狭窄，容易产生本位主义，造成许多摩擦和内耗，使得职能部门之间的协调比较困难；适应性差，人们主要关心自己狭窄的专业工作，这不仅使部门间的横向协调困难，而且使彼此间的信息沟通受到阻碍，造成整个组织系统对外部环境变化的适应性较差；企业领导负担重，在职能制结构条件下，部门之间的横向协调只有企业高层领导才能解决，加上企业经营决策权又集中在他们手中，造成高层领导的工作负担十分繁重；不利于培养具有全面素质、能够经营整个企业的管理人才。

（3）处理好组织结构与企业战略的关系。组织结构与企业战略的关系要从以下几方面考虑。

1）组织结构服从战略。美国学者钱德勒（Acfred Chandler）提出了战略与结构关系的基本原则，即组织的结构要服从于组织的战略。企业不能仅从现有的组织结构出发去考虑战略，而应根据外部环境的要求去动态地制定相应的战略，然后根据新制定的战略来审视企业的组织结构，看是否有必要对其进行调整。不同的外部环境要求企业制定不同的战略和实行不同的组织结构，组织结构变革的形式也往往与外部环境的动态程度相关。在外部环境相对稳定的时期，企业的战略调整和相应组织结构的变革往往是以渐进方式进行的，战略与组织结构的匹配程度虽不尽完美，但也基本适应。当企业面临重大的战略转折时，就对组织结构提出了严峻的挑战。

2）战略的前导性和组织结构的滞后性。企业的外部环境总是处于不断变化之中，战略与组织结构对外部变化做出反应的时间是有差别的。所谓战略的前导性，是指企业战略的变化要快于组织结构的变化。当企业的外部环境和内部条件变化提供新的发展机会或产生新的需求时，企业首先在战略上做出反应，以谋求新的经济增长。当企业积累了大量资源时，企业也会据此提出新的发展战略来提高资源的利用效果。新的战略往往需要新的组织结构与之适应，或至少在原有的组织结构上进行调整。如果组织结构不随战略的变化相应地改变，新战略的实施就没有组织上的保证，最终往往也不会产生好的效果。所谓组织结构的滞后性，是指组织结构的变化常常慢于战略的变化。造成这种现象有两种原因。一是新旧结构的交替需要一定的时间过程。当外部环境变化后，企业首先考虑的是战略。只有当新的战略制定出来后，企业才能根据新战略的要求来改变企业的组织结构。二是旧的组织结构具有一定的惯性。管理人员在管理过程中由于适应了原来的组织结构运转形式，往往会无意识地运用旧有的职权和沟通渠道去管理新旧两种经营活动，特别是当其感到组织结构的变化会威胁自己的地位、权力时，甚至会运用行政方式抵制需要做出的组织变革。

2. *处理好企业文化与企业战略的关系*

企业文化代表了企业内部的行为指针，它不能由契约明确下来，却制约和规范着企业的管理者和员工。企业文化树立了组织中应该遵循的行为准则，例如，求变或守旧，创造力或服从性，团体导向或个人主义以及顾客导向或重视内部等。

(1) 熟悉企业文化的类型。尽管在文化的定义和范围上存在着很大的分歧，也没有两个企业的文化是完全相同的。但是，英国的管理大师查尔斯·汉迪（Charles·Handy）在1976年提出的关于企业文化的分类至今仍具有相当重要的参考价值。他将文化类型从理论上分为四类，即权力导向型、角色导向型、任务导向型和人员导向型。

1) 权力导向型。权力导向型文化也称集权式文化、铁腕型家长文化，权力中心只有一个，通常是由一位具有领袖魅力的创始人或其继任者担任，以相当权威化的方式运作。企业的领导方式很强势，有决断力，反应速度很快，而中间管理层采取主动的空间不大。这种企业文化，在决策正确的情况下，有助于公司快速成长；但是，如果决策错误，会为公司带来灾难。这类企业经常被看成是专横和滥用权力的，因此它可能因中层人员的低士气和高流失率而蒙受损失，通常存在于家族式企业和初创企业中。

2) 角色导向型。角色导向型文化也称各司其职的文化，在大型且注重既定程序的公司里经常可见，每个人的角色、工作程序，以及授权程度，均清楚界定。在这种文化之下，既定的工作说明与工作程序比个人特质重要。这类组织相当稳定而规律化，但也缺乏弹性、步调迟缓。角色导向型文化十分重视合法性、忠诚和责任。这类企业的权力仍在上层，结构十分强调等级和地位。这类企业采用的组织结构往往是职能制结构。角色导向型文化具有稳定性、持续性的优点，企业的变革往往是循序渐进，而不是突变。在稳定的环境中，这类文化可能导致高效率，但是，这类企业不太适合动荡的环境。

3) 任务导向型。任务导向型文化也称目标导向型文化，在这种文化中，管理者关心的是不断地和成功地解决问题，对不同职能和活动的评估完全是依据它们对企业目标做出的贡献。这类企业采用的组织结构往往是矩阵式的，为了对付某一特定问题，企业可以从其他部门暂时抽调人力和其他资源，而一旦问题解决，人员将转向其他任务，所以无连续性是这类企业的一个特征。

实现目标是任务导向型文化的主导思想，不允许有任何事情阻挡目标的实现。企业强调的是速度和灵活性，专长是个人职权的主要来源，并且决定一个人在给定情景中的相对权力。这类文化常见于新兴产业中的企业（特别是一些高科技企业）、公关公司、房地产经纪公司及销售公司等。这类文化具有很强的适应性，个人能高度掌控自己分内的工作，在十分动荡或经常变化的环境中会很成功。但是，这种文化也会给企业带来很高的成本。由于这种文化有赖于不断地试验和学习，所以建立并长期保持这种文化的成本是十分昂贵的。

4）人员导向型。这类文化完全不同于上述三种文化。人员导向型文化也称利他导向型文化，在这种文化中，重视个人，主要由个人主导工作，强调个人价值与专业，员工对企业的忠诚度较低，员工通过示范和助人精神来互相影响，而不是采用正式的职权。这类文化中的人员不易管理，企业能给他们施加的影响很小，因而很多企业不能持有这种文化。

虽然汉迪关于企业文化的分类可能不能囊括所有的文化类型，而且一个企业内部可能还存在着不同的亚文化群，但是，这四种类型较好地总结了大多数企业的文化状况，可以作为研究企业文化与战略关系的重要分析基础。

(2) 处理好企业文化与绩效的关系。企业文化是企业创造价值的途径，表现在三个方面。

一是文化简化了信息处理。这是指文化减少了企业内个人的信息处理要求，允许个人更好地把注意力集中于他们的本职工作。具体来讲，企业文化中的价值观、行为准则和相应的符号，可以使员工的活动集中于特定的、有范围的安排之中。这使他们没有必要就他们在企业中的工作任务是什么进行讨价还价，可以减少决策制定的成本，并促进工作的专门化，也使一起工作的员工分享对他们工作的一系列预期，减少了不确定性。同时，共同的文化使在一起工作的员工始终存在共同关注的焦点，从而提高企业的技术效率。

二是文化补充了正式控制。文化补充了正式的控制制度，减少了企业中监督个人的成本。具体来讲，文化作为集体价值观和行为准则的集合体，在组织中发挥着一种控制功能。文化对员工行动的控制是基于他们对企业的依附，而不是基于激励和监督。那些在价值观上依附企业文化的员工将会调整他们个人的目标和行为，使之符合企业的目标和行为。如果文化在企业中具有这种功能，那么，员工主动的自我控制、员工间的非正式监督和不涉及具体细节的组织准则结合在一起，员工会比在正式制度下更可能服从，从而使控制员工行为比只有正式制度更有效。

三是文化促进合作并减少讨价还价成本。文化影响了企业中个人的偏好，使他们趋向于共同的目标。这就降低了企业中个人的谈判和讨价还价成本，并促进了更多协作行动的产生和发展。企业文化通过“相互强化”的道德规范，会减轻企业内权力运动的危害效应。

企业文化日益成为维持企业竞争优势的条件。首先，文化必须为企业创造价值。其次，文化必须是企业所特有的。如果一个企业的文化和市场上大多数的企业相同，它往往反映的是国家或地区文化或一系列行业规范，不可能导致相对竞争优势。最后，企业文化必须是很难被模仿的。如果成功的企业文化体现了企业的历史积累，这种复杂性就会让其他企业很难仿效，也使得其他企业的管理者很难从本质上修改企业的文化以显著提高绩效。相反，如果企业文化很容易被模仿，那么，一旦该企业成功，其他企业都将模仿，这将使文化带给企业的优势很快消失。

(3) 处理好文化适应性与企业战略稳定性的关系。文化适应性反映企业所发生的变化与企业目前的文化相一致的程度。企业战略的稳定性反映企业在实施一个新的战略时，企业的结构、技能、共同价值、生产作业程序等各种组织要素所发生的变化程度。处理二者关系的途径如下。

1）以企业使命为基础。企业实施一个新的战略时，重要的组织要素会发生很大变化，这些变化大多与企业目前的文化有潜在的一致性。这种企业由于有固有文化的大力支持，实行新战略没有大的困难。在这种情况下，企业处理战略与文化关系的重点有三方面。①企业在进行重大变革时，必须考虑与基本使命的关系。企业使命是企业文化的正式基础。高层管理人员在管理的过程中，一定要注意变革与使命内在的不可分割的联系。②发挥企业现有人员在战略变革中的作用。现有人员之间具有共同的价值观念和行为准则，可以保持企业文化在一致的条件下实施变革。③在调整企业的奖励系统时，必须注意与企业组织目前的奖励行为保持一致。④考虑进行与企业组织目前的文化相适应的变革，不要破坏企业已有的行为准则。

2）加强协调作用。企业实施一个新的战略时，组织要素发生的变化不大，又多与企业目前的文化相一致，这类情况往往发生在企业采用稳定战略（或维持不变战略）时。处在这种地位的企业应考虑两个主要问题：一是利用目前的有利条件，巩固和加强企业文化；二是利用文化相对稳定的这一时机，根据企业文化的需求，解决企业生产经营中的问题。

3）根据文化的要求进行管理。企业实施一个新战略，主要的组织要素变化不大，但多与企业目前的文化不大一致。例如，当企业准备推行某种新的激励方式时，虽然这种方式与过去的激励方式相比并没有根本性的变化，但是某些利益相关者基于对自身利益的考虑可能会反对实施新的方法。此时，企业需要研究这些变化是否可能给自身带来成功的机会。在这种情况下，企业可以根据经营的需要，在不影响总体文化一致性的前提下，对某种经营业务实行不同的文化管理。

4）重新制定战略。企业在实施一个新战略时，组织要素会发生重大的变化，又多与企业现有的文化很不一致，或受到现有文化的抵制。对于企业来讲，这是个两难问题。在这种情况下，企业首先要考察是否有必要推行这个新战略。如果没有必要，则需要考虑重新制定战略。相反，在外部环境发生重大变化时，企业考虑到自身的长远利益，必须实施重大变革，必须进行文化管理，使自身文化也产生相应重大的变化。

3. 重视领导在企业战略实施中的作用

企业领导层虽不是决定成败的唯一因素，但它仍然是重要的组成要素，并具有重大影响。战略实施的关键任务包括制定新政策和预算，以便指导行动和资源在重要领域中的再分配。强大的领导能力必须确保政策得以执行和资源有效利用。没有有效的作用模式和纪律，企业中的成员就不愿意参与变化。

必须设计和使用制度来获取对分析和绩效衡量有用的战略信息，有效沟通和了解这些变化对员工的影响。应当积极对待冲突和阻力，保证它们不干扰策略的实施。强大的领导能力需要将计划变成现实。整个战略制定的过程中，领导的重要作用之一就是沟通和分享他们对整个企业的理解和看法。这是一个连续的过程，必须利用一切正规和非正规的沟通渠道，包括行动和语言。领导要把表达对变革的需求与沟通对未来有益的观点和战略有效地结合起来。为了确保有效的沟通，领导需要提供两个关键领域的信息：一是当前状况，包括当前的工作、存在的问题或者未来需要进行变革的问题；二是将要发生的改变，包括概况、收益、风险和问题。

4. **构建新创企业的战略控制系统**

应明确企业战略控制系统的影响因素，如链接性、多样性、风险、变化和竞争优势，积极构建新创企业的战略控制系统，具体步骤如下。

步骤1：执行策略检查。

步骤2：根据企业的使命和目标，识别各个阶段业绩的“里程碑”，如它是在标出关键性的成功因素之后识别出来的，它应当是长期目标的短期步骤，是管理者的监视行动（例如，是否启动了一个新项目）及其结果（例如，成功启动了项目）。

步骤3：设定目标的实现层次。

步骤4：对战略过程的正式监控。

步骤5：目标实现后的奖励。

第二节　人力资源管理

人力资源管理就是人力资源的获取、整合、激励、控制、调整及开发的过程，主要包括求才、用才、激才、留才等内容和工作任务。在创业过程中，人力资源是最活跃、最重要的创业资源。为了保障新创企业按照既定的战略目标有序运行，必须有效管理企业的人力资源。新创企业人力资源管理的主要内容有制订人力资源计划、设计组织结构、明确岗位职责、招聘合适员工、管理员工、寻找企业顾问等。

★能力训练

自我SWOT分析

时间：15分钟。

道具：SWOT分析表。

活动目的：增强自我认识，为岗位设置做铺垫。

活动程序：

1. 每位学员一张SWOT分析表，把自己的优势、劣势、机遇及威胁填在SWOT分析表中。

2. 与小组的其他成员分享、讨论。

活动总结：当你为自己进行SWOT分析之后，是否对自己的认识更加深刻？与小组的其他成员分享之后，有了什么新的认识？

一、人力资源计划

人力资源计划是指根据企业的发展战略和经营计划，评估企业的人力资源现状及发展趋势，收集和分析人力资源供给与需求方面的资料和信息，预测本企业人力资源供给和需求的发展趋势，确定人力资源招聘、调配、培训、开发及发展计划等政策和措施。

二、组织设计

组织设计是企业人力资源管理的前提和基础。企业作为社会性的经济组织，组织设计首先是各类人力资源的结构设计。

三、岗位分析

人力资源的常规工作就是把岗位的工作职责制成岗位说明书。岗位说明书的一般作用是：使员工明确了解企业需要他们做什么工作；企业可用它来评价员工的工作绩效。

岗位说明书包括的基本内容有岗位的名称、该岗位的工作说明（即这个岗位所从事的具体工作）、该岗位的上下级关系，以及该岗位员工所应具备的素质和技能等。

★拓展阅读

某创业企业的岗位职责

小华、小王和小孙一同创业，他们经过研究讨论，制定了如表 9-1 所示的岗位职责及人员分工。

表 9-1 某创业企业岗位职责及人员分工

岗位	工作说明	所需素质和技能	任务负责人	
			第一阶段	第二阶段
经理	做计划、定目标、监督实施、协调内部关系、与工商税务等打交道	有主见、认真、果断、善于沟通与应酬、容易交往	小张	小张
财务	出纳、收款、记账、管理现金	认真踏实、有条理、诚实	小王	招聘人员
销售管理	市场调研、与客户建立和保持良好的关系、接订单、销售预测、确定价格、提出促销方案	认真、思路敏捷、有激情、善于与人交往、有谈判能力、守信用	小张	招聘人员
生产管理	制订生产计划，组织设计，控制质量，管理工具设备和技术资料	了解产品，懂技术，能动手操作，善于协调关系、处理矛盾	小王	小王
设计开发	准确把握客户需求、收集客户素材、设计产品	有美术设计的素养、懂得设计工具的使用、具有创造性	小孙	小孙
网络管理	维护和更新公司网站和网店、与网络合作商打交道、接待网络客户	熟悉网络业务、熟悉相关软件的使用、善于沟通、有谈判能力	小孙	小孙
生产工人	剪裁原料、操作机器、印制图案、包装	有责任心、懂机器操作、勤快、能吃苦	小王	招聘人员
送货员	为客户配进产品	负责任、能吃苦、勤劳	小张	招聘人员

（资料来源：湖南省教育厅毕业生就业办公室，湖南省大中专学校学生信息咨询与就业指导中心．大学生职业发展与就业指导［M］．长沙：新世界出版社，2008.）

四、员工招聘

企业招聘员工，主要需要考虑四点：①哪些岗位需要招聘员工；②这些需要招聘的员工应具备什么样的技能和其他要求；③需要招聘的具体人数；④要向这些招聘的员工支付多少工资。

企业需要参照岗位职责的要求来聘用人员，不但需要考虑员工的专业技能，还要把握员工的素质与品行。一般要进行面试，甚至书面的测试，而不仅仅是凭个人简历就得出招聘决定。通过一些技巧性的问题，可以掌握应聘人员的基本情况，例如，“请介绍你原来的工作经历，谈谈你有什么样的知识技能？”“你为什么想来本企业工作，你希望得到什么职位？”“为什么要离开原来的单位？如何评价你原来的工作？请提供原单位同事、你的主管和你属下的联系方式（可以听听他们的评价）。”“你以前的工作经历中最满意的成就是什么？最不满意的地方是什么？”“你认为你有哪些优点和弱点？如果有人对你态度不友好，你会做出怎样的反应？”“你怎样支配业余时间？有什么兴趣爱好？”

除了一般的提问之外，还可以利用专业的职业测评技术，评价应聘人员的各种素质和与应聘岗位的匹配程度。这能更加科学地帮助招聘人员判断应聘者是否适合岗位，是否有良好的意愿来本企业工作。一次成功的招聘，大致流程如图 9–2 所示。

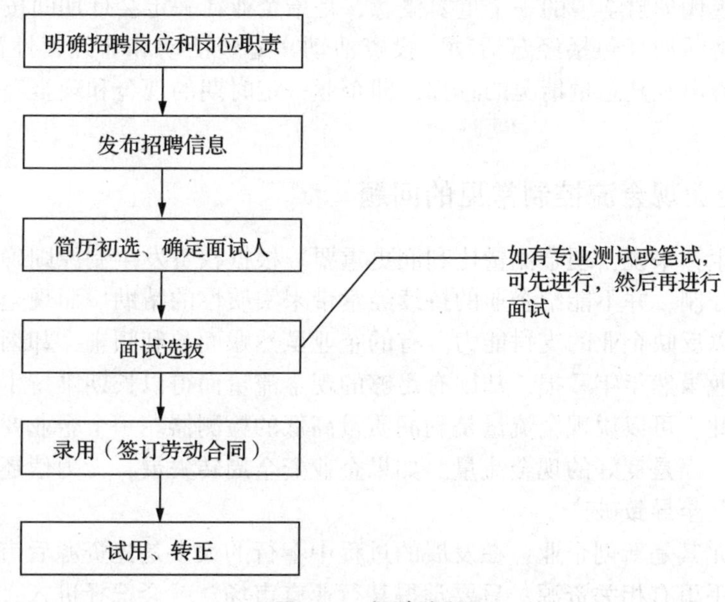

图 9–2　招聘流程

五、管理员工

良好的员工管理，可以提升企业的效益。管理好员工，可从几个方面着手：①向每一名员工说明企业的详细情况，明确他们的工作任务；②给员工提供与其工作相应的工资和奖金；③尽可能让员工的工作稳定，并给他们提供良好的工作条件；④让员工融入企业的团队之中，让他们对企业和团队有归属感；⑤对员工进行必要的绩效考评，并根据考评结果实施奖惩；⑥尽可能为员工提供培训和学习的机会，为他们在企业中升职和发展提供机会。

同时，还要正确面对问题员工，积极应对各类问题，切忌简单草率。在一定时期内，员工出现问题并影响到工作是管理中常见的现象，发现问题、共同解决问题，帮助他们成为合格的员工，将降低企业用人成本。

平时采取一些预防措施，注意调动员工的工作积极性，如培训、定期体检、举办员工活动等都有积极的意义。管理员工不但需要制度保障，创业者的个人魅力对员工的影响更加直接和有效，特别是在创业型的企业中。

在企业经营的实践过程中需要不断探索和积累经验，经过长时间的沉淀，企业会慢慢形成稳定、独特的企业文化。

六、寻找企业顾问

大学生创业，有很多外部资源可以挖掘和利用，可以考虑从一些企业、公益组织、中介和教育机构，乃至政府部门那里获取帮助、信息、咨询意见和培训。在企业聘请顾问之前，一定要注意了解顾问的资历背景，以免上当受骗。

第三节　现金流量控制

现金流量是现代理财学中的一个重要概念，是指企业在一定会计期间按照现金收付实现制，通过一定经济活动（包括经营活动、投资活动、筹资活动和非经营性活动）而产生的现金流入、现金流出及其总量情况的总称，即企业一定时期的现金和现金等价物的流入和流出的数量。

一、新创企业现金流控制常见的问题

对于企业的生存来说，现金流量比利润更重要。根据权责发生制原则确认的利润指标容易受人为操纵和控制，并不能给企业的持续经营带来实质性的帮助。而现金流却是企业生存的必要元素，可以反映企业的支付能力。有的企业虽然账面盈利颇丰，却因现金流量不充沛而倒闭；有的企业虽然年年亏损，却因有足够的现金流量而得以长期维持生存，最后抓住机遇发展壮大。因此，可以说现金流量是利润质量高低的检测器。一个企业要想持续经营，靠的不是高额利润，而是良好的现金流量。如果企业资金周转失灵，无力偿还到期债务，就会引发财务危机，甚至导致破产。

一些企业，尤其是新创企业，在发展的过程中奉行的大多是先资源后市场、先机会后威胁的模式，只要手里有相关资源，只要觉得某行业有市场，就会选择进入，而没有考虑企业的实力是否能够支撑这一决策，没有考虑企业即将面临的威胁。这种发展模式显然是与其“借力型”的资金运用模式相一致的。据调查，我国企业的发展大多都是以银行借款为主，有的企业资产负债率严重超过65%的国际警戒线；有的企业，甚至所有的现金流都来自银行贷款。

在新创企业发展的各个阶段，现金流陷阱的表现有所不同。

1. 业务飞速增长时期

业务增长永远不会均衡，如果业务模式没有设计好，或缺乏抗风险能力，企业就会面临风险。业务高速增长削弱了企业对付款回款周期的控制能力，为了获得更多业务，许多企业经常采取滞后回款期的方式，在付款期上一拖再拖，导致信誉扫地，最终必然要受到惩罚。而且，当一家企业采取惩罚措施时，就可能有多家企业跟进，面对这种多米诺骨牌效应，很少有企业能够应对自如，尤其是处于快速成长期的企业。

2. 潜在的付款周期到来时

一些潜在的付款周期，如支付房租、缴纳税费、发放工资等，往往从财务报表上不容易

反映出来。忽略这些档期的存在将给企业现金流带来巨大影响，也给企业管理带来问题。

3. DSO 周期过长，且大于35天时

DSO（Doys Sales Outstanding）是指一家企业把它的账目变成现金的平均时间。对于一般企业特别是二级代理企业而言，DSO 就意味着卖出产品的平均回款周期。应收款 DSO 小于应付款 DSO 时，现金流是良性的。两者之间的差距越大，企业的增长也就越快。应收款 DSO 提供了一个警戒值，大于警戒值（35 天）时，企业就不应盲目扩张了，因为越扩张，风险就越大，现金流危机就越深刻。现在许多企业比较关心融资问题，但 DSO 理论指出，如果企业不能很好地解决其内部的现金流管理问题，企业的增长空间是不会很大的。

4. 库存过大，特别是库存指数大于2时

库存不仅占用了资源，而且随时都会贬值。因此，库存是增加企业风险的一个重要因素。在现实经营中，库存有时又是必不可少的。那么，如何减少库存风险呢？这就要靠库存指数理论，当库存指数大于2时，说明公司的库存面临问题；如果大于5，说明问题已经相当严重了，若不尽快解决，企业的发展将受到巨大影响。当然，有些行业的自身特点也会影响其临界值。

二、现金流的控制

企业现金流控制主要包括：现金流向控制、现金流程控制和现金流速控制。

1. 现金流向控制

新创企业的经营环境不同于大型企业，其经营往往局限于国内市场，利润为有代价的价格竞争。员工培训计划较少、先进的管理措施和技术方法少、对外部运营环境更敏感、现金短缺问题一直是困扰新创企业发展的棘手问题。解决这些问题的关键就是要制定科学的现金流战略。企业应根据自身条件，在资金使用上遵循可持续发展的原则，防止过度使用资金，加强计划性；建立资金储备制度；长期保持与银行等金融机构的良好关系，保证融资渠道畅通；积极采取吸收外部投资等融资方式，进一步拓宽融资渠道；选择适宜的投资行业；保持现金的合理水平，加强现金的流动性。

2. 现金流程控制

现金流程控制主要包括：现金缺口管理、现金冗余管理、现金流风险控制和营运现金流不足控制。

（1）现金缺口管理。首先，分析现金短缺的原因；其次，运用商业信贷解决现金缺口；再次，运用银行信贷解决现金缺口；最后，可运用创新方式进行现金缺口管理，通过多种短期筹资方式筹措资金，如可以通过现有资产的抵押贷款、可以通过现有资产转让出售等方式获得资金。

（2）现金冗余管理。现金冗余管理包括保持现金流流动性、收益性和安全性之间的平衡等目标。为此，可运用债券、股票、证券组合进行冗余管理。

（3）现金流风险控制。现金流风险指由于滥用、挥霍、盗用、错用等，企业现金流不能按照原有目的和轨道正常周转或现金价值有毁损的风险控制。

（4）营运现金流不足控制。营运现金流是企业维持日常经营所需的现金，它是与企业经营活动密切相关的现金流。企业营运现金流不足将会影响企业经营活动，甚至导致经营活动中断，使企业生产经营陷入恶性循环。营运现金流不足风险是指企业因营运现金流不足而导致企业经营活动失常或陷入恶性循环的风险。产生营运现金流不足风险的原因包括现金周转速度减慢、生产或销售规模扩大、营运现金被占用等。针对这些原因，企业可以加强存货资金控制，实施诸如存货资金的计划控制、归口分级控制、适时控制等措施。

3. 现金流速控制

企业要加强现金回收控制，缩短订货、发货、开票、收款等环节的周期，还要加强应付账款的管理，控制现金流出的速度；实行营运现金预算管理，加强现金合理存量管理；健全营运现金的内部控制体系。管理人员要判断现金循环周期是否过长、是否应该缩短现金循环周期，以减少投入的营运资金或者在未来增加营运资金的投入。

三、现金流控制常用参考指标

对现金流量进行控制，可以企业经营活动现金净流量为核心，建立一套企业现金流量控制指标体系，与现金流量预算相互配合，从而实现对现金流量有效、动态的控制。

1. 现金流量结构指标

维持收支的动态平衡是企业持续经营的基本条件，保持企业合理的现金流量结构是企业发展的基础。现金流量的结构包括流入结构、流出结构和流入流出比分析。现金流量结构指标有经营现金流入量与现金总流入量之比、经营活动现金流入量与经营活动现金流出量之比等。通过对该类指标的分析、控制，能够判断企业的现金流量结构的合理性。

2. 偿债能力的指标

能否偿还到期债务是一个企业能否持续经营的根本问题，也是企业为股东创造价值的前提。企业的偿债能力大小主要取决于其获取的现金多少。通过对该类指标的控制，能够有效地控制企业的偿债风险。

（1）现金比率。现金比率可用来衡量流动资产的质量。由于流动负债期限短（通常不超过一年），很快就需要用现金来偿还，如果企业没有一定量的现金储备，在债务到期时就容易出现问题。因而，企业保持适度的现金比率，可以保证短期偿债的能力。过低的现金比率会使企业的偿债风险加大；过高的现金比率虽然没有偿债风险，但降低了获利能力。因此，该比率应保持在适当的范围内，创业者可参照同行业的水平来确定。

现金比率计算公式为：

现金比率=现金÷流动负债

（2）到期债务本息偿付比率。该指标是将真正能用于偿还债务的现金净流入与到期债务相比较，以此来反映企业偿还债务的能力。一般情况下，该比率应大于1。

到期债务本息偿还比率计算公式为：

到期债务本息偿付比率=经营活动现金净流量÷（本期到期的债务本金+现金利息支出）

（3）现金流量比率。这个指标反映本期经营活动产生的现金净流量对流动负债的倍数。在正常的生产经营情况下，企业当期取得的现金收入先要满足生产经营活动的支出，然后才能满足偿还债务的支出。企业的流动资产承担着流动负债，但流动资产的变现具有一定的柔性，流动负债的到期偿还却要刚性得多。因此，真正支撑着流动负债的是企业的经营活动现金流。与一定规模的现金流量相适应的只能是一定规模的流动负债，超过其比例关系所允许的规模，短期内，企业的财务便可能出现危机。通过将本企业的财务风险指标与同行业平均水平进行比较，或者与标准水平进行比较，就可准确预估到未来一个会计年度内遭遇“流动性陷阱”的可能性，从而未雨绸缪。因而，将现金流量比率控制在一定范围内，对于防范企业的偿债风险、提高企业的偿债能力具有较大的意义。

现金流量比率计算公式为：

现金流量比率=经营活动现金净流量÷流动负债

（4）现金净流量负债总额比率。该比率用以衡量企业以年度的经营活动现金净流量偿付全部债务的能力，反映了企业的综合偿债能力，即按照当年的现金净流量计算需要多少年才能付清所有的债务（不考虑时间价值的影响）。该比率越高，企业承担其债务总额的能力越强。

从理论上讲，所有负债都将变成流动负债并需要用当期现金偿还。因此，一定的经营活动现金流量规模，同样也只能支撑相应量的总债务规模。如果总债务规模过大，通过经营活动现金流量的支撑能力，企业迟早会掉进“流动性陷阱”。通过将本企业指标与同行业平均水平或标准水平进行比较，就可预估未来若干会计年度内遭遇财务危机的可能性，提前进行财务调整。

现金净流量负债总额比率计算公式为：

现金净流量负债总额比率=经营活动现金净流量÷债务总额

上述四项指标值与同行业平均数据相比，比率越大，偿债能力越强，承担债务的能力也越强。

3. 现金充足性及财务弹性指标

该类指标反映现金流动能否满足需要，以及在此基础上企业进一步适应经济环境变化和利用投资机会的能力。这种能力来源于现金流量和支付现金需要的比较。财务弹性的衡量是将经营现金流量与支付要求进行比较。支付要求可以是投资需求或承诺支付等。如果现金流量超过需要，有剩余的现金，适应性就强。

（1）现金流量充足率。现金流量充足率用来衡量企业能否产生足够的现金以偿付债务、进行固定资产再投资和支付股利。如果比率小于1，则需依赖其他来源（融资和处置资产）的资金来支付。为避免重复性和不稳定因素的影响，可以将其扩展为1年以上。

现金流量充足率计算公式为：

现金流量充足率=经营活动现金净流量÷（长期负债偿付额+固定资产购置额+股利支付额）

（2）现金流量适当比率。该指标说明企业所得现金维持和扩大生产经营规模的能力。当其值大于或等于1时，表明企业从经营活动中得到的现金足以应付各项资本性支出和现金股利的需要，不用再对外筹资。

现金流量适当比率计算公式为：

现金流量适当比率=经营活动现金净流量÷（资本支出+存货增加额+现金股利）

4. 收益质量指标

收益质量指标主要是表明会计收益和净现金流量的比例关系，即企业所确认的账面收益中有多少是可以实现的。不管现金流入发生在收益实现之前还是实现之后，企业所有的收益只有在引起现金流入以后才具有真正的价值。企业的收益质量影响着企业的价值，而收益与现金流量的匹配程度则决定了该企业的收益质量。当收益引起的现金流量不能维持经营或收益带来的账面利润但并未相应增加现金流入时，这种利润是低质量的；从自身发展及实现战略目标的要求来看，能够带来持续而稳定的现金流入的收益才称得上是高质量的。

（1）现金营运指数。现金营运指数的计算公式为：

现金营运指数=经营现金净流量÷经营所得现金

其中，经营所得现金是指经营活动净收益与非付现费用之和，经营活动净收益等于净收益减非经营收益。若该指数小于1，说明收益质量不好，有一部分经营收益已实现而未能收到现金。

（2）现金收益比率。这个指标反映在企业实现的收益中，现金收益所占比重的大小，即当期实现的净利润中有多少是有现金保证的。这个指标对于衡量企业的利润质量有着极为重要的意义。设计这个指标时，考虑到当期的利润中有一部分是由非付现成本减折旧产生的，而这部分成本最终还是要用现金来补偿，因此可以在经营现金净流量中扣除折旧费用，用调整后的经营现金净流量计算所得的比率能够更加稳健地衡量企业的长期利润的质量。

现金收益比率计算公式为：

现金收益比率=经营现金净流量÷净利润

第四节　法律保护

基于法律对新创企业经营活动的规范、指向和强制作用，必然要求创业主体和新创企业增强法制观念，依法开展生产经营活动，运用法律武器维护自身在创业活动与企业经营过程中的合法权益。因此，新创企业必须自觉地将企业经营纳入法制轨道，将法制管理作为整个新创企业管理的重要组成部分，这样才能正确处理好企业经营活动中的各种矛盾和冲突，使法律关系主体的权利、义务得以实现，确保自身的生产经营活动有效和健康地开展。

一、新创企业法制化管理的含义和内容

新创企业法制化管理，是指创业者在企业经营和创业活动中，提高自身法治观念和法律水平，熟悉、研究并自觉遵守有关法律法规以及运用这些法律武器维护自身合法权益的管理活动。新创企业法制化管理的核心，就是创业活动参与者在生产活动中自觉坚持依法办事，充分利用和发挥法律对新创企业的规范、指向和强制作用，确保企业经营活动取得成功。新创企业的法制化管理的具体内容应当包括增强法治观念、认真学习法律知识、自觉遵守法律和善于运用法律四方面。

（1）增强法治观念。增强法治观念，是指企业经营者要采取各种有效措施，不断提高生产活动参与者对市场经济具有的法制经济性质的认识，增强他们维护法律权威和依法办事的自觉性。市场经济是法制经济，国家对新创企业的法律规范体系日趋完善，法律对新创企业的经营活动的重要作用也日益显现出来。在这种情况下，企业经营与创业活动要取得成功，就必须遵守相关法律法规，依法开展活动，否则不仅不能实现预期的经营目标，最终还会受到法律的制裁，对新创企业造成不利的影响。在新创企业法制化管理中，首先应当促使新创企业充分认识法律对企业经营与创业活动的重要作用，自觉维护有关法律法规的权威，

牢固地树立有法必依的观念和意识，并贯穿于企业创立与经营活动的全过程。

（2）认真学习法律知识。认真学习新创企业相关法律，是指企业各级领导要在增强企业法治观念的基础上，进一步认真学习和研究与新创企业有关的法律法规，做到熟悉和了解有关法律法规的各种规定。随着我国法制建设的不断完善，对企业创立各环节的活动都有相关的规则和制度进行规范，学习和掌握这些规则和制度成为创业者依法经营的前提，也是新创企业法制化管理的基本内容之一。

（3）自觉遵守法律。自觉依法开展创业活动，是指创业者应当自觉地将新创企业活动全面纳入法制轨道，严格依法开展经营活动，提高企业经营与创业活动的有效性。为此，新创企业必须建立相应的规章制度，对企业生产经营各环节在法律上的可行性进行审查把关，确保企业的各种活动严格依法进行。

（4）善于运用法律。善于运用法律保护经营活动，是指在新创企业发展过程中，当其合法权益受到侵害时，要善于运用相关法律赋予的权利保护自身的合法和正当的权益。创业者要通过加强自身的法制管理，在企业经营活动的各个环节，对各种可能发生的违法侵权行为采取事前、事中、事后的相应管理措施，有效地防止和打击这些违法侵权行为，维护新创企业的合法和正当的权益。

在新创企业法制化管理的上述内容中，增强法治观念是新创企业法制化管理的基础和前提；学法、守法和用法是实现法律对企业生产经营活动的规范、指向和强制作用的具体途径。

二、完善新创企业法制化管理的具体途径

根据创业活动的特点和企业创业实践提供的经验教训，企业需要在创业活动中推动和完善法制化管理，具体要从以下几方面进行。

（1）设立专门机构或人员负责企业法制化管理。新创企业应当根据自身情况，设立专门的机构和人员负责企业法制化管理。该法制化管理专门机构和人员的具体职责主要应包括：在企业内开展法治教育；根据实际需要完善法制化管理的规章制度；进行与企业创业活动相关的法律和法规的研究；为创业团队、管理人员和业务人员提供有关的法律咨询服务；代表企业参与创业活动中发生的经济纠纷和侵权行为的诉讼活动等。

在创业初期，在法制化管理专门机构或人员的具体设置上，一般宜采取聘请专业的律师、律师事务所担任法律顾问的方式，帮助企业承担法制化管理的有关工作。新企业设立后，规模较大的企业可以设立专门的法制管理机构，配备若干既熟悉本企业经营业务又懂得法律的管理人员；规模较小的企业，则可以聘请专业律师担任企业法律顾问，并在企业内设置1～2名专职法制管理人员。外聘的法律顾问和企业内设的法制化管理专门机构与人员，在企业总经理的统一领导下开展法制化管理工作。

（2）不断提高新创企业员工的法治观念和法律意识。新创企业设立的法制化管理机构或专职人员，要采取各种有效的宣传教育措施，使参与创业活动的有关人员，尤其是创业团队成员，充分认识社会主义市场经济的法制特征。新创企业要深刻理解和重视法律对企业创业活动的规范、指向和强制作用，增强法治观念和法律意识，提高学法、守法和用法的自觉性，将健全和完善企业法制化管理摆在重要位置。

（3）在重点环节建立和完善适应法制化管理需要的规章制度。对创业和经营活动中涉及法律关系较多的重点环节，企业法制化管理机构应当根据这些环节活动所涉及法律关系的特点，建立有关管理规章制度。其中，最重要的是重大决策的法律可行性论证制度、经济合同法律管理制度、知识产权法律管理制度以及法律纠纷处理制度等。

1）建立和完善重大决策的法律可行性论证制度。对于涉及法律问题的重大决策，新创企业除了进行经济、技术等方面的可行性论证之外，还必须建立和完善法律可行性论证制度，对其合法性、可能产生的法律后果、相应的法律对策等进行论证。在企业创业和生产经营活动中，涉及法律的重大决策，如企业法律形式的选择，融资渠道和投资方向的选择，涉及投资者、经营者和员工关系的基本制度的设计等，都应当进行法律可行性论证。

2）建立和完善经济合同法律管理制度。新创企业要逐步建立和完善依法规范企业经济合同活动、提高企业合同管理水平的基本制度。这方面的制度一般应包括：企业合同管理人员和业务人员的业务培训制度、合同管理岗位责任制、客户资信调查制度、合同内部会签制度或审批审查制度、授权代理制度、统计台账制度、监督考核制度、损失索赔制度和合同档案管理制度等。

3）建立和完善知识产权法律管理制度。新创企业要依法维护知识产权，提高企业知识产权利用和保护水平。这方面的制度一般应包括：企业知识产权管理业务培训制度、知识产权档案管理和情报信息利用制度、知识产权申请制度、知识产权使用管理制度等。

4）建立和完善法律纠纷处理制度。在创业和生产经营过程中，新创企业要在法律纠纷出现后及时应对和处理这些纠纷。法律纠纷处理制度主要是一种事后的管理。这方面的制度主要是应诉材料的准备、有关证据的收集、出庭律师的选择、纠纷处理经验总结等。

（4）利用外部条件提高企业法制化管理水平。随着我国社会主义市场经济建设的不断完善，规范企业创业活动的法律法规将日益严密，有关机关的执法水平也将不断提高。与此相适应，律师事务所、法律咨询服务等社会的法律服务机构也将会不断发展。企业在健全和完善自身法制化管理时，应充分利用这些外部条件，主动争取国家有关执法机关对企业创业法制管理的指导，加强和专业律师事务所等机构的联系，充分利用社会法律服务，逐步提高企业法制化管理水平。

复习思考题

1. 请为你所在的公司或团队设计岗位职责及人员分工表。
2. 简述新创企业现金流控制的意义。
3. 新创企业现金流容易出现哪些问题？
4. 新创企业应该如何开展法律保护？

第十章

新创企业成长

学习目标

1. 了解创业各阶段融资的特点。
2. 掌握特许经营、收购和公开上市的相关概念。
3. 理解第二曲线和战略业务退出对新创企业成长的启示。

第一节 成长融资

资金是企业运营的“源头活水”，是贯穿创业每个阶段的关键性问题。一般来说，新创企业能够凭借内部资金经营的时间越长，融资的成本就越低。

一、制约新创企业成长的资金瓶颈

对于新创企业来说，只看现金流是远远不够的，还要看到现金的来源。对于缺乏资金的新创企业，解决三方面的问题极为重要：第一，企业如何获取现金或者在获取现金方面是否有能力；第二，出现了现金短缺如何融资；第三，如何运营现金。

相关资料表明，2010年，我国中小企业总数占全部注册企业总数的99%，创造了几乎一半的国民生产总值。同时，中小企业还提供了75%的城镇就业机会，并已成为技术与机制创新的主体。中国专利的65%是由中小企业发明的，75%以上的技术创新是由中小企业完成的，80%以上的新产品是由中小企业开发的。中小企业在一定程度上影响着局部地区乃至整个国家经济的繁荣和社会的稳定。但是，我国的中小企业处于自生自灭的状态，生长周期都很短。究其原因，除了管理不科学、产业结构不合理之外，更重要的是融资难。

一个对经济发展做出巨大贡献的群体，在发展之初就会出现资金紧张问题，固定资产投入过大、科研经费投入过多、债权债务积累、原材料价格上涨、企业股权之争形成内耗等都会造成企业资金紧张，加之中小企业缺乏融资渠道，缺乏对资金的吸纳能力和承载能力，缺乏在信贷上的担保能力和信誉，资金瓶颈问题日益突出。资金瓶颈问题是影响新创企业继续扩张与成长最为迫切的问题，尤其是高新技术企业，在资金投入和融资需求方面有一些突出特点。资金投入多、回收周期长、投资风险大，使得这些企业的融资问题更加突出。

二、创业各阶段的资本需求

表10-1简要说明了在企业的不同融资阶段可选择的主要融资类型。在经历了初创期后，企业进一步成长的阶段性融资将主要集中于扩张和发展融资、兼并和负债收购融资两种类型。

表10-1　企业各融资阶段的融资类型

融资阶段	融资类型	融资需求
初期融资	种子资本	相对较小的融资，用于证实经营概念，进行可行性研究
	启动资本	产品开发并初步市场化，但尚未商业销售；资金用于真正启动企业经营
扩张和发展融资	第二阶段融资	初步发展阶段的流动资本，但盈利能力或现金流情况尚不明朗
	第三阶段融资	主要用于企业扩张，推动销售量飞速增长，已能盈亏均衡，甚至已有盈利，但公司尚未上市
	第四阶段融资	准备公司上市的过渡性融资
兼并和负债收购融资	传统兼并	获取其他公司的业主地位和控制权
	负债收购	公司管理层通过买下当前业主的股份获得公司控制权
	转为非上市公司	一些公司业主或管理人员购回在外流通的公司股份，再次转为非上市公司

初期融资通常最难完成，成本最高。这一阶段中的资金基本有两种类型，即种子资本与启动资本。通常，种子资本最难通过外部融资筹集，资金需求的数量往往较少，用于证实理念或资金融通的可行性研究。另一种资金类型是启动资本，用来开发和销售某些初期产品，考察商业销售的可能性，这种资金也是比较难以筹集的。

扩张和发展融资较初期融资容易获得，风险投资者在提供这类资金时，表现极其活跃。一般来说，第二阶段的融资是用作流动资金来支持初期的成长；第三阶段融资，公司已经达到了盈亏平衡，甚至已经盈利，此时的资金是用于主营业务销售的扩张；第四阶段的资金，通常用于过渡性的融资，公司已准备上市了。

收购融资或杠杆收购融资（第三种类型）的性质更为特殊，用于诸如传统的兼并、杠杆收购（试图购买当前的业主权益）以及转为非上市公司（Going Private）（公开上市的企业收购现成股民手中的股份，从而转为非上市公司）等活动之中。

★小案例

秦川发展借助整体上市，打造机床制造服务业旗舰上市公司

日前，秦川发展发布了《发行股份换股吸收合并陕西秦川机床工具集团有限公司并募集配套资金暨关联交易报告书》，意味着秦川集团筹划已久的整体上市方案很快将正式成行。整体上市后，秦川集团旗下的机床产业链上的优质资产将全部注入上市公司，不仅可以彻底解决集团内部关联交易和同业竞争等问题，上市公司也因此成为行业内品类最多、技术水平最高、产业链最完整的龙头企业。

虽然整体上市短期并不能大幅提升上市公司的业绩，但对秦川集团来说，其最主要的价值还在于整体上市后资产的有效融合，它为企业带来的利益远远超过各项资产盈利能力的简单相加。整体上市以前，上市公司只能通过关联交易的方式达到利用集团其他成员技术和资源的目的，但这种方式效率低下。整体上市后，相关资源将全部注入上市公司，由上市公司统一调度，必然能够更好地发挥资源间的协同效应。而这种协同效应的发挥，对秦川集团实现成为世界级高端装备制造系统集成服务商和关键功能部件供应商的目标至关重要。

依据整体上市方案，秦川集团本次上市的交易内容分为两大部分：一是以6.57元/股的价格向大股东秦川集团全体9名股东合计发行股份3.66亿股吸收合并秦川集团；二是以6.57元/股的价格向其他不超过10名特定投资者募集配套资金，但配套资金不超过本次交易总额的25%，金额约为5.98亿元。方案第一部分的主要目的是向上市公司注入集团旗下的核心优质资产，在解决同业竞争和关联交易的同时进一步完善上市公司产业链，推动上市公司转型升级，使上市公司的持续经营能力和综合竞争实力能够有质的提升。

（资料来源：证券时报网，2013年11月14日）

第二节 收 购

新创企业扩大规模的另一种方法是收购现有企业。通过进入新市场和新产品领域，收购能够为企业扩张提供一种很好的途径。

★案 例

苹果史上14笔经典收购案

2014年5月29日，据《福布斯》网站报道，苹果今日宣布将斥资30亿美元收购Beats，此举也被看成是苹果进入流媒体音乐服务的关键一步。在过去十几年中，苹果收购了很多不同领域的公司，有些对苹果新产品、新服务的开发起到了非常大的作用。近期，《福布斯》网站汇总了苹果历史上14笔重要收购交易。

1. Siri

Siri公司成立于2007年，是一家应用软件开发商，主要向苹果用户提供基于语音的个人数字助手服务。2010年4月，苹果收购Siri。2011年，苹果将Siri整合到iPhone 4S中，并最终成为其iOS移动系统的一部分。

2. Emagic

Emagic 是一家德国音乐制作软件提供商。2002 年，苹果将其收入麾下。Emagic 旗下的 Logic 音序器软件目前已融入售价 200 美元的 Mac 版 Logic Studio 专业音乐软件当中。

3. Nothing Real

Nothing Real 是一家高端数字特效软件制造商。苹果在 2002 年 2 月收购了这家公司，并将该公司的技术应用到其特效软件 Shake 中。2009 年，苹果关闭了 Shake 业务。

4. Power Computing

Power Computing 是一家苹果电脑克隆制造商，可授权使用苹果操作系统。1997 年 9 月，苹果用 1 亿美元购进该公司股票，收购了 Power Computing。在乔布斯重新掌管苹果公司后，最后还是决定关停这项克隆业务。

5. NeXT

在被苹果解雇后，乔布斯在 1985 年创办了 NeXT Computer 公司，并推出一款 Mac 和 Windows 系统 PC 替代产品——NeXT 工作站计算机。蒂姆·伯纳斯·李（Tim Berners Lee）使用 NeXT 计算机创造了第一款网页浏览器和服务器。由于销售情况不好，NeXT 后来将重心放在出售一款名为 NeXTStep 的操作系统上，该软件吸引了苹果的注意。1996 年，苹果以 4.29 亿美元价格收购了 NeXT。

6. Proximity

2006 年，苹果收购了 Proximity 公司及其产品 Artbox。这是一款针对处理视频片段、动画、剧照和音频的媒体管理和工作流系统。

7. P. A. Semi

2008 年，苹果收购了微处理器设计公司 P. A. Semi。据悉，当时的交易金额为 2.78 亿美元。外界猜测，苹果将开始为其移动设备打造属于自己的处理器。这家公司后来开发出了 A5 处理器，应用在 iPad 2 上。

8. Lala

2009 年 12 月，苹果收购了一流媒体音乐服务 Lala。据悉交易金额为 8 000 万美元。1 年后，苹果关闭了这项在线服务。

9. Quattro Wireless

2010 年 1 月，苹果收购了移动广告公司 Quattro，交易金额传言达到 2.75 亿美元。外界猜测苹果当时正在打造自己的广告服务。果不其然，苹果在 2010 年 4 月就推出了 iAd。

10. Intrinsity

2010 年 4 月，苹果收购了移动芯片制造商 Intrinsity。据悉，收购金额为 1.21 亿美元，苹果希望通过这笔交易来开发运行速度更快、能耗更低的处理器。

11. Placebase

2009 年 7 月，苹果收购了导航软件制造商 Placebase。当时，外界讨论苹果可能会跟谷歌地图分道扬镳，开发自己的地图服务。最后的结果也确实印证了这一猜测。

12. Poly 9

2010 年 7 月，苹果收购了网页地图服务提供商 Poly 9，后者可以提供 3D 地图服务。当时有传言称，苹果正开发自己的“谷歌地球”服务。

13. C3

2011 年 10 月苹果收购了 C3 公司，这也是苹果在两年内收购的第三家地图公司。2012 年，苹果在发布 iOS 6 和 iPhone 5 时推出了自家地图应用。

14. AuthenTec

2012 年 7 月，苹果斥资 3.56 亿美元收购了移动安全公司 AuthenTec。分析师表示，这笔交易将会使 iPhone 和 iPad 成为更安全的移动支付设备。

（资料来源：搜狐科技，2014 年 5 月 29 日）

一、收购的定义

收购是指一家公司（出价者或者收购方）购买另外一家公司（目标公司或被收购方）的大部分资产或证券，目的通常是重组被收购公司的经营。

收购是买下一个企业或其中一部分，被收购的企业完全属于其买主，不再是一个独立实体。根据交易目的和参与各方情况、投入资金量、购入公司类型，收购可有各种不同的形式。收购可以分成收购资产和收购股份（股权）两种方式。收购资产是指收购方收购目标公司的全部或者部分资产；收购股份是指收购方收购目标公司的全部或者部分股权，并使目标公司成为其全资子公司或控股子公司。如果收购方是被收购公司的管理人员或经理层，则称为管理层收购（Management Buyout，MBO），通常采用大量借债的方式获取收购所需资金，是杠杆收购（Leveraged Buyout，IBO）的一种形式。

二、收购的优越性

收购一个现存企业对新创企业来说有很多好处，主要体现在以下几个方面。

1. 正常运转的企业

收购一个正常运转的企业有很多优点，这种企业通常已经建立了一定的社会知名度，并且有完备的经营业绩档案。如果该企业经营能够盈利，创业者只需在原有客户基础上继续沿用现有的策略即可。

2. 已有的客户基础

在收购现有企业的情况下，创业者无须考虑吸引新客户的问题，因为企业原来已有一定的客户基础。

3. 已有的市场营销架构

通常影响被收购企业价格的重要因素之一是它是否建立了营销渠道和销售格局。已有原料供应商、批发商、零售商、生产商的声誉使创业者能集中对企业进行改造优化和扩大规模。

4. 扩张成本较低

收购现有企业的实际成本可以比用其他方式扩张更低。

5. 现有雇员

在收购过程中，现有企业的员工是一项非常重要的资产，只有他们知道如何使企业保持良好的运行状态并帮助企业继续成功运营。另外，他们同客户、供应商、销售渠道人员已经有联系，当企业易主时，他们可以帮助保持这些关系。

6. 更多的创造性

通过收购企业，创业者往往不必再费心去寻找原料供应商和销售渠道、雇用新员工、寻找客户，可以有更多的时间和机会扩大企业规模。

三、收购的不利影响

虽然通过收购企业进行扩张有很多优点，但是收购企业也有不利之处，创业者在收购中也可能陷入一些误区。因此，创业者必须将收购与其他扩大规模的方法相比较，对每种扩张方式的优点和缺点仔细衡量。收购时需要注意以下几个方面的问题。

1. 档案记录混乱

许多企业销售业绩记录混乱，只能勉强算得上成功，甚至从来没有过盈利的记录。在这种情况下，非常关键的是重新审阅这些记录，同企业一些重要的人员一起从将来经营前景的角度评估这些记录。

2. 对自己的能力过于自信

有时，创业者常常会觉得自己能够在别人失败的地方取得成功，结果往往以失败告终。因此，在开始任何收购活动之前，客观的自我评价尤其重要。

3. 重要员工流失

通常，企业易主时，重要的雇员也会随之离开。对创业者来说，重要员工离开带来的损失可能会是灾难性的，因为企业的价值往往是员工努力成果的体现。这在服务业尤其明显，因为在服务行业很难将实际提供的服务同服务人员分离开来。为防止这种现象出现，在收购进行过程中，收购者最好能与全体员工面对面地交流，告诉员工他们对企业的未来有多么重要，尽量说服他们留下。同时，可适当采取奖励措施鼓励员工留下来。

4. 收购价格过高

基于所收购企业的知名度、客户基础、市场渠道及原料供应商网络等因素，企业实际收购价很可能被高估。正确估计收购所需投资额及收购后所能获得的利润，才能使收益和投资比例趋于合理。

四、收购价格的确定

决定价格的主要因素是实际收益（过去的和将来的可能收益）、资产、所有者所持股票、股票价值、客户基础、销售网络、员工队伍和公司形象等。如果这些因素的价值难以确定，创业者应该寻求外部帮助。所定价格应留有余地，使投资者能得到合理的偿付和投资回报。

确定一个合理的收购价格的最常用的方法有三种：资产估价、现金流量估价和收益估价。

1. 资产估价

资产估价方法是指创业者在测算资产的基础上，估计该企业的潜在价值。有四种方法可以估算此潜在价值：账面价值、调整后的账面价值、清算价值、重置价值。虽然最简单的方法是账面价值，但由此获得的数据只能作为参考，因为它只反映了该公司的会计实务。对此数据的较好修正是调整后的账面价值，以此反映实际市场价值。另一种反映收购公司资产价值的方法是确定公司被卖出或清算其资产及偿还债务所需款项，清算价值反映了某一特定时间的公司价值。若公司一直运转良好，按照清算价值法计算的结果要低于实际资产的价值；若公司遇到困难，清算价值则可能会高于实际资产的价值。最后一个方法是重置价值，即当前重新购置公司有形资产的实际成本。

2. 现金流量估价

对于重视投资收益和投资回收时间的创业者，另一种很好的估值方法是计算公司的预期现金流量。现金流包括正向现金流、负向现金流、现金流终值。正向现金流是公司现金收入减去费用（折旧除外）；负向现金流（意味着收购是一种损失）对企业和个人税收是有益的；现金流终值是创业者卖掉企业所得现金。

3. 收益估价

这一方法是通过将收益乘以适当的价格收益增长系数来对公司价值进行估计。在这个过程中有两个主要因素，即收益和增长系数。确定收益所涉及的问题是应将哪一阶段的收益及何种类型的收益包括在内。收益阶段可以包括在目前管理和所有权情况下的过去或将来的收益，或者是在新管理措施和新业主情况下的未来收益。收益的类型可以是支付利息及税前的收益额，或者是营业收入、税前利润或税后利润。确定了时间阶段和收益类型后，收益估价的最后一步是选择合适的价格收益系数。如果投资收益以股票销售的形式体现，那么可以选择股票公开交易价格收益系数，这与以产品、企业性质、期望收益、发展状况、股票市场状况来对企业进行估价类似。虽然这样做较为困难，但通常至少可以确定这一系数的大致范围。

无论是用资产估值、现金流量估值还是收益估值，在考虑收购合理性时，价格都是一个相当重要的因素。在收购决定过程中，还需考虑其他因素，如整合效果、具体的估价方法、交易安排、法律事务及对所收购企业的管理计划。

五、成功的收购策略

虽然收购一个企业的重要问题是要在价格上达成一致，但是除了价格谈判之外，成功地收购一个企业还有大量的事情要做。实际上，价格只是整个企业收购一揽子交易的一部分，一揽子收购交易的结构安排对于交易成功的重要性比实际的价格更大。例如，一家广播公司被一家公司收购以后经营非常成功，主要是因为原来的业主的贷款到第三年才能取回本金，而在此之前只能拿到利息。

从战略的角度看，新创企业必须注意的是保证企业总体经营的一贯性和业务的相对集中。无论购入企业是成为整个企业的核心业务，还是成为拓展企业能力所需的其他业务，比如销售渠道、销售队伍或生产设备，创业者都必须保证它能融入企业现有的总体发展战略。

收购导致价值下降是司空见惯的事情，只有充分了解并掌握收购项目，从收购计划、执行到整合都非常顺利地开展，才能避免价值的下降。

一个成功的收购（主要指收购双方都是上市公司的案例）应该包含以下几个步骤的工作，如图 10-1 所示。只有每一步都走得稳健，才能使收购的价值获得提升。

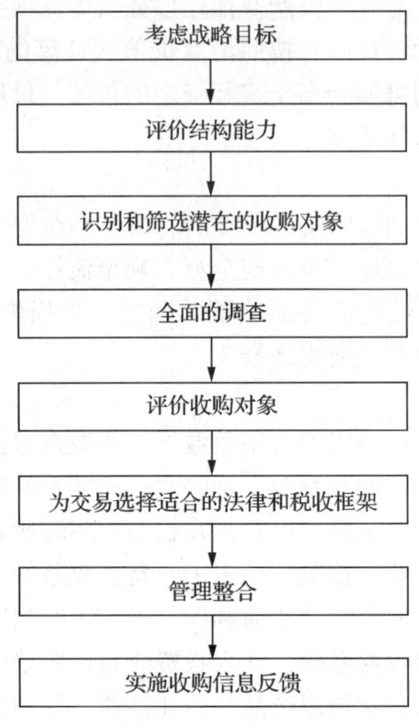

图 10-1 收购的步骤

成功收购实施的八个步骤中，以下这两个步骤是非常重要的。

1. *识别和筛选潜在的收购对象*

评估并购机会的关键在于既要对整个并购活动做出通盘考虑，又要及时把握并购良机。要了解目前存在何种并购机会、代价如何，也要更好地评估不同并购机会的价值。在面对一个好的并购机会时，也不能得意忘形，要锁定自己的并购战略重点。

任何寻找和筛选程序在开始的时候都有一个收购标准，就是它要适用于公司收购计划的战略和财务目标，是公司战略计划过程的延伸。在制定收购标准的时候，必须考虑的因素有：①目标公司和它的行业特征；②目标公司的市场规模和成长率；③目标公司的市场份额和竞争地位；④目标公司在市场上的防御性位置；⑤目标公司的纳税记录、收入记录和现金流记录；⑥目标公司的资产负债情况；⑦目标公司的知识产权情况；⑧目标公司将要投资的数额和预期的回报率。

2. *管理整合*

收购后，公司的管理整合其实是收购活动最重要的工作。成功的整合策略关键要考虑两个因素：有效沟通和人力资源问题。

在收购协议上签字之后，人们往往会认为收购就此成功了，但其实很多收购案就是在最后协议达成之后归于失败的。收购的急剧恶化或是隐性债务的表面化的发生，有时是由外部环境或是目标公司竞争地位的消极变化引起的；有时却是因为并购者没有做好主要股东的工作，或是收购行动在达成协议与最终完结之间浪费了太多的时间。如果缺乏有效沟通，这两者都会导致股东对收购失去信心，并最终导致收购的失败。聪明的收购者在完成一项收购时会迅速、积极主动地向公众和投资者展开一次计划周密的市场推介活动，全面清楚地介绍整个收购的原则与条款，总是力图缩短签署收购协议与全面完成收购活动之间的时间间隔。理想的状况是时间不应超过3个月。他们清楚地认识到，只有迅速地完成收购活动，才有更好的机会向目标公司的雇员和顾客表明这项收购行动不会影响到他们的利益。

人力资源问题是另一个重要的因素。在收购整合期内，有三个方面需要密切关注：薪酬、职位级别和文化。进行整合的公司的薪酬结构恰好一致是非常罕见的。倘若目标公司对薪酬问题很敏感，这个问题可能引起敌意，并引发破坏成功整合或至少破坏两个公司员工和平共处的行为。必须在薪酬顾问的帮助下，设计一份处理关键分歧的计划，员工可以通过它来判断整合中的管理行为。在收购后，针对职位快速调整的精心计划可以防止大批关键执行者的潜在流失。公司文化在建立同事感情、合作感和共同任务感方面扮演着重要角色。公司整合时，特别是文化有重大分歧的公司整合时，分歧会对生产力和员工士气产生有害的影响。因此，应该清晰认识现有组织内的文化，然后将这些文化分类，分成对员工重要程度高的规范和重要程度低的规范。然后，对照这个目录比较重叠和互补的部分，最后确立新公司的文化规范的基石。

第三节　公开上市

一、公开上市的定义

公开上市（Initial Public Open，IPO），也叫公开发行股票，是指创业者或者其他企业按照证券法规定向证券市场管理机构申请并获得批准，向社会公众出售公司的一部分所有权。美国早在1933年就有了证券法，中国的证券法是在经过6年多的起草、修改和审议后于1998年12月29日通过，并于1999年7月1日开始实施的。美国的证券市场管理机构为证券和交易委员会（Securities and Exchange Commission），中国的证券市场管理机构则是中国证监会（China Securities Regulatory Commission）。

★小案例

百度——纳斯达克的“梦幻IPO”

2005年8月5日，全球最大的中文搜索引擎——百度在美国纳斯达克上演了一场石破天惊的财富神话。百度首日上市股价就在当天从27美元的发行价上跳到120美元左右，其354%的涨幅也创造了美国股市5年来新上市公司首日涨幅之最。3天之后，百度股价更是创下了154美元的历史高位。

投资力量对于百度的疯狂追捧造就了百度股票的兴旺。作为“中国Google”，其强大的概念魅力牢牢吸引着投资者的眼球，尤其是那些曾经在Google上市初期错失投资机会的投资者更不愿意再错过“第二个Google”。因此，尽管百度从2004年刚刚实现盈利，每股收益才几美分，但是美国投资者看好中国十几亿人口的广阔市场。

在运作百度登陆纳斯达克的计划上，作为百度上市的承销商高盛、瑞士信贷第一的波士顿银行也是用心良苦。因此，当百度上市时，其发行数量只有404万股，占其总股本的比重仅12%。如此小的发行规模无疑会产生稀缺效应，让投资者形成“供不应求”的感觉，从而认同百度的高股价，这是百度上市当天能够从发行价 27 美元涨至 120 美元以上收盘的原因。

二、公开上市的优缺点

当新创企业进入成熟期前，创业活动主要表现在对自身的资本结构和财务进行调整和完善，以降低财务风险。股东数量的增加和对公众发行股票可以为企业带来外部资本，为公司提供融资渠道和流动性更强的资本。通过公开发行股票，公司将获得更多运用资本市场融资的机会，公众也得以更客观地认识和评价企业的价值。公开上市的信息披露要求和上市成本也会给企业带来压力，股东数量的增加也对创业者对企业的控制力产生影响。因此，在启动上市程序前，创业者必须仔细评估公开上市的有利之处和不利影响。

1. 公开上市的优点

公开上市的原因可以归结为公开上市的三个主要有利之处：①筹集进一步发展所需资本，使企业获得新的权益资本；②使企业资产的价值和可转让性得到承认；③增强公司未来获取资金的能力。

新创企业一般都需要外部资本来进行扩张，提供企业发展所需运营资金、厂房和设备等。公开上市是获取资本的最好方式。此外，许多风险投资者认为，企业公开上市可以产生比被其他企业收购更高的价格。公开上市也是风险投资以高收益撤出的最佳选择。

研究显示，大约 30% 的撤出方式是企业公开上市，23% 是私募方式，6% 是由其他公司收购，当然还有别的撤出方式。在股票市场融资需要按照规定披露内部的相应信息，如果公司经营业绩好，建立一个股票价值增加的良好记录，能增加公司的信誉，从而进一步提高企业的融资能力。

2. 公开上市的缺点

公开上市除了有上面提到的那些显而易见的优点外，当然也存在着一些缺点。

首先，公开上市公司必须定期、及时公开披露企业信息，这会给企业的经营带来很大压力。信息披露制度是证券法中的概念。为了维护广大投资者的利益，防止欺诈行为的发生，杜绝股东因情况不明而招致损失，许多国家的法律都规定了上市公司的信息公开义务。

其次，上市公司还容易发生经营权的失控，公司的战略制定也可能受制于短期压力。在上市公司里面，通过牺牲相对短期的收益来制定旨在培育长期优势的战略是很困难的，因此这些公司往往是用销售收入或利润的估算，而不是相对长期的竞争优势培育来评定管理能力。当公开销售的股份达到一定程度时，创业者会失去决策的能力，甚至会导致公司被收购。

最后，影响创业者将企业公开上市的另外一个重要因素就是上市成本。上市成本的主要类别一般包括：①专业费用；②保荐人费用；③公司法律顾问费用；④保荐人法律顾问费用；⑤申报会计师费用；⑥物业估值费用；⑦公关服务顾问费用；⑧印刷方面的成本；⑨市场推广支出；⑩其他如承销商佣金、收款银行费用等。这几项费用之和可能是一个相当大的数字，在美国，在 30 万 ~60 万美元，额外的报告、会计、法律和打印费用每年在 5 万 ~25 万美元。

三、公开上市的时机和承销商的选择

从风险投资的周期来看，新创企业的公开上市是风险投资周期的最后一个阶段。它不仅为新创企业获取了外部资本，还为企业的风险投资者们提供了退出通道。在一次成功的股票公开发行过程中，比较关键的问题就是公开上市的时机和承销商的选择。

（一）上市的时机

上市的目的是推动企业的成长和扩张，不同的上市时机会影响企业上市成功的概率。一般来说，影响创业企业选择上市时机的因素主要有以下三个。

1. **股票指数**

股票指数较高的时候，股票市场比较活跃，投资者投资的积极性较高，企业上市失败的风险就较小，可以实现更高的股票价值。

2. **市盈率**

市盈率是股票价格与股票年收益之比，它的高低将影响企业的发行价格。在资产价值相同的情况下，市盈率越高，企业发行价也越高，可以筹措到的资金也越多。

3. **公司规模**

根据《中华人民共和国公司法》《股票发行和交易管理暂行条例》，申请公开发行股票对公司规模存在一定的要求。这些发行条件既规定了公司发起人认购的股本数额，也规定了发起人认购的部分。对新创企业来说，考虑公开上市的时候，必须衡量公司的规模是否满足这些要求。

（二）承销商

如果选择好了公开上市的时机，那么选择一家主要承销商则是上市工作的关键。对于新创企业来说，应该是至少在股票公开发行一年之前就与几个可能的主承销商（投资银行）建立联系，他们的建议有助于构造原始财务数据，为公司公开上市打开市场。

股票发行的成功也取决于承销商较强的分销能力。新创公司都希望自己的股票分销得尽可能广，基础尽可能不同，这既有助于新创公司的股票价值提升，也有利于创业者更好地控制公司。每个投资银行都有不同的客户基础，创业者应当比较可能的主要承销商的客户基础，分析他们的客户是机构投资者还是个人投资者、投资者是长期投资者还是短期投机者。

投资银行的承销经验也很重要。投资银行应该对相同或至少相近的行业内的公司的承销业务有一定的经验。这种经验将给予其信用贷款能力，向投资公众宣传公司的能力以及准确地为企业公开上市的股票定价的能力。

公开上市的成本非常高，承销商收取的佣金的变动也是很大的，不同的承销商之间以发行价格百分比表示的平均总价差可能高达10%，这也是企业必须考虑的因素。

当然，选择公开上市的主要承销商是综合考虑以上因素的。

四、创业板上市

创业板又称二板市场，即第二股票交易市场。创业板是指专为暂时无法在主板上市的中小企业和新兴公司提供融资途径和成长空间的证券交易市场，是对主板市场的重要补充，在资本市场有着重要的位置。与主板市场只接纳成熟的、已形成足够规模的企业上市不同，创业板以成长型创业企业为服务对象，重点支持具有自主创新能力的企业上市，具有上市门槛相对较低、信息披露监管严格等特点，它的市场风险要高于主板。在创业板市场上市的公司大多从事高科技业务，往往成立时间较短、规模较小，业绩也不突出，但有较高的成长性和很大的成长空间。可以说，创业板是一个门槛低、风险大、监管严格的股票市场，也是一个孵化科技型、成长型企业的摇篮。近年来，由于我国资本市场的快速发展，许多颇具市场前景的高成长型新创企业纷纷寻求创业板上市。美国纳斯达克、中国香港创业板、中国内地创业板已成为国内创业企业选择公开上市的理想之地。

1. 美国纳斯达克市场

美国最大的全国性证券交易所当数纽约证券交易所。在纽约证券交易所交易中，购买和出售的订单传达到中心，由中心的专业人士通过维护系统以使买卖的订单匹配，从而实现交易。在场外交易市场，买卖是通过券商之间连接的计算机终端和报价单来完成的。最著名的场外交易市场就是纳斯达克，券商作为中介代理人，匹配客户之间的订单，或是直接以自己的名义介入证券交易。

纳斯达克，即全美证券交易商协会自动报价系统（National Association of Security Dealers Automated Quotations，NASDAQ），是美国证券交易商协会于 1971 年在华盛顿建立并负责组织和管理的一个自动报价系统，其最大的特色在于利用现代信息技术建立了自己的电子交易系统，现已成为全球最大的无形交易市场。纳斯达克具有良好的市场适应性，能适应不同种类、不同规模和处于不同发展阶段公司的上市要求。

通常情况下，在纳斯达克上市需要 4 ~ 8 个月，主要上市方式有两种：一种是全新挂牌上市，即首次公开发行股票；另一种是买壳上市，指购买一个已经上市并拥有资产的公司或没有资产的空壳公司，把现有经营资产注入这家上市公司，直接在市场挂牌买卖，同时也可以通过承销商进行私人配售或公开发行新股。

纳斯达克的竞争力在于它所具有的独特的市场特征：电子交易系统和做市商制度。纳斯达克市场采用众多相互竞争的做市商制度，要求每家上市公司至少有 2 家做市商为其股票报价，最多 45 家，平均 12 家。做市商的竞价有利于确定公平的交易价格。做市商定期发研究报告，保证市场信息的深度。通常，投资者会密切关注做市商的研究报告，因此，做市商的研究报告能够帮助企业吸引投资者的注意力，提高上市公司的知名度。多个做市商之间的竞争可以避免单个做市商经常出现的断路现象，保证股市交易的连续性。信息的深度和交易的连续性能够保证股票具有较高的流动率（价格变幅较小，交易量较大）。此外，自动报价系统使场外交易克服了空间和时间上的局限性，提高了交易所的竞争力。

（1）纳斯达克上市标准。

标准 1：①股东权益达 1 500 万美元；②最近一个财政年度或者最近 3 年的两年中拥有 100 万美元的税前收入；③110 万的公众持股量；④公众持股的价值达 800 万美元；⑤每股买价至少为 5 美元；⑥至少有 400 个持 100 股以上的股东；⑦3 个做市商；⑧满足公司治理要求。

标准 2：①股东权益达 3 000 万美元；②110 万股公众持股；③公众持股的市场价值达 1 800 万美元；④每股买价至少为 5 美元；⑤至少有 400 个持 100 股以上的股东；⑥3 个做市

商；⑦两年的营运历史；⑧满足公司治理要求。

标准3：①市场总值为7 500万美元，或者资产总额及收益总额分别达7 500万美元；②110万的公众持股量；③公众持股的市场价值至少达到2 000万美元；④每股买价至少为5美元；⑤至少有400个持100股以上的股东；⑥4个做市商；⑦满足公司治理要求。

上述3种上市标准中，前两种的纳斯达克“全国市场”除了有净有形资产的要求外，基本上与美国证券交易所的两种上市标准类似，进行较具规模的股票发行和交易。

纳斯达克最具特色的是其“小资本市场”。小资本市场不采用净有形资产这一指标，而是采用包括专利、商标等无形资产在内的总资产，这就为没有多少有形资产、凭借高技术创业的企业大开了方便之门。“小资本市场”要求上市企业至少拥有400万美元的总资产、200万美元的股东权益资产，最少流通股只要10万股，最低流通股值为100万美元，最少股东数量为300人，最低上市发行价格为3美元。“小资本市场”没有经营时间长短和税前利润的要求，上市标准最低，最受新创的高科技企业的欢迎。

（2）企业在纳斯达克上市的操作过程。

1）组建上市顾问团队。公司最终得以在美国上市，往往是一个有效的上市顾问团队成功运作的结果。除了公司本身，尤其是公司的管理高层，需要投入大量的时间和精力外，公司须组成一个包括投资银行、法律顾问、会计师在内的上市顾问团队。

2）尽职调查。公司将在上市顾问团队的协助下进行公司的管理运营、财务和法务的全方位、深入的尽职调查。尽职调查将为公司起草注册说明书、招股书、路演促销等奠定基础。

3）注册和审批。美国证券法要求，证券在公开发行之前必须向美国证监会注册登记，并且向大众投资人提供一份详尽的招股书。注册审批是上市的核心阶段。美国证监会在30天内审查注册说明书，审查完毕后，向公司发出一封信，要求提供补充信息或更详尽的披露，主要涉及披露和会计问题；公司按照该意见进行修改并将修改意见递交证监会；证监会再次进行审查。如是首次注册的公司，证监会往往会要求多次的修改。美国证监会审查批准注册说明书的最后一稿后，将宣布注册说明书生效。

4）促销和路演。注册登记之后，公司便可以在投资银行的协助下进行促销，其中包括巡回路演。路演是指证券发行公司通过一系列的对潜在投资人、分析师或资金管理人所举行的报告会，激发其投资兴趣，通常持续1～2个星期。在美国，重要的路演城市包括纽约、旧金山、波士顿、芝加哥和洛杉矶。路演结束，最终的招股书将印发给投资人，公司的管理层将在投资银行的协助下确定最终的发行价格和数量。投资银行往往会基于投资者的需求和市场状况，提出一个建议价格。一旦发行价确定，投资者收到正式招股书两天后，首次公开发行便可宣告生效，上市交易便拉开了序幕。主承销商将负责保障公司股票上市交易最初的关键几天的顺利交易。至此，首次公开发行即告成功。

2. 中国香港创业板市场

香港创业板市场（Growth Enterprise Market of HongKong，HKGEM）创立于1999年11月15日，11月25日开始挂牌，至2000年上半年，共有上市公司20余家，集资超过100亿港元，发展势头超过亚洲同类市场。香港创业板市场为香港及周边地区规模小、历时短但盈利前景好、从事工业和创新科技行业等高成长的企业建立了一条面向公众的股本融资渠道。

香港创业板市场作为联交所主板以外的一个独立市场，它的设立主要是为带有高投资风险的公司提供一个上市的机会，更适合有较高风险容量和投资经验的投资者。公司到香港创业板公开上市需要的条件主要有以下几个。

（1）公司必须具备一定的规模。原则上最少要达到股份公司设立所要求的 1 000 万港元净资产，实际上一般应在两 3 000 万港元，且上市后的最低市值不能少于 4 600 万港元。

（2）要有一定的盈利能力和现金流量。最好是 1 000 多万港元的利润，且现金流量能保持收支平衡，最好略有盈余。

（3）要有一定的经营期限。要求公司在同一管理层和所有权下有 2 年活跃的业务记录，而且必须主要经营一项业务（涉及主营业务的相关业务是允许的）。

（4）有较好的行业背景和一定的行业壁垒。最好属于软件、集成电路、通信、生物工程、新材料、新能源、环保等高新技术行业。具有行业优势的公司更能得到政府的支持和投资者的追捧，其股票的发行和交易较其他行业的公司容易得多。

（5）公司的技术具有一定的科技含量和技术壁垒，核心技术具有独创性、领先性，公司具有一定自主研发和创新的能力。

（6）公司已有的技术和所开发的项目具有较大的市场潜力。同时，公司具有一定的市场开发能力，并已取得一定的市场份额和销售业绩，市场前景良好。

（7）公司管理规范，团队素质优良，员工凝聚力强。

（8）公司股权结构清晰，财务结构合理，无违法违规的不良记录，无同业竞争，无影响上市的重大关联交易。

（9）无其他影响上市的法律障碍。

（10）中国内地企业满足以上条件后，还需得到中国证监会的审批方可到香港创业板上市发行股票。

3. 中国内地创业板市场

中国内地创业板于 2009 年 10 月 23 日正式开市。其上市条件主要有以下几个。

（1）发行人是依法设立且持续经营 3 年以上的股份有限公司（有限公司整体变更为股份公司可连续计算）；股票经证监会核准已公开发行；公司股本总额不少于 3 000 万元；公开发行的股份达到公司股份总数的 25% 以上；公司股本总额超过 4 亿元的，公开发行股份的比例为 10% 以上；公司最近 3 年无重大违法行为，财务会计报告无虚假记载。

（2）最近两年连续盈利。最近两年净利利润累计不少于 1 000 万元，且持续增长，或者最近两年盈利，且净利润不少于 500 万元，营业收入不少于 5 000 万元，最近两年营业收入增长率均不低于 30%（净利润以扣除非经常性损益前后低者为计算依据）；最近一期末净资产不少于 2 000 万元，且不存在未弥补亏损；发行后股本总额不少于 3 000 万元。

（3）注册资本已足额缴纳，发起人或者股东用作出资的资产的财产权转移手续已办理完毕。发行人的主要资产不存在重大权属纠纷；应当主要经营一种业务，其生产经营活动符合法律、行政法规和公司章程的规定，符合国家产业政策及环境保护政策；最近两年内主营业务和董事、高级管理人员均没有发生重大变化；实际控制人没有发生变更。

（4）应当具有持续盈利能力，不存在下列情形。

1）经营模式、产品或服务的品种结构已经或者将发生重大变化，并对发行人的持续盈利能力构成重大不利影响。

2）行业地位或发行人所处行业的经营环境已经或者将发生重大变化，并对发行人的持续盈利能力构成重大不利影响。

3）在用的商标、专利、专有技术、特许经营权等重要资产或者技术的取得或者使用存在重大不利变化的风险。

4）最近一年的营业收入或净利润对关联方或者有重大不确定性的客户存在重大依赖。

5）最近一年的净利润主要来自合并财务报表范围以外的投资收益。

6）其他可能对发行人持续盈利能力构成重大不利影响的情形。

复习思考题

一、阅读案例，回答问题

国际青年旅舍联盟（International Youth Hostels Federation，IYHF）成立于1932年，是联合国教育、文化及科技组织成员，总部目前设在英国，并注册为一家非营利性机构。第一家青年旅舍诞生于德国，发起人是小学教师理查德·希尔曼（Richard Hillman）。1909年，理查德在带学生徒步旅行中忽遭暴雨，只能躲进一间教室，稻草铺地，和衣而眠。由此，他萌生一念：建一个以社会捐赠和政府投资为基础、以提供自助式食宿为主要服务内容、以青年为主要服务对象的旅行者之家，名为“青年旅舍”。这一倡议得到外界广泛支持，并在1912年梦想成真。

历经多年风雨，今天，全球青年旅舍已达4 500多家，每年接待量达3 500多万人，成为世界最大的住宿品牌。青年旅舍实行特许经营制，其注册商标是冷杉和小屋组成的蓝三角标志。其间，还成立了国际青年旅舍联盟。

国际青年旅舍联盟是目前世界上最大的连锁青年旅游服务组织，实行会员制，最高权力机构是两年一届的国际大会。联盟为所有青年旅馆提供开拓国际市场的帮助，对青年旅馆的标准进行监控，并对青年旅馆运动各方面提供国际培训。联盟开办了国际电脑预订网络服务，有45个国家的青年旅馆可以通过网络进行预订。

问题：

1. 国际青年旅舍取得成功的原因是什么？
2. 国际青年旅舍经营过程中遵循了哪些原则？

二、阅读案例，回答问题

北京时间2005年5月1日，联想正式宣布完成收购IBM全球PC业务，任命杨元庆接替柳传志担任联想集团董事局主席，柳传志担任非执行董事。前IBM高级副总裁兼个人系统事业部总经理史蒂芬·沃德出任联想CEO及董事会董事。合并后的新联想将以130亿美元的年销售额一跃成为全球第三大PC制造商。

收购金额：实际交易价格为17.5亿美元，其中含6.5亿美元现金、6亿美元股票及5亿美元的债务。

收购形式：股份收购。联想以每股2.675港元向IBM发行包括8.21亿股新股及9.216亿股无投票权的股份。

收购资产：IBM在全球范围的笔记本及台式机业务，获得Think系列品牌。

收购后规模：本次收购完成后，联想成为全球第三大PC厂商，年收入规模达130亿美元，进入世界500强企业。

企业领导：IBM高管沃德出任联想集团CEO，杨元庆改任董事长，柳传志退居幕后。

股权结构：中方股东、联想控股将拥有联想集团45%左右的股份，IBM公司将拥有18.5%左右的股份。

IBM个人电脑部门产品营销副总裁罗伯特·加鲁什在拉斯维加斯的消费电子大展表示，IBM个人电脑部门和联想正在研究相关计划，在合并完成后将联想产品销售到世界各地，未来的市场可能包括欧洲、北美及亚洲其他地区。加鲁什说："我敢肯定，我们将在中国以外利用联想的产品，IBM有大量经验，能在160个国家发布产品。"联想在海外出售产品时将保留联想品牌，IBM产品将保留IBM品牌。加鲁什表示，IBM个人电脑部门主要向大企业出售笔记本电脑和台式机，联想主要向消费者和小企业出售个人电脑、手机等设备，因此，双方的技术和产品重叠不大。联想有一些特有的笔记本电脑，甚至得过很多设计奖，但是在中国以外的扩张很不顺利。联想曾经在西班牙出售一些笔记本电脑，2002年曾计划向海外扩张，但是由于在中国市场份额下降，后来又后退了。

合并很可能带来裁员。IBM的个人电脑部门过去几年一直亏损，虽然销售增长能降低一些亏损，但是也需要降低成本，加鲁什说："毫无疑问，合并能增加效率。"加鲁什表示，IBM管理人员开始参加联想在中国举行的会议，以便制订海外扩张计划，中美员工都在通过光盘提高普通话和英语水平。IBM正在积极与客户召开会议，解释这一收购，保证IBM员工将在合并后的企业中扮演积极角色，多名IBM管理人员将在新联想担任高级管理职位。

问题：

1. 联想收购IBM全球PC业务属于哪种收购类型？请分析说明。
2. 联想收购IBM全球PC业务的目标是什么？
3. 请阅读相关资料，说明联想收购IBM全球PC业务后，采取了哪些有效的整合手段。

2018年"创青春"四川省
大学生创新创业大赛决赛创业计划书

2018年"建行杯"第四届四川省
"互联网+"大学生创新创业大赛项目计划书

参考文献

[1] 李家华. 创业基础 [M]. 北京：北京师范大学出版社，2013.
[2] 郑晓燕，相子国. 创业基础 [M]. 成都：西南财经大学出版社，2013.
[3] 周旺东，李树生. 大学生创业问题研究 [M]. 北京：北京理工大学出版社，2014.
[4] 王卫东. 大学生创业基础 [M]. 北京：中国水利水电出版社，2013.
[5] 薛永基. 大学生创新创业教程 [M]. 北京：北京理工大学出版社，2017.
[6] 汪戎. 创业基础——大学生创业理论与实务 [M]. 北京：高等教育出版社，2014.
[7] 徐俊祥. 大学生创业基础智能训练教程 [M]. 北京：现代教育出版社，2014.
[8] 宋来新，商云龙. 化工行业大学生创新创业基础教程 [M]. 北京：化学工业出版社，2017.
[9] 李家华，王艳茹. 创业基础 [M]. 上海：上海交通大学出版社，2017.
[10] 张丽. 大学生就业与创业教程 [M]. 武汉：武汉大学出版社，2017.
[11] 杨乐克. 大学生创新创业教程 [M]. 北京：中国现代经济出版社，2014.
[12] 陈姗姗. 大学生职业生涯规划与就业指导 [M]. 重庆：重庆大学出版社，2017.
[13] 舒晓楠. 创业基础 [M]. 重庆：重庆大学出版社，2017.
[14] 张钱，李强，詹一览. 大学生创新创业教育教程 [M]. 上海：上海交通大学出版社，2017.
[15] 谭书敏，张春和. 互联网+大学生创新创业教育概论 [M]. 成都：电子科技大学出版社，2018.
[16] 赵居川. 大学生创新创业指导教程 [M]. 北京：中国原子能出版社，2018.
[17] 刘平，李坚，钟育秀. 创业学：理论与实践 [M]. 第3版. 北京：清华大学出版社，2016.
[18] 李时椿，常建坤. 创业学：理论、过程与实务 [M]. 第2版. 北京：中国人民大学出版社，2016.
[19] 骆守俭. 创业精神导论 [M]. 北京：北京高等教育出版社，2012.
[20] 卢福财. 创业通论 [M]. 第3版. 北京：高等教育出版社，2017.
[21] 陈高生，孙国辉. 高校创业教育 [M]. 北京：经济日报出版社，2012.
[22] 陈永奎. 大学生创新创业基础教程 [M]. 北京：经济管理出版社，2015.
[23] 董青春，董志霞. 大学生创业基础 [M]. 北京：经济管理出版社，2012.
[24] 钟晓红. 大学生创业教育训练教程 [M]. 长沙：中南大学出版社，2014.
[25] 刘万韬. 大学生创新与创业教程 [M]. 天津：南开大学出版社，2013.

[26] 曹胜利. 大学生创业 [M]. 沈阳：万卷出版公司，2006.
[27] 黄海燕. 大学生创业教育 [M]. 长沙：湖南师范大学出版社，2013.
[28] 陈光复. 大学生创业教育 [M]. 北京：现代教育出版社，2011.
[29] 胡培根. 大学生就业指导与职业生涯规划 [M]. 北京：北京邮电大学出版社，2012.
[30] 杜俊峰. 大学生就业与创业指导 [M]. 天津：南开大学出版社，2012.
[31] 倪峰. 创新创业概论 [M]. 北京：高等教育出版社，2012.
[32] 谢敏. 管理能力训练教程 [M]. 第2版. 北京：清华大学出版社，2012.
[33] 吴运迪. 大学生创业指导 [M]. 北京：清华大学出版社，2012.
[34] 白媛媛. 会计有问题找我 [M]. 北京：企业管理出版社，2007.
[35] 陈东升. 小企业财务管理必备手册 [M]. 北京：经济科学出版社，2006.
[36] 高玉莲. 会计做账必备知识 [M]. 广州：广东经济出版社，2008.
[37] 郭晶洁. 管理者必备财会知识 [M]. 北京：企业管理出版社，2006.
[38] 刘微芳. 财务管理学 [M]. 北京：经济科学出版社，2003.
[39] 寞桂莉，王静. 老板如何管财务 [M]. 北京：经济科学出版社，2007.
[40] 夏清华. 创业管理 [M]. 武汉：武汉大学出版社，2007.
[41] 张家伦. 财务管理学 [M]. 北京：首都经贸大学出版社，2007.
[42] 张志宏. 创业之初必知必会的财务知识 [M]. 北京：中华工商联合出版社，2010.
[43] 赵淑敏. 创业融资 [M]. 北京：清华大学出版社，2009.
[44] 李肖鸣，朱建新. 大学生创业基础 [M]. 第2版. 北京：清华大学出版社，2013.
[45] 李辉，刁国庆. 大学生创业概论 [M]. 北京：北京师范大学出版社，2013.
[46] 林汉川，邱红冲. 小企业管理教程 [M]. 上海：上海财经大学出版社，2006.
[47] 陈晓红，吴运迪. 创业与中小企业管理 [M]. 北京：清华大学出版社，2009.
[48] [美] 库拉特科. 新创企业管理：创业者的路线图 [M]. 高嘉勇，刘星，译. 北京：机械工业出版社，2009.
[49] [美] 莫里森. 第二曲线 [M]. 张晓，译. 北京：团结出版社，1997.
[50] Hart D. The Emergence of Entrepreneurship Policy：Governance，Startups，and Growth in the US Knowledge Economy [M]. UK：Cambridge University Press，2003.
[51] [美] 赵都敏，李剑力. 创业政策与创业活动关系研究述评 [J]. 外国经济与管理，2011 (3)：19-26.
[52] [美] 杨俊. 创业过程研究及其发展动态 [J]. 外国经济与管理，2004 (9)：8-12.
[53] 林嵩，张帏，邱琼. 创业过程的研究评述及发展动向 [J]. 南开管理评论，2004 (3)：47-50.
[54] 木志荣. 国外创业研究综述及分析 [J]. 中国经济问题，2007 (6)：53-62.
[55] 郑炳章，赵超. 创业政策与中小企业政策的关系研究 [J]. 河北企业，2014 (3)：41-42.
[56] 周劲波，陈丽超. 我国创业政策类型及作用机制研究 [J]. 经济体制改革，2011 (1)：41-44.
[57] 夏清华，易朝辉. 不确定环境下中国创业支持政策研究 [J]. 中国软科学，2009

(1): 66-72+111.

[58] 肖于波，闫喜林，邱乾. 我国大学生自主创业法规政策研究［J］. 中国成人教育，2009（5）：61-62.

[59] 张茉楠. 面向创业型经济的政策设计与管理模式研究［J］. 科学学研究，2007（S1）：73-79.

[60] 辜胜祖，肖鼎光，洪群联. 完善中国创业政策体系的对策研究［J］. 中国人口科学，2008（1）：10-18+95.

[61] 王玉帅，黄娟，尹继东. 创业政策理论框架构建及其完善措施——创业过程的视角［J］. 科技进步与决策，2009，26（10）：112-115.

[62] 傅晋华，郑风田，刘旭东，国外创业政策的主要特征及对我国的启示［J］. 中国科技论坛，2011（9）：156-160.

[63] 陈震红，董俊武. 国外创业研究的历程、动态与新趋势［J］. 外国经济与管理，2004（2）：7-11.

[64] 文亮，刘炼春，何善. 创业政策与创业绩效关系的实证研究［J］. 学术论坛，2011，34（12）：128-131+168.

[65] 方世建，桂玲. 创业、创业政策和经济增长——影响途径和政策启示［J］. 科学学与科学技术管理，2009，30（8）：121-125.

[66] 高建，盖罗它. 国外创业政策的理论研究综述［J］. 国外社会科学，2007（1）：70-74.

[67] 夏清华，易朝辉. 不确定环境下中国创业支持政策研究［J］. 中国软科学，2009（1）.

[68] 张钢，彭学兵. 创业政策对技术创业影响的实证研究［J］. 科研管理，2009（1）：66-72+111.

[69] 王俊峰，王岩. 我国小微企业发展问题研究［J］. 商业研究，2012（9）：86-93.

[70] 刘泉红，刘健. 国外中小企业政策比较及对我国的启示［J］. 中国中小企业，2017（7）：31-33.

[71] 童小琴. 小微企业发展的要素瓶颈及其突破［J］. 成都理工大学学报（社会科学版），2013，21（1）：101-105.

[72] 陈寒松，张文玺. 创业模式与企业组织的创新［J］. 山东大学学报（哲学社会科学版），2005（4）：116-121.

[73] 熊伟. 大学生创业政策体系的构建框架与实施模式［J］. 陕西教育学院学报，2009，25（3）：18-23+90.

[74] 钱颜文，孙林岩. 对经营模式的分类研究［J］. 科学学与科学技术管理，2003（9）：117-119.

[75] 朱玲艳. 新创企业经营模式探析［J］. 商场现代化，2006（20）：64-65.

[76] 罗琳. 互联网+背景下大学生“专业、创新、创业”能力培养模式研究［J］. 高教学刊，2018（22）：41-44.

[77] 郝风平，方志伟，陈璐. 基于“互联网+”的大学生创新创业意识培育研究［J］. 无

线互联科技，2018，15（17）：83-85.

[78] 宋懿花，周作建，胡云. 关于“互联网+”大学生创新创业大赛的思考［J］. 教育教学论坛，2018（36）：4-5.

[79] 杨晨，沙才艺，刘永常，等. “互联网+”视域下创新创业大赛对大学生双创能力的培养［J］. 环渤海经济瞭望，2018（8）：183-184.

[80] 谭晋钰. “互联网+”大学生创新创业大赛校赛实践与思考［J］. 高教学刊，2017（9）：133-135.

[81] 王凤莲，谢荣见，王邦伦，等. “互联网+”背景下工商管理专业创新创业能力培养模式［J］. 绍兴文理学院学报（教育版），2017，37（1）：32-37.

[82] 潘丹. “互联网+”大学生创新创业大赛的思考［J］. 电脑迷，2016（11）：73.

[83] 韩晓萌. 创新创业：让梦想起航——第二届中国“互联网+”大学生创新创业大赛全国总决赛综述［J］. 中国高等教育，2016（21）：8-9.

[84] 徐国权. 高校创业教育的影响因素与对策研究［J］. 思想理论教育导刊，2010（6）：110-112.

[85] 刘颖. 浅议大学生创业能力培养的必要性［J］. 职业教育研究，2009，11（9）：73-74.

[86] 周晓惠. 浅析“挑战杯”竞赛的作用及其发展对策［J］. 新西部（理论版），2012（12）：143.

[87] 姜明伦. “挑战杯”竞赛的功效及其健康发展的对策［J］. 浙江万里学院学报，2010，23（2）：113-116.

[88] 罗春丽，吴绮思. “挑战杯”竞赛的思考［J］. 医学教育探索，2008（11）：1209-1210.

[89] 张建荣，张子睿. 以科技竞赛为依托开展创造教育［J］. 辽宁工学院学报（社会科学版），2007（4）：99-101.

[90] 张姿炎. 大学生学科竞赛与创新人才培养途径［J］. 现代教育管理，2014（3）：61-65.

[91] 李国锋，张世英，李彬. 论基于学科竞赛的大学生创新能力培养模式［J］. 实验技术与管理，2013，30（3）：24-26+34.

[92] 李金昌，林家莲. 实践教学与学科竞赛相结合，促进创新人才培养［J］. 实验技术与管理，2011，28（11）：1-3+16.

[93] 王晓勇，俞松坤. 以学科竞赛引领创新人才培养［J］. 中国大学教学，2007（12）：59-60.

[94] 刘修志，刘雨. 大学生科技创新体系研究［J］. 北京教育学院学报，2013，27（3）：57-61.

[95] 丁珠玉，樊利，周胜灵. 以科技竞赛为载体培养工科学生创新能力［J］. 西南师范大学学报（自然科学版），2012，37（4）：205-208.

[96] 彭晓文，凌云. 以科技竞赛促进大学生科技创新活动体系构建［J］. 科技创新导报，2012（1）：231.

[97] 卢曼慧，刘莹，吴宏川. 大学生创新能力的现状及其培养途径［J］. 辽宁工业大学学报（社会科学版），2008（1）：82-84.

[98] 文艳平，彭惠．我国创新教育研究综述［J］．卫生职业教育，2003（11）：20-23.
[99] 张佩，梁广辉．指导教师在大学生科技作品竞赛中的作用及思考［J］．湖北函授大学学报，2016，29（9）：25-26.
[100] 邹阳．以科技竞赛为载体开展创新型人才教育［J］．现代企业教育，2014（4）：96-97.
[101] 安建强．电子信息专业本科生“创新训练”体系构建与实施研究［D］．南京：南京大学，2017.
[102] 王吉明．高校创业教育中对初次创业者进行创业责任教育的探讨［J］．学周刊，2019（10）：186.
[103] 秉程．成功创业者的四个转变［J］．企业管理，2019（2）：121.
[104] 贺丹．大学生创业倾向的影响因素分析［D］．杭州：浙江大学，2006.
[105] 王巍．大学生创业模式研究［D］．长春：吉林大学，2004.
[106] 罗天虎．创业学教程［M］．西安：西北工业大学出版社，2004，6）
[107] 郁义鸿，李志能，希斯瑞克．创业学［M］．上海：复旦大学出版社，2000.
[108] 刘建钧．创业投资——原理与方略［M］．北京：中国经济出版社，2003.
[109] 黄美娇，谢雅萍．学习网与创业者创业能力——创业者乐观的调节作用［J］．天津商业大学学报，2018，38（1）：53-59.
[110] 左安源，李涛．新形势下大学生创业者素质探讨［J］．广西青年干部学院学报，2017，27（1）：25-28.
[111] 王小丹．大学生创新创业动力因素分析［J］．现代交际，2019（2）：195-196.
[112] 罗红格，马晶晶，乔石龙，等．大学生创业意向现状及影响因素分析［J］．华北理工大学学报（医学版），2018，20（5）：395-400.
[113] 陈家全．我国大学生创新创业发展影响因素分析［J］．技术经济与管理研究，2018（8）：33-37.
[114] 胡忠英．民办高职院校大学生创业能力的影响因素分析［J］．旅游纵览（下半月），2018（4）：198-199.
[115] 张雨婷，蔡若佳．协同化视角下研究生创业动力机制分析［J］．科技创业月刊，2015，28（13）：21-23.
[116] 白莲．“互联网+”背景下高职院校大学生创业团队建设探究［J］．陕西教育（高教），2019（2）：60-61.
[117] 王晓晔．大学生创业团队建设探究［J］．教育与职业，2013（15）：106-108.
[118] 卢捷生．“微时代”背景下大学生创业团队建设探析［J］．经济师，2017（6）：179-180.
[119] 冯渠．我国大学生创业团队建设研究［D］．沈阳：沈阳师范大学，2014.
[120] 刘叶．建立创业型大学：管理上转型的路径［D］．武汉：华中科技大学，2010.
[121] 李滋阳，李国昊，王海军．基层工作角色实践视角下大学生创业教育模式优化研究［J］．高校教育管理，2018，12（6）：82-89.
[122] 徐蓉．大学生创新创业该具备何种“软实力”［J］．人民论坛，2018（31）：58-59.

[123] 王歆晗，孔德臣，刘姝含，等. 双创背景下大学生创业自我效能感及提升策略研究 [J]. 教育现代化，2018，5（41）：57-58+78.

[124] 刘洋. 论调整大学生创业认知的策略 [J]. 吉林工程技术师范学院学报，2018，34（1）：68-71.

[125] 殷朝晖，李瑞君. 研究型大学学术创业者的角色冲突研究 [J]. 教育发展研究，2017，37（Z1）：49-55.

[126] 宋歌. 大学生创业的法律问题研究初探 [J]. 现代交际，2017（9）：65.

[127] 苏海泉. 大学生创业角色扮演的问题及对策 [J]. 创新与创业教育，2016，7（4）：19-23.

[128] 林雪莹. 创业团队冲突对创业绩效影响研究 [D]. 广州：中山大学，2008.

[129] 黄蔓雯，卢之卿. 在校大学生创业团队内部管理问题调查及对策研究 [J]. 中国校外教育，2019（3）：98-99.

[130] 张倩. 社会责任感视角下的高校创业教育研究 [J]. 黑龙江教育学院学报，2015，34（9）：12-14.

[131] 杨莎莎. 创业板上市公司社会责任信息披露研究 [D]. 北京：北京交通大学，2012

[132] 李晓红，王欣. 创新创业竞赛提升学生综合素质分析 [J]. 当代教育实践与教学研究，2019（10）：145-146.

[133] 王菊霞. 基于大学生学科竞赛项目培养创新创业型人才 [J]. 教育教学论坛，2017（48）：193-195.

[134] 施晨辉，倪好. 大学生创业竞赛：角色、困境与策略 [J]. 重庆高教研究，2017，5（4）：64-69.

[135] 商应美，周冰，刘馨璐，等. 大学生创新型人才培养典型载体研究——以“挑战杯”中国大学生创业计划竞赛为例 [J]. 创新与创业教育，2015，6（5）：34-38.

[136] 党元一. 浅谈大学生创新创业竞赛对学生能力的培养 [J]. 企业导报，2015（2）：117+119.

[137] 字成庭，沈晓静. 高等院校大学生的创新能力发展现状与培养研究 [J]. 教育教学论坛，2019（38）：108-112.

[138] 张思意，孙曙光. 新常态下大学生创新创业人才素质特征模型构建 [J]. 现代商贸工业，2019，40（28）：77-79.

[139] 张红玲. 新时代大学生创新能力培养的路径 [J]. 陕西广播电视大学学报，2019，21（3）：68-70.

[140] 刘宏毅. 大学生创新训练项目的实践与思考 [J]. 教育教学论坛，2019（24）：111-112.